中和应泰 Integrity | 好人好股 高端操盘手商学院

寻找百倍医药股

LOOK FOR HUNDREDFOLD PHARMACEUTICAL STOCKS

锁定未来十年的医药龙头股

凯恩斯◎著

中国经济出版社
CHINA ECONOMIC PUBLISHING HOUSE
·北京·

图书在版编目（CIP）数据

寻找百倍医药股 / 凯恩斯著 .
—北京：中国经济出版社，2018.12（2020.7 重印）
ISBN 978-7-5136-5349-7

Ⅰ . ①寻… Ⅱ . ①凯… Ⅲ . ①股票投资—基本知识 Ⅳ . ① F830.91

中国版本图书馆 CIP 数据核字（2018）第 205926 号

责任编辑　丁　楠
责任印制　马小宾
封面设计　任燕飞工作室

出版发行　中国经济出版社
印 刷 者　北京艾普海德印刷有限公司
经 销 者　各地新华书店
开　　本　710mm × 1000mm　1/16
印　　张　18.75
字　　数　262 千字
版　　次　2018 年 12 月第 1 版
印　　次　2020 年 7 月第 4 次
定　　价　49.80 元
广告经营许可证　京西工商广字第 8179 号

中国经济出版社　**网址** www. economyph. com　**社址** 北京市东城区安定门外大街 58 号　**邮编** 100011
本版图书如存在印装质量问题，请与本社销售中心联系调换（联系电话：010-57512564）

序言
人生有多少百倍机会被错过

曾经看到一个故事：20 世纪 70 年代末，回祖籍老家，那时爷爷还健在，我在他老屋厅堂的条桌上看见一个半米多高的瓷花瓶，有些惜爱，就常抚弄一下。爷爷见状爽快地说："要是喜欢就带走吧，这可是几辈人传下来的明朝老瓶。"那时我还小，没懂得拿。

80 年代初，一天在邮局门口看见一个人在叫卖整版的庚申年"猴"票。我问："咋卖？"答："整版 80 枚卖 80 元。"我惊："8 分钱的邮票凭啥卖 1 元一枚，你敢投机倒把啊？"那人一副懒得理我的模样走开了。

90 年代初，去广西凭祥，在边境上看见有卖越南黄花梨木的，老板承诺包托运。我问："咋卖？"答："6000 元一立方。"我："啊？国内一方樟木才卖 1500 元，你这抢劫啊？"老板一副懒得理我的模样走开了。

后来，那个大明嘉靖青花梅瓶被文物贩子花 50 元钱从爷爷那收走了，拍卖会上卖到了 2000 万；那整版的庚申"猴"票现在起价是 100 万；黄花梨家具如今没谁再论立方卖，而是跟黄金一样论斤两卖。在人的一生中会遇到很多这样千倍的机会，往往抓住一次就可以终身富裕，但是机会往往和我们擦肩而过，因为它只留给那些有准备的人。怎么才能有准备呢？就是认识和掌握事物运行的规律。

其实股市这样百倍千倍的机会最多，投资人只要一生抓住一次这样的牛股机会，就可以为自己和家庭奠定终生富裕。当然，这种机会不会在一夜之间抓到，需要长时间持有。而要想成为这样的投资人，只需要挑选出那些能成为百倍千倍牛股的少数几个小公司，然后一路持有，等待它们成长为几千亿市值的大公司。当然选择出这样的股票，考验的是投资人的分辨能力。

在机会面前，更多的投资人在怀疑，沪指 2001 年的时候 2245 点，现在才 3000 点左右。真的存在这样的机会吗？事实上中小板和深成指过去涨幅都超过了 10 倍。一个指数涨 10 倍，意味着有相当一大批龙头股上涨了 100 倍。其实 A 股出现百倍牛股的机会也很多。中小板第一批股票，从 002001 到 002040，创业板第一批股票从 300001 到 300058，遍地都是几十倍的涨幅。所以，当一个股民抱怨 A 股不赚钱，嘲笑价值投资者就是傻乎乎持有，认为价值投资就等于不赚钱的时候，恰恰事实是，三年十倍的股票机会遍地都是。

如何将三年十倍和百倍千倍股联系起来呢？投资人可以换个思路，先实现一个十倍的小目标，两次十倍牛股的机会是百倍，三次十倍牛股的机会就是千倍。

至于千倍的股票，国内外的市场都出现过一批，A 股虽然不是很多，但是也出现过，深圳市场刚上市的前几名：平安银行（刚上市时叫深发展 000001），深万科（000002）都是这样的机会，而且是上市十几年就实现了千倍。在成熟的美国市场，实现千倍的牛股则时间长得多，巴菲特的伯克希尔·哈撒韦公司从 70 年代开始持有可口可乐股票，几十年才有这样的收益。

当然，在大多数散户股民的心中，价值投资就是套牢的代名词。其实，价值投资者并非只是傻乎乎持有股票，因为价值投资是有标准的。一个价值投资人持有一只股票，可以在 11 个月亏损，但是超过一年还在亏钱的时候，一定要反思，这可能不是价值投资错了，而是选择错了——要么买贵了，要么选错了。

未来股市还会有三年翻十倍，十年百倍的机会吗？答案是未来这样的机会会更多。因为中国经济在转型，转型中，新兴产业这样的机会会非常多。当然，也有人问："我怎么没有看到呢？"

股市里只有三天：昨天、今天、明天。我们要回顾昨天，把握今天，展望明天。历史不会简单重复，不过历史规律在一定的条件下可以重现。历史上牛股的成长规律可以告诉我们未来哪些公司最可能成为百倍千倍牛股。本书要解决如下几个问题：如何寻找一家能够成长为国际化大公司的小公司？高成长股票的基本规律是什么？解决了这两个问题，当下一次机会出现的时候，我们才可以抓住机遇。

股市每天都是新的，作为投资人，需要活到老学到老。学习不是一两天的事，需要我们花一辈子去努力，而今天的努力也是为了让明天更美好。

投资就是选未来可能成长为百倍千倍牛股的牛犊——小公司。可能有些朋友会问："为什么不选现在大家公认的牛股呢，比如万科、中国平安、招商银行？"历史规律告诉我们，牛犊和现在的牛股最大的区别是：的确牛犊成长为牛股有一定的不确定性，但是上一轮牛市的大牛股，99% 都不会是下一轮牛市的大牛股。典型的是美国华尔街有这样一个经历了 40 年实践检验屡试不爽的选股理论——飞镖理论：有位学者曾经做过一个让大猩猩和一组专家进行炒股比赛的实验，专家们运用各种投资分析手段去选股，包括选啥股、何时买、何时卖等，无不经过了所谓"交易系统"的严格论证；相对来说，大猩猩的选股方法就简捷得多了，它随意用飞镖投向一块写满股票代码的木板，只要投中哪支股票，就买哪支股票。照此思路操作，几年之后，大猩猩居然与专家们获得了不相上下的投资收益！"大猩猩选股"是华尔街发生的一件真事，究其原因，是分析师选择的都是当时市场公认的牛股，但是它们 99% 都不是下一轮牛市的牛股，所以这个故事告诉我们要选择下一轮牛市的大牛股，而下一轮牛市的大牛股，现在还处于小牛犊状态。

怎么选择下一轮牛市的牛股呢？凭什么可以判断出选择的公司最可能是下一轮牛市的牛股呢？这就牵涉到选股模式，诞生大牛股最有规律的是选择高成长性公司，但是如何选择高成长性公司呢？这就牵涉到公司的商业模式、市场空间、公司管理特色、合理估值、风险因素等多方面。因此我们对选择的牛犊基本都是按照高成长模式去分析的。

怎么阅读本书，怎么理解本书所写的股票案例呢？

我们写了一些小牛犊案例，不是推荐股票，即使是给出了合理估值也不是要按照这个价格买进，因为合理估值并不等于股价的最低点，合理估值仅仅代表按照盈利预测模型，这个价格是合理的。我们的盈利预测是参考机构的研究报告，并且对机构研究报告的价值评估按照我们的估值方法进行了修正，因为有些研究报告评估时对于公司的业绩增长过于乐观。我们给出的牛犊案例是可以按照我们讲述的公司成长性估值分析模型去检验的，从而在研究中理解掌握价值投资的真谛。学习研究多只牛犊案例的过程中需要把公司历史上的财务数据和未来真实的盈利状况，以及盈利预测做对比，看看哪些预测正确，哪些错误。记住，盈利增长预测正确意味着股价上涨，预测错误就意味着高估。这样慢慢掌握分析公司的方法，就可以在研究过程中掌握价值投资之道，享受快乐投资。

2018 年 9 月于北京

微信扫描二维码

加入本书读者交流群

目录

CONTENTS

第一章
投资是追求大概率事件

一、投资者需要在实践中领悟

北宋杨岐方会禅师的悟性很高，起初阅读佛教经典时，心明神会，进境远胜于常人。后来，他去长沙参谒石霜楚圆慈明禅师，并在楚圆门下做了十年监寺，但始终未能开悟。每次他向楚圆禅师请示时，楚圆总是敷衍他，说现在没时间，以后再说，杨岐为此十分苦闷。

有一次，杨岐又去参问，楚圆禅师说："监寺以后的门人遍布天下，何必急在一时？"

杨岐只好苦笑。虽然师父的鼓励令人开心，可悟道的门径在哪儿呢？总不能老是在黑暗中摸索吧？

后来，杨岐实在忍不住了，把楚圆禅师拦在路上，发狠说："师父，您今天必须给我说，否则我对您不客气！"

楚圆禅师淡淡地说："监寺知道这个事就行了。"

话音刚落，杨岐豁然大悟，当即跪拜在泥泞路上，向师父礼拜致谢。

楚圆知道他已开悟，颔首一笑。

杨岐又问："师父，狭路相逢时如何？"

楚圆答道："你暂且避过，我要到那边去。"

杨岐心领神会，回到了寺中。

杨岐开悟后，主持江西萍乡杨岐山，故称"杨岐方会"。

▲ 杨岐方会禅师到20岁时，不喜读书作文，后为小官，因征收商税督促不力，而夜逃瑞州九峰山，恍恍惚惚觉得好像以前游览过一样，眷恋不忍离去，就此落发为僧。后往潭州（今湖南长沙）参石霜楚圆禅师。中国宋代禅师、杨岐派宗师。因方会住袁州杨岐山普明禅院（今江西萍乡上栗县杨岐山普通寺），故名。方会禅师，俗姓冷，出家于筠州九峰（在今江西高安），师事临济宗门下之楚圆禅师（986年—1039年），自成杨岐派，世称杨岐禅师。

可能投资者没有明白这个故事中的奥秘，即杨岐为什么在楚圆禅师座下十年也没有得到指点呢？为什么楚圆禅师淡淡地说："监寺知道这个事就行了。"然后杨岐就突然说明白了呢？原因在于杨岐十年内修炼的功夫还没有做到值得楚圆禅师指点的程度。师傅的点化，只能起到画龙点睛的作用，而不是天天依靠师傅的讲解，否则师傅讲解的再多，自己不领悟，也不会融会贯通。我们讲座时经常出现这种情况，花了半天讲价值投资理论和投资系统，最后投资者还是追问："我手中的这只股票到底是买还是不买？"我如果说可以买，他就会追问该买多少股？什么价格买？这类投资者的听课结果是让人失望的，因为学习了很久，结果根本不会应用，这就等于白花钱听课，没有听懂为什么买进，也没有听懂投资选股的方法。

"纸上得来终觉浅，得知此事要躬行。"人有天然的惰性，故而武侠小说才会经常有速成法来博人眼球，本书并非传说中的《九阳真经》，我们依然讲求的是投资者学习投资需要根基，根基就来自于实践。巴菲特在 11 岁时就开始进入股市尝试交易，到 30 多岁才略通门径，而其 90% 的财富来自于 60 岁以后的投资。这是一个很明显的渐进过程，如草木生长一样自然而然。

价值投资关注的是具体的公司，公司也是会生长的，在生长过程中也会存在意外，推荐一只股票，并不是一劳永逸的，最终还是需要知其然，并知其所以然。会一点和一点也不会，其实结果都是一样的。投资人重点不是知其然，而应该是知其所以然。

▲ 2000 年，我第一次进入了资本市场，认知不足，和众多进入市场的新人一样，被套住了。于是我问自己，为什么？为了拓展自己的认知，那一年我去了首都经贸大学读在职研究生，主修产业经济学。为了增加阅历，我还在国内某知名房产公司担任成本总监，有意识或者无意识地积累了很多关于投资的知识。2003 年成为财经博主，开始观察中国经济、资本市场和房地产领域。这就是一个悟道的过程，知识和认知是不会从天上掉下来的。对我来说，理论的学习，实践的积累，反复的总结，这些方面缺一不可。

二、投资就是寻找大概率事件

老师在白纸上画个点问学生看到了什么？学生说："这是一个点。"老师纠正道："这是一张白纸。"我们总是被一些小事吸引。诸如特朗普主导美国退出了伊核协议，于是大家就在讨论会不会引发战争；诸如美国国债收益率突破了3%，于是大家又在担心会不会衰退，而几家科技公司季报略微走好，华尔街投资人又开始乐观起来，完全忘记了昨天还在担忧各种战争和经济萧条。

在投资上，大多数人都习惯于盯着小概率事件，原因在于相对于广袤的白纸，那个黑点过于显眼。地球已经运行了46亿年，稳健而无瑕疵，我们只存在于这46亿年运行的尾部，却比任何一种生物都担心我们的未来。

大概率是什么？大概率是明天太阳会照常升起，是工作日上午股市会正常开盘，是我们终将找到属于自己的幸福。大概率就是相信大多数情况下一切如常，这个"常"是常识。历史上经济崩溃的次数很多，但是短暂而迅速，那些度过萧条进入复苏的公司，不但能够抹平危机带来的亏损，还会生存得更加顽强。故而一个乐观的人，从美国的历史经验看是一定会盈利的，巴菲特在股东大会就曾经说过："如果一个人在1776年美国建国时期买入标普指标股，到如今将是5100万美元，这几乎不用做任何的选择，只要乐观相信美国的未来即可。"中国的人口比美国更多，经济比美国更具优势，有强有力的政府支持经济发展，中国股市的未来一定会比美国更好。

所以，虽然我们资本市场的年份尚浅，只要乐观且相信中国的未来，买入指数基金，不用做任何选择一样会变成稳定的赢家，跑过大多数高学历并且聪慧的专业基金经理。

一切如常，平淡且符合常识，虽然偶尔有突破我们认知的事件，但是我们依然依赖于这些生存，一个散户成长为专业投资人的过程，其实就是一个从小概率偏好一步步走向大概率偏好的过程。

一入资本市场，大多数人首先学会了赌，因为所知甚少，成也梭哈，败也梭哈，渐渐便有了一个教训："久赌必输"。为何？一个投资成功的概率是20%，而连续砸中两次的概率是多少，20%乘以20%是4%，只有4%的赢面，而两次都失败的概率是多少呢？80%乘以80%是64%，剩下的概率都是一次失败一次成功。所以小概率的博弈即为赌博。轮盘赌永远不是二选一，麻将桌上四个人也只能有一个赢家。

在资本市场赌博到一定程度，是痛彻心扉的。于是初学者们开始找赌博的成功路径。若是分析一个公司的业务，了解一个公司的财务还很有难度，于是就会开始投机，赌博中获胜的是少数，所以当有人大喊股市“七亏二赢一平”的时候，往往深以为然。另一种思路认为财富是被掠夺的，博弈是永恒的，股市盈利是赚别人的钱，所有人都是自己的博弈对手。这个阶段的投资人，已经了解了概率的重要性，努力提高自我的胜率，降低他人的胜率，并去研究市场买卖各人的投资心态。但是很可惜，投资者往往聪明还被聪明误。资本市场本身就存在很多的税费，如果这个池子水位是固定的，那么只是此消彼长的关系，只要智商超过平均数就是赢家。如果这个池子是有排水口的，那么就只能成为超人，学学预知未来，因为平均智商已经不足以取胜。有时候貌似提升概率的手段，诸如技术分析、图形分析，会给人成功的错觉，但是我们很遗憾地说，既然大家都知道这个方法，结论都是一样的，那么这个博弈还有什么用呢？所以投资者已经发现了概率的重要性，实质上是没有找到概率的出口。

最后，十之八九投资人都会去寻找价值。价值的原则是一句真理：“财富可以被掠夺，但也可以被创造。”如果人类社会从一开始就是通过博弈或者掠夺来增加财富的，那么现代社会就无从谈起，人类社会从一开始就是建立在创造财富之上的，即使现今还是存在一些财富掠夺现象，那也只是因为财富的增长不匹配我们的欲望，这样，其中一部分人就需要通过掠夺来使财富重新分配。进入 21 世纪，战争在逐渐减少，不仅仅是因为核武器导致的黑暗森林，还因为科技进步导致人类总体福利水平提升。如今在中国，喂饱肚子不再是一件困难的事情。在非洲很多原始部落，居民们也可以拿出手机通讯，可以学习很多生存技能。所以人类从历史上学会了一个大概率的真理，我们的财富来自于创造。价值投资者就是追着这个财富创造理论去的。价值投资人把公司看成了一棵生长中的树，等它成材后获取木材。

其实人人都被大概率事件吸引，我们知道未来科技一定是发展的。偶尔有科幻片会说到人类返回原始文明，但是那仅仅是科幻，不出意外，人类将成为一个宇宙文明。随着时间推移我们很多过去的幻想都变成了现实。

投资就是相信人类所一直信奉的大概率事件，人类的发展是必然的。有些人学习价值投资学歪了是因为他们在和这个基础法则斗争，误入到了博弈的领域。格雷厄姆是巴菲特的老师，一直是个十分睿智的人，但他告诉巴菲特，希望他迟一点进入股市，因为按照惯例，道指还会有一次跌入 200 点以下的机会。巴菲特听从了老师很多投资建议，唯独这次没有听从格雷厄姆等待的建议，买入了 1 万美元股票，开始了投资征途，后来有媒体问若是听从了老师的建议会怎么样，巴菲特答："那么我如今还是只有 1 万美元。"

既然人类向前发展进步是大概率事件，对于何时开始投资，我们的建议是，越早越好。

三、我们为何认为医药繁荣是大概率事件

2015 年格林斯潘曾说过："我们有一个全球性问题，那就是生产率增长不足。不仅是美国，几乎全世界都是如此。它由西方社会正普遍步入人口老龄化这一事实而引发，而我们却没有足够的资源来解决这个问题。我们现在应当转为财政盈余，而不是财政赤字。这应该是 25 年之前就预料到的，事实上我们也的确想到了，但没人为此做些什么。"不仅仅是西方，东方一样面临老龄化，如今全世界所有的问题都源自于此。这是一个悲观的论断，衰老意味着什么？意味着生产效率下降，健康支出增加，这样势必让财富创造的增长速度赶不上人类的欲望，搞不好又是一场灾难性的风暴，人类又开始在掠夺财富和创造财富之间纠结。但是我们发现，通过医药或者健康大产业的繁荣，生产率和健康支出的问题可能在一定程度上迎刃而解。

难道忘记了人口和粮食的关系了吗？当年很多人都在担心粮食供应不足，于是各国纷纷考虑计划生育政策，控制人口，这也是源自于财富总量恒定的思想。现今情况似乎大不相同，少数人耕种养活了大部分人，而且我们更惊讶于近几年粮食还产生了严重过剩，我们部分人的消耗量都不如一只耗子或者宠物。减肥甚至成为一种潮流，大家努力地甩掉多余脂肪。

为什么？因为人类进步是大概率事件，我们的生产率总体上是提升的。和粮食的历史一样，未来药物技术将逐步推进，并最终战胜衰老。即使短时间内不能战胜，总体福利上还是和粮食一样，如今的药并不是变昂贵了，而是变便宜了，贵的是新药。而新药的昂贵最终也将因为专利到期和仿制药出现而走向廉价。

现今很多的科技方向，但是能够整体提高人类福利的，一个是粮食产业，另一个是健康产业。对于老龄化，有没有考虑过高龄而健康的人同样在给社会创造财富。很多老人在给子女带孩子，很多老人在组织各种社会娱乐，当意见领袖，这都要依托健康。

所以世界范围内，医药为代表的健康行业繁荣是大概率事件，如人类社会不停发展的进程一样，会越来越发达。

在中国，除了上面所说的老龄化，还有个发展阶段的问题。我们发现无论是日本还是欧盟国家，甚至于美国，大多数国家的健康产业有明显的技术壁垒特征，发展此类行业的秘诀是通过知识产权保护，而我们起步比较晚。一个岛屿，岛上的人都不穿鞋子，一个鞋子推销员是该卖鞋子还是应该退出这个岛屿？当然是要卖鞋子，对于知识产权保护刚刚兴起的中国，当然是要大力出产专利，努力进入这个市场。

日本有很多厉害的医药公司，比如卫材、第一三共、安斯泰来、大冢制药。如今中国最大的似乎是恒瑞医药，但是相比日本的这些公司依然非常小，为什么我们 14 亿人口的国家没有一家大型制药公司，因为我们很多方面才刚刚起步。如今医药领域就像改革开放的中国，遍地都是机遇，就看是否有眼光去取。

所以，老龄化的解决方案，一个良好的初始发展阶段构成了现阶段中国资本市场最良好的投资方向。

四、七点建议

对于投资，我们还有七点建议奉送：

1. 莫要贪便宜

股票的价值低不等于价格低。经常听到有些分析师说从来不买股价超过 10 元的股票。这里面有两个错误：一个是股票的贵贱是看市盈率的，股价只是一个相对参照；第二个是一分钱一分货，就如双十一抢购，不要指望卖家做亏本生意。

就好比看研报，为什么有些收费，有些是免费，有些还藏着掖着不让看？一分钱一分货。免费的券商研报大多数体现出一定的科普性，可以了解行业的大概，但是结论没有参考作用，而收费和藏着掖着的基金研报一般人弄不到，里面却有很多干货。当然股票不会买不到，价格高至少体现了很多人认为它值这个价格，买的人多了，股票稀缺，价格当然水涨船高。虽然大家有可能犯群体性错误，或者认为真理往往掌握在少数人手里，但是也不要过度钻牛角尖，认为一致看好的就一定是不好的，比如腾讯，一路都是被看好，一路就是向上走。

2. 长流水，等流心

善守才能赢，知退方能进，长流水，等流心。什么是长流水呢？不要将投资当做唯一的收入来源，尤其是资金量有限的时候，价值投资或者成长投资，都不是短期的投资，如果走对了，需要持有下去，而不是半途而废。巴菲特为什么可以投资顺利呢？因为其背后有个很庞大的保险业务支撑，谁都知道保险公司获得保费之后并不能完全占有，对应很大的赔付可能性，而且周期往往很长，巴菲特就是很好地利用了这部分的资金，逐步用保费增加自己的投资标的，然后去获得投资标的的控制权，成为一个参与经营的投资人。

我们大多数人是普通人，没有那么好的眼光，即使有那么好的眼光也没有那么大的保险公司来提供源源不断的资金。于是，就需要有长流水来维持我们的牛股。很多人愿意用钱养一个游戏账号，却没有钱养一个牛股为未来做点什么。这其实是很惋惜的。

另外关于等流心，来自某综艺节目，一直也没有找到这种情绪如何抒发，于是在节目中找到了。我的理解，任何人都应该让每天有一样的心境，有人因为亏损或者盈利彻夜难眠或者兴奋不已，有人甚至因为投资生出很多心理疾病，一切都是因为静不下来，每天并不是在总结过往，而是在消耗自己的生命。所以投资一旦出现了这种情绪失控的情况，一定要让自己的心情回到地平线。如果回不去，那么离开股市半年，市场一直在运作，不管牛熊，都能赚钱，离开一段时间调节一下，没有坏处。

在投资心态方面，富人因为保守往往能独善其身，穷人因为容易放手一搏经常一无所有，所以建议投资人要有一个健康的心态，努力维持一份工作，努力稳定自己的家庭，然后图后进，且进退自如。

3. 细节决定成败

很多投资人会找到个把指标来判断股市，有个朋友是程序员出身，做股市一套代码就能搞定所有，有日他突然兴奋地告诉我：“我发现只要营业收入和净利润同步增长 20% 以上股票就能上涨。”于是我解释了很多关于销售净利率和行业的内容，结果他摆摆手：“不需要，我已经通过软件证明过了，成功率很高，我只要用代码从数据库中筛选就可以了，然后大致把关一下。”

他选了 10 支股票，开始均等买入，结果亏了很多。

我们尚不知悉为什么他之前的结论和之后的结果如此截然相反，也许是踩错了周期的步伐，当经济周期向上的时候，证券公司和房地产公司一路上扬，而在周期回落的时候，结局可能完全相反。所以一个指标不能解决所有问题。股票是一个综合性的了解过程，投资人不能局限于小小的认知。细节决定成败，不要嫌麻烦，如果在分析股票的时候嫌麻烦，亏损之后会感觉更麻烦。

4. 投资是投人，选对人比选对公司更重要

一个公司的核心人物对于公司是如此重要，很多上市公司换人都意味着剧烈的业绩动荡。很多公司貌似业绩坚挺，一个突发的舆论事件却摧枯拉朽戳穿其所有谎言，我们也不希望上市公司高层经常用不当言行挑战公众底线，诸如百度李彦宏关于“中国人愿意用隐私换效率”的言论，诸如华大基因汪建关于“员工不能有出生缺陷”的言论，我们认为这些言论对于上市公司都是扣分项目。

所以投资就是投人，投信任的人，投说话诚实、不造假、不造势、老实经营的人，最好控制人是技术出生，而公司也以技术为核心不断扩张，我们不喜欢空讲故事的人，因为这些人总是误导我们犯错，让我们亏损。

5. 价值投资也要与时俱进

十几年前，巴菲特逃过了科技泡沫破裂，十几年后，因为买了苹果股票，巴菲特拥有了一台苹果手机，然而他坦言：“似乎没有勇气打开苹果手机。”这就是一代与时俱进的价值投资者，虽然岁月不饶人，学习能力大打折扣，但是依然在进步。

有什么理由停留在过去？我们也会犯错。由于技术突飞猛进，那些原来认为先进的科技股可能落后了，但那也是正常的，我们只要保持与时俱进，就能够发现这种现象。

与时俱进很重要，价值投资者并不是大盘股追逐者，价值投资者需要弄清

楚投资标的的具体业务。如果认知在一次元，在超市货架，那么就只能投资超市货架的产品；如果认知在宇宙，那么特斯拉的火箭业务照样可以尝试。当然我们的认知差不多是在医疗健康领域，故而术业有专攻，故步不自封（稳固的步伐却没有自我封闭）。

6. 不要把失败推给运气

这个世界的确需要一点运气，但是，在投资领域却不能将失败归结为运气不佳。投资成功的关键，实质上是风险控制，在风险可控的前提下谋求更多的进取。很多人因为缺乏风险控制和仓位管理导致亏损，却抱怨运气不佳，完全忽视了自己决策时所犯的错误，这是不利于投资人进步的，也是成功路上的大障碍。

我们看到大多数成功的投资人是在反思过去失败的前提下往前推进的，虽然成功之后他们往往很少谈及失败，但是这并不代表其没有经历过失败。投资很神奇，每一次失败都有原因。很多人对于部分迹象敏感度不够，调查不细致，以为是运气的问题，实质上都有未曾发现的问题，不能指望未来不再犯同样的错误，但至少应该把输赢原因搞得明明白白。

总要从失败中学到点什么，否则学费白交了。

7. 坚持梦想

想了未必有，不想什么都没有。梦想总要有，万一实现了呢？但是在投资的路途上，依然有很多人半途而废。开始的时候，也许觉得价值投资很简单，就是跟着大 V 抄底。但其实价值投资很难，这是一种分析师投资，既然是分析师，就需要体现专业性。而这个过程中，专业人士在大学、在工作中已经积累了如山的知识，要去和武装到牙齿的机构拼杀抠下他们的门牙，这个难度可想而知。所以价值投资同样要求投资人坚持梦想，循序渐进，努力让自己更专业，甚至在某些方面超越所谓的专业人士。在这个过程中，必须要坚持。

▲ 这是2009年的十大博客颁奖典礼，从2003年追随梦想开始写作，至今已经记不清大大小小有多少荣誉了，我从来没有考虑过终点。也许巴菲特也没有想过真正的退休，生命不息，梦想不止。

五、总结我们的大概率

“我要稳稳的幸福，能抵挡末日的残酷。”正如歌中所唱，我们追求的正是稳稳的幸福，注重现金流水，注重循序渐进，打造自己的认知壁垒，过脑子地思考那些公司的发展和人类的未来，冷静地用资金投票，即使犯错我们也有足够的准备为错误买单，这就是大概率成功的人生，能够做好投资的，必然也应该是人生的大赢家。

▲ 曾遇到的大概率事件是2008年，当股指到达4500点的时候，我们坚决看空了市场。整个市场显得昂贵，买卖交投都违背了常理，故而我坚决看空，2008年1月，为了让大家理解我看空的思路，还专门出了一本书，叫《凯恩斯看盘》，就是教投资人“逃顶之术”。那是一个多事之年，次按危机，股市下挫，很多投资人明明知道下跌是大概率事件，我明明已经告知他们下跌是大概率事件，仅仅因为内心无法接受，他们错过了减持的时机，令人扼腕叹息。

第二章
投资的盈利模式

一、价值投资是一种盈利模式

每个成功的公司都有自己成功的模式，有些因为技术研发一枝独秀，有些因为品牌传播名扬四海，最终这些公司把优势都化作了大量的利润。同样，价值投资也是一种盈利模式，我们发现多数成功的价值投资最终都会聚焦到公司，一个伟大的价值投资者往往同样是一个伟大的公司经营者。这方面巴菲特就是很好的例子。最近几年“股神”的投资已经从财务性投资进化到了并购，他开始深入去改变公司的治理结构，并且协助公司业绩更上一层楼。学会价值投资的人能够在各个领域无往不利，因为其知识已经覆盖了很多方面。

价值投资类型主要可以划分为：价值低估型投资方法、高成长性投资方法、周期投资方法、公司拐点投资方法。这些投资方法都聚焦于公司，价值投资者可以选择一个方向，也可以齐头并进。巴菲特曾说过自己是 85% 的格雷厄姆，15% 的费雪。这个量化的意思在于，巴菲特奉行价值低估型投资和高成长性投资，因为格雷厄姆聚焦于低估值的资产，而费雪聚焦的是高成长性。为什么格雷厄姆份额更高呢？因为他研究的主要阶段是 1929 年之后经济萧条期，主要奉行的是防风险策略。可见巴菲特也更加注重风险防控，这样投资人就可以安心购买伯克希尔·哈撒韦公司的股票。为了更好地把握未来方向，下面就给投资人介绍这几种投资方法。

1. 价值低估型投资方法

价值低估型投资方法是价值投资之父格雷厄姆的方法，属于精算师式的投资方法，这种盈利模式买进的依据是资产价值低估，更多关注的是资产的安全性，要求投资人理性区分。比如好的公司股票的收益率应该高于债券的收益率，因为风险和收益是匹配的，如果市价低于清算价值，也就是倒闭了反而可以获得更多的钱，那么买入促进其倒闭也是可以盈利的。这个方法的优点是安全性比较高，被称为烟屁股投资，即以烟屁股的价格买到一只香烟。这个方法一般适合抄底使用。

2008 年 10 月，中国股市接近净资产的公司到处都是，但是那个时候有几个投资人敢于买进？巴菲特就买进了花旗银行，价格是 0.9 美元以下，2009 年花旗银行上涨到超过 10 美元，短短一年内就获利 10 倍。还记得沪指见到 1664 点的前一周，我在某俱乐部演讲，当时只来了 9 个人听，我确凿地说下周大盘见底，目标是 1650~1700 点，因为 A 股沪深两市的平均市净率已经达到 1.5 倍的历史最低点，和 998 点的市净率一样。当时有个西安的朋友听课了之后，立即抄底买进，结果正好遇到 2009 年上半年的大牛市，大多数股票都翻了几倍，获利颇丰。

大量的股价低于净资产一般只有在大熊市的时候才出现，但是这个方法是有缺点的：一是在熊市快结束的时候手中要有大量现金，而散户往往是套在顶部，底部割肉；二是股市稳定之后，用这个方法容易选到垃圾股，因为在正常情况下，只有一些垃圾股才容易出现股价低于净资产的情况。巴菲特就是用价值低估的方法买进了目前的公司哈撒韦·伯克希尔。当初这个公司是个纺织类公司，由于纺织行业的发展周期已经过去，公司业绩极差，所以巴菲特买进后股价一直下跌，被套得很深，最后他不得不全部买下这个公司，置换出纺织资产，注入了目前的保险资产，公司得到了重生。不否认巴菲特在青年时代曾用价值低估型投资积累了第一桶金，但是也要看到他的青年时期正是二战结束、冷战开始时期，各种不确定因素堆积导致股价长期低迷，巴菲特经常可以以净资产的1/3买入一家公司的股票。这种情况在进入20世纪七八十年代之后就不再出现了，虽然美股依然遵循一定的价值逻辑运行，但是总体上大多数股票都远远高于公司的净资产和清算价值，因为社会稳定了，没有那么多的战争和不确定性，所以即使是金融危机，也找不到匹配的极端廉价的资产。但这并不能掩盖格雷厄姆理论的光芒，因为其宣扬的是对于风险和安全性的重视，任何投资人只有在控制风险和了解资产的前提下，才有可能做到理性投资。

2. 周期投资方法

周期投资方法，主要包括经济周期和技术周期对上市公司股价的影响。我上一本书《大投资家：牛股基因》是选择有竞争优势公司的护城河理论，属于对价值投资的深化：面对不同的经济周期阶段，上市公司的业绩会出现周期性变化，周期性投资者主要研究股价和经济周期的变化规律，包括宏观经济周期和行业周期对上市公司的影响。周期投资方法的判断难点在于对经济周期指标的分析判断，特别是宏观经济出现拐点时是否有足够的经济政策敏感性，对于PMI、CPI、原油、国际大宗商品、美元指数等是否有足够的敏感性。2008年11月10日国务院推出了扩大内需的十大措施，可以认为是政府经济政策出现拐点的重大信号，股市也就此见底反弹。投资人需要了解世界各国政府都不会让经济出现大萧条，都会在市场不灵的时候出手挽救经济下滑趋势，这就是政府看得见的手，这就是经济政策上的削峰填谷。

一直以来巴菲特都否认其会关注宏观面的东西，认为价值投资者要关注估值而不是经济周期，但是巧合的是，巴菲特每一次买入低估股票的时间都是在经济周期的底部，我们其实可以看到这里面相通的情况，牢记格雷厄姆有名的忠告："任何时候都要考虑到公司最坏的情况。"这也是考虑了周期的大背景，这也是买入可口可乐股票的前提。无论是1929年，还是1987年，可口可乐都体现了很强的抗周期性。所以我们认为不是所有价值投资者都回避经济周期，一部分主动拥抱经济周期，比如跟随经济周期买周期股；另一部分主动回避经济周期，比如侧重于规避经济周期的防御性标的。这就是周期性投资的盈利方法。

▲　2009年7月，我在北京卫视参加一档节目，同台的还有龚方雄、刘纪鹏、金岩石、启明、冯矿伟。只说了一件事，沪指3300到顶了，需要控制好仓位，很简单的周期逻辑，4万亿从底部捞起了股市，但是股市指数已经反弹了一倍。当时个人认为弱周期还没有结束，所以贪婪在那个时间点显得很不合时宜。后来证明我是对的，那个月高点之后，股市进入了漫长的熊途。

3. 拐点型投资

"在股票市场上，要寻求别人还没有意识到的突变。"这是投资大师索罗斯的名言。索罗斯被誉为伟大的投资家、预测家和超级冒险家。1973年10月，当埃及和叙利亚武装部队大规模进攻犹太国家时，以色列十分震惊。战争在某种层面上意味着国与国军事实力的较量，种种迹象表明：以色列的军事技术在当时的战争中已经不再有优势。这使索罗斯想到了美国的军事技术很可能也已过时。如果美国国防部意识到了自己武器装备过时了，他们有可能会花大量经费去进行更新改造。沿着这一思路，索罗斯在股票投资上有了新的方向。事实证明，1974 年中期，索罗斯通过军工公司的股票获利颇丰。

这种独辟蹊径早他人一步、最后取得不菲收益的事在股市里屡见不鲜。寻找拐点说起来容易，但是做起来很难，要善于且喜欢寻求别人还没意识到的突变，并且从突变中发现对投资品的影响，寻找到内在的逻辑关系，从而把握住投资机会。公司和行业周期以及产业业绩拐点出现的时间点很关键，介入不能太早也不能太晚。比如投资高铁建设类上市公司，在 20 世纪 80 年代日本就开始有新干线技术，但是依靠这个技术一直不怎么赚钱，因为国际市场规模很小。2004 年，中国铁道部发布了“拟采购时速 200 公里的铁路电动车组，共计 200 列”的招标公告，大量引进高铁技术。2008 年 8 月中国第一条高铁建成，从 2004—2011 年，中国高铁行业经历了孕育、阵痛、生长期。到 2010 年，随着京沪高铁时速 486.1 公里的国际“第一快”，中国高铁业进入迅速壮大阶段，正是随着高铁的进程，从 2009 年初开始诞生了时代新材这样的两年 6 倍的大牛股。

在宏观经济上拐点投资也经常发挥作用，索罗斯多路出击，抓住各国的宏观拐点时期，用对冲的方式赚钱。拐点投资和周期投资是有差别的，经济周期周而复始，比如根据美林时钟做出的经济周期投资，其主要是依据宏观阶段，投资周期性品种，说到底周期性投资追求的是大方向正确。而拐点是寻求预期的突然改变，比如大家都觉得很乐观，突然生发出一个危机点或者机会点，由于预期的落差，波动加大。所以，拐点投资并不一定和周期投资同步。

▲ 2011 年 2 月 9 日，我在山东卫视公布了看好的股票，就是汤臣倍健，之后在 7 月的北京卫视，我重复了这一观点。这一年，股市是熊市，记得 2 月 9 日股市还有 2770 点左右，一年后的 2012 年年底，市场已经击穿了 2000 点整数关口，但是汤臣倍健却逆市上扬，上涨超过 30%，我成为当年最牛的基金经理。可以说我们不止一次在逆势中找到避风港，这就是拐点投资和周期投资之间并不协同的实际例子。汤臣倍健在那个时候开始多品类建设产品线，并且开始建设自己的保健品电商渠道，而之前它只是个卖蛋白粉的。

4. 成长股盈利模式

投资就是买公司的一部分。也许从几个月，甚至一两年来看，公司股价的上涨和公司的基本面无关。但是如果把时间放得长远些，按照 3~5 年的周期，上市公司的股价上涨和业绩增长正相关。

公司的成长性，主要是关注其业绩是否能持续稳定增长。我们的成长选股方法是兼顾彼得 · 林奇的成长估值模型和费雪的上市公司管理及财务分析研究，同时要考虑到上市公司的财务竞争优势。

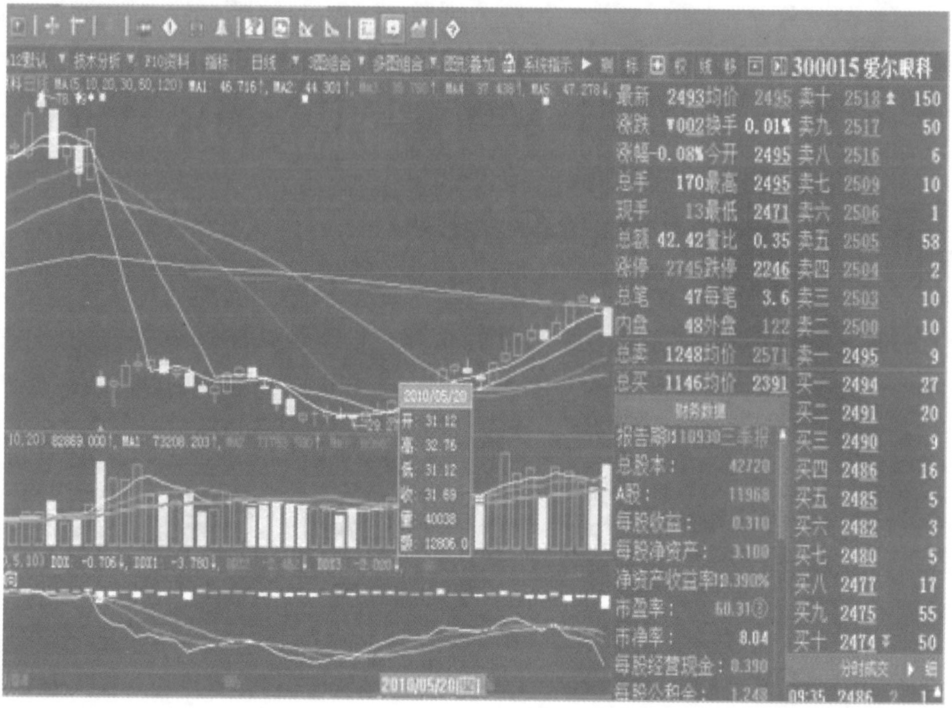

▲ 2010年，我在北京卫视推荐爱尔眼科，那时候的股价是29元，兜兜转转，如今爱尔眼科依然是我最喜欢的的标的之一。好公司如陈年的酒，越藏越好。

成长的确定性比高成长本身还要重要，如今很多公司都热衷于讲故事而忽视了真正的成长性，真正的成长性是需要符合行业逻辑，并强于行业平均水平的增长。一家公司如果没有明确的竞争优势，只可能维持行业平均的增长水平，如果它超过了其他公司，那是为什么呢？这就是我们要探查的了。成长股投资者一方面了解公司的竞争优势，选择行业中最好的股票；另一方面在行业之间进行选择，选择有朝气、有生命力的行业。把公司看成一颗成长的树，有些品种的树必然长成参天大树，而有些注定只有一墙高。而同一品种的树也许都能长很高，但是我们需要选择最高的那一棵。等它成长，验证我们的判断，这就是最朴实的成长股投资。万物皆会生长，成长股投资只是顺应自然而已。

5. 我们如何综合选择投资方法

投资是一个综合的过程，并不存在某一种投资方法一劳永逸的说法，但是投资人需要把重点放在股票的成长性上面，尽量用成长性来跨越周期和各种随机事件。我们依然需要了解低估值投资，实际上格雷厄姆也提到过，并不应该看证券便宜就直接购买，而应该了解证券背后资产的安全性。在早期巴菲特的投资中就有很多成功案例是来自亏损股的购买，只是巴菲特抄底亏损股和一般投资人贪便宜是不同的，巴菲特了解公司。

各种投资方法的核心其实就是了解公司：如果了解房地产和经济周期的关系，那么就可以做一个周期投资者；如果了解一个亏损公司未来会变好，亏损是暂时的，那么就依然可以做一个价值低估型投资者。每个人要根据自己的能力范围来安排投资方向。但是对于大部分投资人来说，成长型投资方法更适合，根据目前的认知水平，继续扩展认知，到自己认为了解的领域进行各种投资，彼得·林奇就在他的《聪明的投资人》里面推崇一种日常式的投资方式，关注生活中的细节：你的桌椅板凳，你的电商平台购物车，你妻子家里的化妆品……什么东西倍受欢迎，什么公司就有很好的成长性。当这些产品出现了颓势，并不需要去公司研究调研，采访一下你的家人，或者用一点小礼物问一下超市销售人员即可。

当然，我们还是要强调，资产安全性仍然十分重要，投资人是在保证资产安全性的前提下去寻求成长性。对于金融机构也一样，谁的风险控制做得好，谁就能立于不败之地。目前，所有的金融机构都有风控部门。所以，投资人的学习也是两个方向：风险防控和公司竞争力研究。

二、上市公司商业模式分析

上市公司的商业模式是指上市公司是如何赚钱的。任何公司都有自己的商务结构及其相应的业务结构，但并不是所有公司都盈利，因而并不是所有公司都有盈利模式。

上市公司的盈利模式就是上市公司的商业模式，是公司赚钱的渠道。具体说就是如何划分公司的收入结构、成本结构以及相应的目标利润。我们分析公司的成长性就要分析具体公司的特质，看它的盈利模式是否具备持续性、可复制性，公司未来的发展空间有多大，公司在这个产业价值链中是否有定价权，是否可以打败同行业的竞争公司等。这就是后面我们分析公司成长性的具体内容。

▲ 2013年6月，还是在北京卫视，我通过对竞争力和商业模式的理解，断言了安科生物将在未来三年十倍的增长，最后都一一实现。如今，公司并没有停止生长，我们依然关注着这个标的，也相信在未来，其还能创造更多的惊喜。

我们在分析上市公司的商业模式时，主要考虑以下几个因素：

1. 上市公司的产品品牌或者技术优势是否胜过竞争对手

消费类公司容易产生牛股，一些优秀的品牌产品甚至会成为炫耀品。最优秀的生产消费品的公司品牌价值远远胜于其他品牌。典型的是在很多国家都有一种或者几种产品被视为国家的品牌形象，甚至可以被市场当做收藏品而不仅仅是消费品。比如中国的茅台，法国的拉菲酒，德国的奔驰老爷车，瑞士的欧米茄表等。

2. 上市公司在产业链中是否有定价权，产品的涨价是否自己说了算，上市公司能否通过涨价获得超额利润

不要认为上市公司都有定价权。水电油煤气等公共产品的价格定价都是由政府来监督的。所以我们不要被上市公司巨大的利润额所迷惑。别看中国石油是号称亚洲最赚钱的公司，其销售成品油的定价权在国家发改委手上。同时，也不是所有公司都有不断涨价的能力。

有些产品虽然公司可以自主定价，自主涨价，但是如果涨价后产品销量下降，就说明产品的竞争力不够。例如，虽然啤酒上市公司都可以涨价，但是如果涨价后销量下降，市场会迅速被其他品牌占领，业绩也会下滑，所以能涨价和有产品定价权是两回事，有定价权的标志是公司的产品销量不会因为提价而出现明显下滑。

3. 上市公司是否有能力进一步提高总体销售额和市场占有率，去发现新的产品增长点

上市公司的竞争主要集中在产品的价格竞争和产品的差异化竞争，如果公司生产的产品没有特点，那么这个公司只能是价格竞争，依靠低价格来占领市场。在市场的扩张阶段，依靠价格去打败竞争对手是最重要的竞争手段。而一旦依靠价格打败了竞争对手，形成垄断，则公司又可以通过涨价来控制市场。

典型的案例是高盛通过收购中国的养猪场和投资海普瑞来控制这个产业链。2008 年 8 月，高盛斥资 2 亿 ~3 亿美元，在中国生猪养殖的重点地区湖南、福建一带一口气全资收购了十余家专业养猪厂。以高盛为代表的国际私募股权投资（PE）渗透的是中国养殖业的整条产业链。2010 年海普瑞 A 股上市，高盛 GS Pharma 一家股东的股票按海普瑞 38.2 元的价计算，GS Pharma 的持股市值高达 34.38 亿元，2007—2009 年在海普瑞获得的投资回报率大约在 49.9 倍，尽管海普瑞复权股价只剩最高时的一半，但在 4 年多的时间资本增值近 50 倍，也算是一个通过控制猪小肠资源创造的投资神话。

4. 上市公司是否有非常强的销售团队，有独到的销售模式和销售能力

虽然投资大师从竞争优势的护城河理论来说，没有提到管理团队的销售能力，但是对于任何一个公司来说，团队的销售能力都是非常重要的。能迅速占领市场，对竞争对手形成进入压力，典型的是微软和苹果的销售模式。

Windows 是针对 DOS 系统设计的，普通人经常被 DOS 繁琐代码给困死，所以早期的 PC 普及度很低。Windows 开天辟地一举突破，让普通人不需要经过特殊训练也能操纵鼠标，从此，PC 风行天下，微软通过其产品的技术优势和团队销售优势，迅速占领了电脑操作系统市场，打败了几乎所有的对手，虽然开始时苹果电脑起诉微软侵犯了其视窗操作系统专利，但是仍然挡不住微软迅速扩张的步伐。对于硬件公司来说，要么你的系统兼容微软系统，要么被淘汰出局。结果是除了苹果电脑，几乎所有的不兼容微软产品的软件生产商和硬件生产商都被打倒，微软成了股价上涨百倍的软件神话。

苹果公司在手机如此饱和的情况下，推出 iPhone，极短时间内突破百万台的销售，连苹果公司联合创始人史蒂夫·沃兹尼亚克（Steve Wozniak）和费城市长约翰·斯瑞特（John Street）也加入了排队大军，尽管苹果公司 CEO 乔布斯许诺赠送给沃兹尼亚克一部 iPhone 。“没有改变就没有未来。”苹果公司的销售

能力让人看到了竞争力。好酒也怕巷子深，这就是好的公司要有好的营销团队，好的营销团队要有迅速占领市场的能力。

5. 上市公司的竞争对手害怕它吗？相对于它的竞争者，它的价格或者产品质量竞争优势是否很突出

有竞争优势的优秀公司能给其竞争对手形成巨大的市场压力。上市公司的竞争力不是完全自己说了算，我们考察一个上市公司的盈利状况时不妨去咨询它的竞争对手。

经常去逛服装品牌商店的人都知道。商场的品牌服装都是集中在一起销售的，很难有一个公司吞并另一个公司的品牌。虽然大家都有优势，但是大家都不害怕对方。但如果到北京朝阳门蓝岛附近考察商业设施，就会发现这里没有其他的商业公司，主要是蓝岛的对手在这里很难生存。“无敌是多么寂寞”，一种表现说明一种内在，竞争对手的恐惧能够很好地反映出一家公司的实力。

6. 上市公司的产品是否存在高转换成本，多长时间才可以被其他产品或者技术所替代

苹果电脑之所以以前没有被其竞争对手打败，主要还是其在图形处理领域良好的依赖优势。它以前是一个做平面设计的专业电脑，图形处理的专业人士买电脑首选苹果，他们在熟练使用苹果电脑之后，再去学习其他电脑是很复杂的一件事情。这就是高转换成本。

同样的高转换成本还有手机号码运营商，我们已经不清楚手机号码绑定的东西有多少，我们只知道换一个手机号有可能像换条命。这也构成了如今电信运营商的竞争格局，如果移动在3G时代是老大，那么4G时代只可能巩固其老大的地位，因为我们不可能放弃我们的手机号码。

三、价值投资人要有平常心

什么是平常心？投资者要尊重股市牛熊交替运行的客观规律和现实，尊重上市公司成长的周期，不轻易高估或低估自己的能力；其次是投资者在积极主动投资的同时，不能苛求自己每次都卖在最高点，买在最低点。投资需要有一颗从容淡定的心，投资不能影响生活。要想有这颗平常心，就不要拿全家所有的钱去投资，不要拿维持基本生活的钱去投资，从这点来说，在有住房和基本生活来源的前提下，可以拿 3~5 年内不会用到的钱去投资股市，并且即使这些钱亏损了也不会影响生活品质。

股市有时是非理性的，投资者很容易受到市场情绪的感染，只有保持平常心，才能做出理性的选择，成为市场的赢家而不是败于自己的贪婪和恐惧。

投资市场经常有疯狂的时候，看到的都是诱惑，唯有保持平常心的人才能避免受到误导。每次股市最高点的时候，所有的参与者都会丧失平常心，沉浸在快速暴富的美梦里，结果当泡沫破灭之时，参与者几乎无一幸免。

投资是一门学问，很多伟大的科学家都遇到过投资失败，包括爱因斯坦和牛顿这样的科学巨人。牛顿曾醉心于对财富的渴求，在当年英国著名的“南海泡沫”中，他也是早期投资的股东，在获利 100％之后出清了该公司的股票，然而在那之后，股价仍节节攀升，超出了基本面支撑的范畴，他最终没能抵抗住投机冒险的诱惑，又以更高的价格买回更多的南海公司股票，结果损失惨重，“我可以计算出天体的运行，却无法计算出人类的狂热”，这是他投资失败后的感悟。

美国股市 40 年的平均回报率只有 6% 多一点，略高于国债收益。这可以看做是价值投资的平均收益，任何时候我们都不能神话价值投资的长期收益。投资者不能也不该对股市抱以太高的财富“膨胀”期望，而应该以平常心看待和参与，要充分认识到股市并不是一夜暴富的发财工具。购买股票之后，大可不必天天盯着股价微小的波动，那样既浪费时间，也让自己与市场离得“太近”。股市投资只是个人生活的一部分，不要把所有的精力放在其中，还是一切如常的好。如果一开始就以平常心态进行投资理财，而不是怀抱强烈的收益期望，那么立足公司的成长性，坚持长期回报的投资往往能在终了时给人一份惊喜。身为投资者，我们应学会用相对长远的眼光去追随公司的发展。这件事情说起来容易，做起来很难。我们研究私募基金近几年的排名后发现，私募基金的排名基本上每年都是变的。上一年的第一名，大多数都是第二年的最后几名。我们也不否认私募基金是价值投资，但是一个优秀的投资者应该是能够连续多年获得稳定持续的复利回报，经年累月地赚钱而不是一朝暴富，常赚而不是大赚，资本市场的高额利润应来源于长期累积，是低风险下持续盈利的结果，职业交易者只追求最可靠的看得见的利润，只有业余投资人才只关注利润最大化和满足于短暂的辉煌中。这也是多数人易现辉煌、难有成就的根本原因。重仓单一股票和频繁交易导致业绩巨幅震荡是业余投资者的表现，且两者相互作用，互为因果。坚忍、耐心、信心并顽强执着地积累成功才是职业的交易态度。

第三章
公司的定性分析

一、定性为何如此重要

格雷厄姆说：“投资运作是可以在定性和定量两方面被证明合理的操作。”

“我们不是应该更多的实施量化计算吗？”一个学员如此问道。其实在刚进入投资领域的时候，我们天然有一种数据崇拜，总觉得专业的投资人应该一切以数字为依据，精确地预测未来，分析师总是能提供很多数据表格或者回归分析，而巴菲特也在股东大会上对自己的精算师大加赞赏。如今保险行业里的险种设计是离不开精算师的，精算师的工作内容是根据数理分析和统计分析，对风险进行定价，设计出多种不同的险种，让未来赔付的金额低于保费收入，这样保险公司才会有收益。如果预测是错误的，那么大量可能性的赔付会使得保险公司入不敷出，出现风险。

但即使专业如精算师，依然无法十分准确地预测未来，因为未来不可知，比如 2008 年次级贷危机对于债券保险的冲击（信用违约掉期 CDS 就是债券保险，也许你可以看看电影《大空头》）。再比如奥巴马医改政策使得美国保险公司的医疗保险业务收不抵支（你可以从巴菲特股东大会中看出巴菲特对于医保制度的不满和担忧）。按理说精算师应该合理地给风险定价，但是专业机构的精算师依然会犯很多错误。巴菲特的 AIG（美亚保险）和 Berkshire Hathaway（伯克希尔·哈撒韦）能够在次贷危机中不受冲击完全是因为它们固守传统的保险业务，诸如车险和人寿保险，若是大胆走出一步将资金大量放在财产保险上，再专业的精算师也一样会功败垂成。故而精算师的计算仅仅是一种锦上添花，不是决定性的。

我们所知的是已经发生的，对我们有价值的是没有发生的。所有的计算都是站在一个不变预期的角度。打个比方说，物理学的一个球受到一个力后，在平面上滚动，题目告诉你摩擦系数和初始力是多少，那么经历过一番计算，物理学高中生就知道这个球能滚多远，这的确是一种很有用的未来预测。但是现实往往纷繁复杂，没有哪个平面摩擦系数是恒定的，桌面和重力垂直这种理想状态有时候也只是近似达到，更不要说一开始给予的动能是否可以用数字精确计算。于是这个球也许并没有停留在预定的位置，太靠前或者太靠后，这只是一个简单的模型，如果放到人类社会，需要考虑的变量会更加多，如果考虑某一个趋势问题的时候考虑了三个变量，即使每个变量的预测准确率都达到 70%，但是在三个不太确切的变量共同影响下，也许准确率就只有 34% 左右，这还没有考虑突发的随机事件。

经济学家预测经济不靠谱，本质上也是相同的原因，一方面很多经济学家最喜欢将模型装入一个“理性人的盒子”，大多数古典自由经济学的崇拜者都是理性人分析者，他们觉得人就是趋利避害的，我们遇到可以套利的情况一定会出手，比如债券暴跌，理性人趋利避害必然会接盘扫货。但是人又如何能做到完全理性？在 1929—1933 年大萧条期间，一张 10 元面值的债券跌到 5 元，人们还是不敢接盘，“动物精神”驱使人类恐慌和贪婪，使得很多时候往往体现出一种非理性。

▲ 这个人是我网名的由来，他喜欢用“动物精神”来描绘经济社会中的个体，他说：“从长期看，我们都死了。”所以他让我们过好当下。很多人知道他是20世纪最伟大的经济学家，也许没有之一，而他也是一位股神，在大萧条中战胜市场获得收益的少数人，他就是约翰·梅纳德·凯恩斯。

而经济学家预测的另一方面就是，当你做出了预测，就会有人防止你预测的事情发生，政策制定者会“防微杜渐”，就好像物理课上的那个球，知道继续滚动会砸到人，为何不加个障碍让其改变轨道，这样经济学家的预测虽然对人类大有裨益，但是往往就变成了失败的预言。

经济学家预测经济的失灵，物理学球体困难的滚动轨迹计算，都从一个侧面告诉我们，未来有很多不确定性，想精确地知晓明年这家公司的利润增长是多少，基本是不可能的，定量只能作为一种参考工具。然而定性却能给出直观的感受，更加贴近投资人的需求。

经常有人问我：“某个股票最高能涨到多少呢？”或者“某个股票多少价位可以建仓。”很遗憾，我们提供的一些估值方法如前所说是用来参照的，人的非理性根本无法定量，你为了某件事生气，你会说“我很生气”，但是你不会说“我的怒气值增加了50%”。生气无法量化，当一个股票被过度关注的时候，顶部一样无法量化，我们只能定性地看这家公司是否依然优秀，而相对于其优秀的程度这个价格是否还值得继续持有。然后卖在大概的顶部区域，买在大概的底部区域。

其实，在一定程度上说定性比定量更加复杂，考虑方向性问题的时候需要考虑大量的细节，方向错了，再多的计算都是错的。学生高考做题，审题错了，后面计算都是白搭，所以定性需要获得更加充分的信息，这些信息里面有数据，也有非数据，就像时下最热门的大数据分析师，将数据和非数据归类总结，得出结论。从经验来说，一个完整的公司分析，我们一般是从信息中提取各种细节，然后对于这个上市公司有一个定性的判断，比如我们预计一家公司资产会从轻资产步入重资产，负债会升高，利润里面现金份额会减少，资金面会趋紧，重资产是无形资产增加还是固定资产增加，我们得出这些信息应该如何在报表上符合预期地反映出来。继而我们进入报表浏览和统计，看其财务数据是否和我们所知的匹配。如果不匹配，就要打破砂锅问到底。如果匹配，就按照过去的增长率进行趋势分析，当然也可以考虑做持续增长率的计算，或者做数理统计，得出这个趋势的近似值，继而对这个公司进行未来的预测。数据和非数据之间并不是简单的统计和计算，它们之间是相互印证的。搞懂了一个公司的因果，就必然是知道了这个公司的所有敏感点。

二、投资人如何看待宏观经济

宏观观测是有益的。

巴菲特总是否认其关注宏观经济，他一直声称投资只需要坚持自己的理念，并鼓励投资人投资标普 500 指数基金，不要管宏观经济的波动。那么我们是不是不用关心宏观经济了呢？非也，现实中巴菲特总是在经济危机后出手，比如对于可口可乐的投资源自 1988 年，而可口可乐已经存在很久了，为什么是

1988 年，而不是 1982 年，因为美国 1987 年有一次大规模的闪崩。巴菲特可以说是根据自己对于行业的判断，得出了可口可乐价格低于价值的结论，但也可以认为，他其实是在利用宏观经济危机制造的恐慌捡便宜。反正宏观经济的周期循环大概率是和估值的波动相互匹配，经济萧条的时候遍地的黄金乏人问津，明显可以赚钱的逻辑谁也不信，而经济扩张的时候，即使是一个谎言众人都趋之若鹜。所以与其说巴菲特觉得宏观经济没有用，倒不如说巴菲特将宏观经济的观察融入了估值体系当中，他只是不屑于那些宏观经济的危言耸听，当价格和价值的逻辑关系形成，巴菲特自然而然抄到了底，然后又可以坦然告诉众人，他从来不考虑宏观面的波动。

宏观面对于中国股市的股民又有特殊的意义，从历史经验看，股市在未来还是摆脱不了政策的影响，虽然这种影响可能在未来逐步减弱，但传统改变并非轻而易举。

1. 宏观分析的常规武器：PEST 模型分析

那么如何来进行宏观分析呢？典型的是用 PEST 模型分析。

P（Politics）政策环境分析，确切地说是政治和法律分析，最基本的当然是政治稳定，这构成了所有股票投资的一个基础。继而要考虑很多问题，打个比方，受我国“一带一路”倡议的影响，最近中日韩重新开始交往，朝美和谈即将开始，而浙江的炒房团已经杀到丹东，这就是政治敏感性的体现。一般老百姓在饭桌上闲扯的时候，有投资人已经将这些内容兑换成了货币。对于具体的行业，我们考察其在宏观面的政策扶持力度，从宏观面了解这个行业的集中度。

E（Economy）经济环境分析，分析经济结构、经济体制等问题，欧美的经济自由度较高，中日经济中政府更多地进行资源配置。里根经济政策和撒切尔经济政策是不同的，他们遵循不同的规则和规律，在经济学奥地利学派的国家，投资人可以更多地购买产权，除了房产，还有各种虚拟资产，因为产权项目的增加对于这些国家来说意味着繁荣，产权保护意味着繁荣的创新和创造，所以在经济学奥地利学派主导的国家投资人更看好的是专利权属，或者其他的权属登记，诸如著作权，股权等。而供给学派的改革又是另一种景象，他们认为供给决定需求，当供给的现有产品已经进入行业繁荣的末端，企业家就开发更多的功能，或者换个包装继续创造需求，因为供给学派认为有多少供给就有多少需求，比如智能手机，我们没有这个需求，但是乔布斯带来了第一次供给，于是我们的需求就从诺基亚的键盘手机到了触屏时代，可以说需求是凭空产生的。在这些国家投资人更加注重投资未见过的产品，比如马斯克的种种设想。而在凯恩斯主义占据主导的国家里，或者说类似凯恩斯主义主导的国家，产业政策是非常重要的关注点，政府支持将是一个行业持续发展的基础性条件，比如日本。而我们国家，其实是兼收并畜的实用主义，我们有供给侧改革，有产权保护，有产业政策，有混改，这并不坏，说到底各类经济学都是要解决实际问题的。小平同志说了："不管黑猫白猫，抓到耗子就是好猫。"这是经济体制的例子，对于经济更加直观的几点，诸如通胀率、利率，则在跨国投资中决定投资人的成败。对于具体行业，经济分析直接影响的是投资额，对具体公司来说，意味着投资端的成败和融资端的难易程度。

S（Society）社会和文化环境观察，说社会观察其实并不好理解，一说文化观察大家都懂了。前几年有个好朋友想要去非洲一个伊斯兰教国家养猪，我们都十分为他担忧，那个朋友相当自信："我们是封闭式的养殖，那个国家华人越来越多，猪肉价格高昂，正因为是穆斯林国家没人养，所以才有市场。"我们依然很担心，每次通话开头都是一句调侃："啊呀你还活着呀。"最后朋友的养猪生意关张了，是因为大家一看穆斯林地区养猪也没出问题，一下子有了很多的养猪场，过剩了。这个例子说明，我们需要关注一个地区的社会和文化环境，诸如星巴克，美国人喜欢外带的咖啡，而中国人更多是堂食，所以中国的星巴克有更大的顾客空间。如今中国公司大量开展国际业务，特别是"一带一路"沿线国家，很多国家的民风比较"休闲"，在那里开展工程业务的上市公司感觉会比较痛苦，而另一些地区诸如中东的产油国家，虽然劳务都是中国自己输出，但是回款和现金流相对可观。在具体行业的宏观分析中，主要目的是了解消费者的消费偏好，了解购买力，以支撑增长率预期。

T（Technology）技术环境分析，从宏观上看，国与国之间的技术是有高低差异的，而各国所具有的资源禀赋和比较优势又各不相同，也就是各有各的长处，比如中国的产业链完整，设计到量产周期更短，而德国更适合制造业的产品细节研发，美国又可以更灵活地调动资本力量，所以很多公司在硅谷有分部和实验室，而工程师经常聘请自德国。之前美的购买了德国机器人公司库卡，业界对这项并购普遍乐观，就是基于技术环境的分析。当然令人失望的是美的不能获得库卡的任何技术。但是仅仅从产品进口方面考虑，这依然是一次成功的并购。在具体行业分析中，技术面的分析集中在生产效率上，因为生产效率直接影响到利润率。

PEST 分析并没有很特别的东西，就是一个信息的分类汇总，我们罗列出世界上发生的大事，然后丢入这个箩筐里面，如果是公司内部的决策层，则会将这些信息结合内部的信息进行 SWOT 分析，但是作为外部投资者，如本书的读者大多数是财务投资人，这完全没有必要。很多时候个人的习惯是在手机上建四个备忘录，或者语音，或者手写，认为重要的事情发生的时候，将日期和事件简讯记录在案，并在简讯后面附着一个基础判断，比如：

2018 年 2 月 22 日，美国长期国债收益率第一次触及 3%——预示着全球资金成本即将上升，融资将更加昂贵，周期类资产及新兴市场将面临压力。

这种记录有什么好处呢？首先记录了事件，这个事件会在未来成为决策的依据，投资人的确需要在很多时候权衡利弊，但若是跟着感觉走，就会忽略信息，从而被新闻内容牵着鼻子走。其次，记录这些事件可以检验一下自己的理解是否正确，诸如上面这条简讯，为什么触及 3% 就会产生些许恐慌，历史上到底发生了什么使得华尔街的专业投资人草木皆兵。有时候你的判断可能是错误的，但是不要紧，可以反复检视自己的认识。

正确的解读信息十分重要，一般成熟市场的标志就是信息对称性高，A 股的信息对称性存在问题，虽然我们看到监管层在信息披露上面做了很多努力，但是短期内要达到非常高的信息对称依然是不可能的。A 股信息不对称的一个表现是，通过媒体解读，我们会误解信息释放的含义，诸如宏观上防风险，而很多媒体解读的内容是利好金融股，但是 2018 年上半年的行情清楚地给予了一个答案，防风险就是要金融业收敛信贷，限制自我的行为，这本身是一个主动收缩的行为，因为每一次风险都是金融行业过度扩张导致的。但是我们从一些文章里面看到的却是另外一种解释，认为防风险是在增加金融业的稳健程度，有人甚至认为这是金融业的供给侧改革，零散的 P2P 或者网络贷款被压缩，继而贷款需求整体向现有大型机构转移。另外，银行业表外业务纳入表内，二级资本债可以进行债转股，取消商业银行存款上限，都被解读为利好。有时候从结果倒推可以得出很多结论，也能给我们提供很多很好的视角。

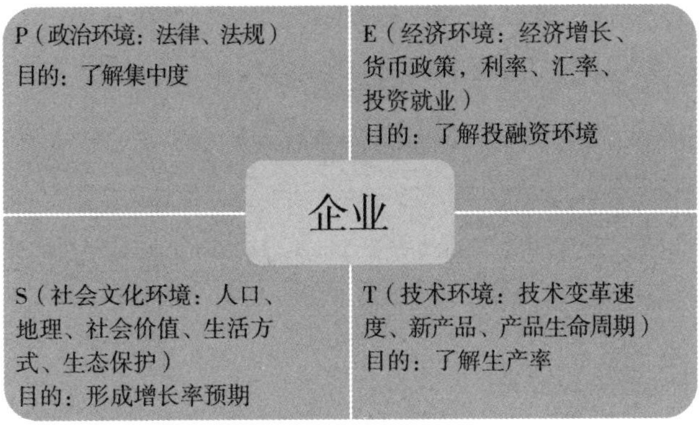

▲　上图有一些经验式的内容加注，PEST 有时也被称为 STEP、DESTEP、STEEP、PESTE、PESTEL、PESTLE 或 LEPEST（政治 Political、经济 Economic、社会文化 Socio-cultural、科技 Technological、法律 Legal、环境 Environmental）。2010 年后更被扩展为 STEEPLE 与 STEEPLED，增加了教育（Education）与人口统计（Demographics）。PEST 的主要目的是进行 SWOT 分析（S 优势、W 劣势、O 机会、T 威胁）。

2. 一种宏观投资策略：美林时钟

当然宏观面的分析最终要落实到公司，一些投资人光研究宏观周期就可以赚到钱，知名而普遍的方法诸如美林时钟。以下是美林时钟的粗略阶段：

①复苏阶段。经济上行，通胀下行。投资标的首选股票，次选债券。

②过热阶段。经济上行，通胀上行。投资标的首选股票，次选大宗商品。

③滞胀阶段。经济下行，通胀上行。投资首选持币观望，次选是大宗商品。

④衰退阶段。经济下行，通胀下行。投资首选债券，次选持币观望。

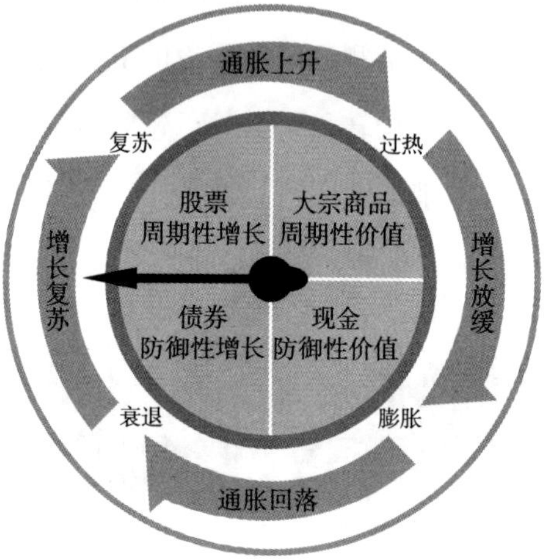

▲ 美林时钟是美国投行美林证券提出的一个 The Investment Clock 资产配置理论。经典的繁荣至萧条的经济周期从左下方开始，四个阶段顺时针推进，在此过程中债券、股票、商品和现金依次变现优于其他资产。

我们看到美国经济通胀正在上行，经济也在上行，美联储的目标是通胀达到 2% 就实施紧缩，很好理解，减缓通胀的上行压力，让经济在过热阶段多停留一段时间，所以很多人认为的美国金融危机，在 2018 年中旬其实还看不到，但是一旦美联储紧缩政策加速，就说明经济已经介于过热和滞胀之间，所以美股在 2018 年上半年才会体现出纠结的行情。

不夸张地说，美林时钟的确在周期投资上是一个很好的参照，美股牛市基本上遵循着这个规律，所以通胀率和非农数据不停发布，告诉市场我们现在处于什么阶段。而对于 A 股，意义也是存在的，中国的经济周期和美国略微有些差异，小周期基本同步于猪肉价格，所以又叫做“猪周期”，故而有人谈论 A 股周期的时候就有 3 年一小牛，6 年一大牛的说法。但是这个并不是绝对的。有时候表现得不太明显，但是大致上价格的循环变化使得投资人可以进行一些中期的买卖操作，诸如在周期低谷的时候分批买入，等待两到三年后在周期的相对高点获利离场。也有一种方式，定投股票五年，在第六年泡沫起来的时候，结束股票定投，所有资金买入债券和高安全性的固定收益产品，然后等到泡沫破裂卖出固定收益产品继续定投。在历史上这些方法证明是有效的，符合中国 A 股的情况。但是未来也许会因为博弈者众多而变样，不过有一点是比较确定的，股市依然是跟随实体经济价格趋势走的，紧缩和通胀都会有很明显的现实感受，有心人自然会关注到价格的变化，那些价格体现在菜篮子里，或者体现在超市的价签上面。

前面我们说了 PEST，也说了美林时钟判断周期，说白了，宏观面的理解应该来自于生活，我们每天接触的信息流，并不是仅仅提供给我们谈资，这里面是包含着金钱的，机会总是眷顾有心人，而抛弃那些没心没肺的人。对于宏观面的判断，最重要的是经济周期判断。以前总说资本主义国家有周期，而社会主义不存在经济周期，这种说法必然是错误的，中国的投资人需要接受周期、面对周期、利用周期。

一般情况下，以下几个行业属于周期性行业：金融业、地产业、大宗商品行业、能源行业、汽车行业、旅游行业、航空业。

一般情况下，以下几个行业属于非周期行业：供水供电等公用事业行业、快速消费品行业、健康与医药行业。

如果市场上存在被动持有股票的基金和机构，当周期性行业不明朗的时候，非周期性的行业就体现出了一定的逆周期性，资金开始追求防御，追捧防御品种，2018 年上半年的宏观方面偏消极，故而我们看到了结果，就是快消、健康医药类股票出现了比较大的涨幅。我们不能说这是绝对的因果，毕竟具体行业受到的影响多方面、多角度并各不相同，但是我们至少看到这些行业没有受到周期的影响。

更重要的是 2018 年上半年 A 股供电行业并没有出现大规模的崛起，这个原因在于实体经济耗电量没有大幅度增加，而农村光伏大规模地推进导致电力供应过剩，所以宏观方向看产业，还是需要具体问题具体分析。

▲ 西西弗斯是希腊神话里面的悲剧人物，为了阻止人类死亡，他曾一度绑架了死神，结果惹怒众神，让其每日推石上山，由于山路陡峭，每次没有到达山顶，石头就又滚落下来。很多人认为这预示着周期和轮回，经济也是如此，不知道经济能够被推到多高，也不知道会以什么速度回落，但是经济周期总是周而复始。另外这个故事还有个隐含的预示，人类可以对抗自然法则，比如我们可以干预市场，但是相应地也会受到自然的惩罚。

3. 专业人士的宏观参照工具：CDS 价差

关于宏观趋势性判断，投资人还可以了解一下衍生品。比如 CDS（信用违约掉期）价差。CDS 是什么？简单点说就是债务保险，保险的买方平时向卖方支付固定费用，如果债务违约了，债务人无力承担，那么 CDS 卖方代替债务人归还债务。电影《大空头》里面就有这个内容，一般来说这种 CDS 是给债券对冲风险，增加安全性的。但是也可以被人利用来对赌和做空。比如《大空头》里面的主角们就直接买入 CDS 产品，而其本身没有持有债券，这样他们盈利就只有一种可能性，债务违约，然后 CDS 出售者赔付钱款。剧中的投行一开始当然很乐意接受这类业务，因为债务违约的可能性历史上一直不高，这类交易简直就是签合同拿钱的生意，可结果事与愿违。

我们看到了 CDS 的原理，然后 CDS 的价格是怎么确定的呢？赔付的金额是确定的，根据债券标的的金额，唯一可以浮动的价格是买方支付给卖方的固定费用，这个固定费用如何确定呢？如果这个目标债券是安全性很高的债券，比如国债，那么违约几乎不可能，固定费用就非常低，几乎接近零，比如美国国债和德国国债。但是如果这种目标债券是某个公司的债券，那么风险就高多了，大型公司关联 CDS 就会价格比较高，赌债券违约的人要付出更多的费用来达成 CDS 交易。

如何预先知道 2008 年美国次贷危机的发生，看房地产行业 CDS 与美国国债的 CDS 价差是否加大。如果一个行业的 CDS，或者一家公司的 CDS 相比于国债 CDS 的价差在增加，那么这个行业很有可能即将债务违约，风险巨大，一般投资银行以此来对公司、行业甚至国家来评级。只要有债券发行，这种衍生品交易就会异常活跃。

然而对于普通投资人，这个方法仅仅只需要了解，因为数据取得过于困难，CDS交易是场外衍生品交易，有很多单个的合同组成，专业人士可能通过WIND数据、DTCC 数据和 IHS MARKIT 数据服务等进行数据挖掘，得出一些统计结果。如果我们仅仅需要一个宏观经济的结论，那么只要利用专业人士的结论即可，这个结论就是评级机构做出的债务评级。所以，建议普通投资人多了解这方面的新闻，有时候内容不需要去总结，内容都包含在不起眼的新闻上面。

4. 宏观分析的总结

如果是普通投资人，根据信息接收渠道分类汇总宏观面的信息，形成外部环境的预期，这些预期包括目标行业销售增长率、集中度、利润率和融资成本的预期，也包括经济周期的预期，前面的部分纳入行业分析的基础判断之中，后面的经济周期则可以作为一项宏观投资内容的参考项。这期间需要关注评级机构对于主权债券的评级变化。如果是金融从业者，需要收集场外债券收益率和 CDS Spreak 的数据来判断如今的宏观风险点在哪个国家、哪个行业，从而验证评级机构的评级是否客观，因为评级机构有时候也会被收买。

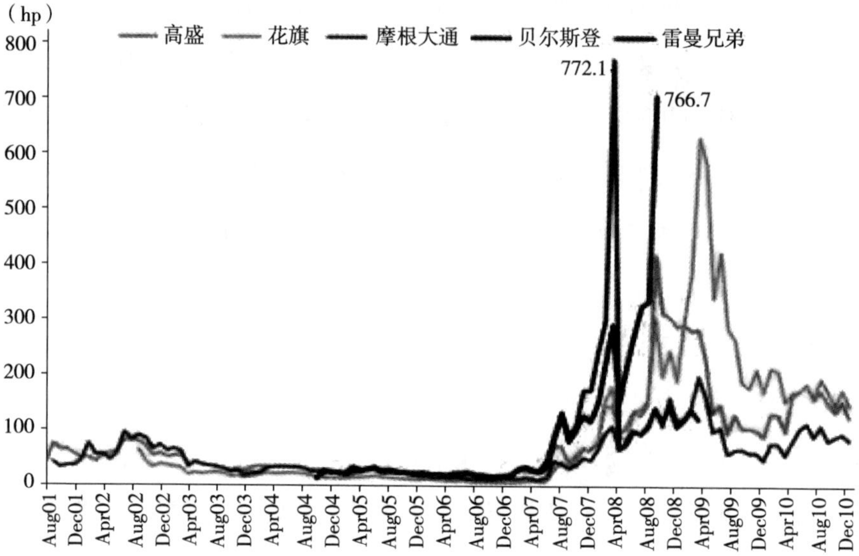

▲ Bloomberg，国金证券研究所。贝尔斯登和雷曼兄弟已经离我们而去了，在他们离去之前，他们的 CDS 价格飙升，形成了高额的 CDS 价差。

5. 制药行业宏观分析的简略过程

结尾再说一下制药方面投资的宏观面认识，当然这些都是粗略的描述，我们更加希望读者自己尝试补充和加强。

制药行业的 PEST 分析：

P（政策环境）

①“健康中国 2030”战略发布。

② 仿制药一致性评价推进。

③ 药物采购两票制推进。

④ CFDA 加快新药审批。

⑤ 医药加成逐步取消，医院将费用加成逐渐向医疗服务方向转移。

⑥ 新 GMP（生产质量管理规范）在医疗器械和医药领域完全推开，GSP 在医药销售领域完全推开。

⑦ 医保控费和医保新药谈判同步推进。

⑧ 进口抗癌药取消关税及流转税，降低进入壁垒。

小结：从国内政策面观察，国家将一如既往地支持医疗产业进一步发展，未来行业支持将进一步加强，但是细化来看，各种控费措施主要针对的是医药制造领域，所以在未来的增速上面，医疗器械的需求增速将略微超过医药制造领域。但是，医药行业具体强弱盛衰需要进行再细分，部分价格高昂的新药，由于价格因素曾经一度使用率较低。在医药控费的政策导向下，这部分产品的价格走低，并获得医保部分报销，增加了产品的使用率。所以，对于医药制造业，高端药、新药将更多地受到政策面支持，低端药、常用药将因为供给侧改革，诸如环保或者过剩等原因遭受一定销售冲击。仿制药一致性评价的推进将进一步加剧这种状况。所以，医药行业的整体情况应该是集中度进一步提升，并且这种集中度的提升将成为未来长期的趋势。大型、上规模的药企将获得更多的政策扶持，小型、没有研发能力的药企将被挤出市场，或者进入衰退。

E（经济环境）

2018 年年中，中国部分传统产业面临着转型，宏观面由于防风险资金面偏紧，经济总体偏弱，经济周期阶段性向下。然而，医药行业属于弱周期行业。一方面由于部分传统行业需要转型，大量资本流入了医疗行业或者健康产业，产生了大量并购，另一方面由于周期性行业的资金流出，而医药制造业又体现出防御性，所以二级市场股价也水涨船高。医药制造行业整体负债率偏低。由于国外药企进入中国逐步放开，有现金、有基础的医药公司将更多地进行国际并购，来购入更先进的技术和专利，以期望和国际巨头抗衡，当然这方面需要考虑贸易战和国外技术壁垒的影响，但总体上走出去、实现国际化将成为一条主流的发展道路。医药制造行业未来融资面宽松，投资将非常活跃。整体投资额将进一步提升，其中主要的研发类投资额将占据主导地位。

S（文化和社会环境）

中国社会将面临人口老龄化和生育放开双重压力，医药行业需求在年龄两端（老人和小孩）齐头并进。统计发现，我国医疗支出占 GDP 的比率已经从 2011 年的 5.0% 上升到 2016 年的 6.2%，并且占比还将逐年增加。人均医疗支出也从 278 美元上升到 578 美元。2016 年医疗增速为 10.5%，复合年均增长率为 14.2%。但是与发达国家尚有距离，2016 年美国医疗支出占 GDP 的比率为 17.2%，德国为 11.3%。而按照人均医疗支出计算，美国人均医疗支出为 9892 美元，德国为 5551 美元，中国医疗行业虽然发展迅速，但是医疗支出仍然仅相当于经合组织平均水平的 12.9%，所以未来无论是需求还是购买力都将进一步加强，销售增长率应该维持在平均 12% 以上。

T（技术环境）

医药制造领域是技术密集型行业，医药制造公司普遍依赖技术形成的壁垒，总体上我国现阶段医药创新度仍然不高，创新药匮乏，大部分的医药制造以仿制药为主。但是，由于政策环境改变的压力，医药公司开始走两种技术路径，一种是基于高投入的创新药研发，周期长、投入高、风险大，另一种是基于仿制药提质增效为核心的渐进式研发推进。部分集中度较高的公司由仿制药积累起来的盈利能力将逐步通过研发投入转化为高仿药，甚至创新药，而部分小规模的药企无法短期内形成必要的研发能力，故而现有已经占据行业龙头地位的制药公司将维持很高的净资产收益率。但是，由于国外原研药进入及医保控费的压力，部分畅销药物的毛利率将下降，公司必须通过多单品的途径来提升公司效益。

全球制药宏观面分析

全球制药业逐渐步入瓶颈期，一方面由于特朗普对奥巴马医改的改革，并且力主药物费用控制，另一方面由于化学分子药物研发难度加大。但是，总体上生物医药的增长比化学药物更快。全球化医药市场是一个竞争比较充分的市场，对于高端新药依然相当追捧，故而中国的高仿药有可能借助医药领域的双向开放进入国际市场竞争。中国很多制药公司非常重视去美国的 FDA 和欧洲 EMA 申报药品。

以上是我们做的简化的 PEST 分析，这方面很多网站会有数据支持，如果是面向投资人做推介，还可以找更多的数据加持，并放上图表，如果是自己投资参考，可以不用太麻烦，本着实用的态度即可。

6. 一个不太重要的关注点

之所以不太重要，是因为现阶段这个路径的投资参照还很少，但是未来可能影响很深远，MSCI 在推动 ESG 责任投资，也就是从社会、环境和公司治理方面来评定公司，MSCI 声称 ESG 评级可以在一定程度上比 CDS 价差的表现更加灵敏，但是对于投资人现阶段意义不大。可以理解为，这是为了让上市公司做好人，推动社会发展，保护环境，正直经营。讲道德做好人，从长远来看的确是有利于公司发展的，但是短期来看，我们又不得不承认，理想很丰满，现实很骨感。如果认同 ESG 责任投资的机构多了，就会成为一条投资界强有力的行为规范，古人也说了不能扫一屋何以扫天下，道德和规范属于内部事务，但是万一外部化，比如出现丑闻，往往会动摇公司根本，所以在此我们还是提示投资人关注。

三、行业面分析

1. 我们如何切入行业分析

相比于总览式的宏观面，行业面的分析更加重要。传说中，在风口上猪也会飞，就是说一个好的行业，即使是经营能力不强的企业家也可以干出一番事业。但是真是如此吗？要考虑行业的风起，更要考虑行业的风停，当风停了我们才能看见哪头猪“自挂东南枝”。在如今快速的行业推进中，摔死的猪越来越多，诸如共享单车领域。

前面讲述的宏观环境分析大部分是结合行业面看的，我们从 PEST 分析中获得了各种信息，用逻辑将信息转化为一些定性的预期，诸如行业整体销售增长率，行业集中度（是几家公司主导，还是对手众多），行业利润率和投资额（行业中公司为扩张业务增加了多少投资额），在此，我们已经大致了解了行业应该如何推进。同时，我们推崇的医疗行业销售增长率都十分稳定，行业集中度在进一步加强，利润率保持较高水平，投资额特别是研发的投入正在逐渐增加，于是我们将视角切入到具体的行业。投资人当然希望挑选最好的行业里最好的公司。宏观解决的问题是行业选择的问题，而中观的行业分析是要解决行业细分之后的选择问题。很明显，在医药和健康这一类行业里面是最具细分特征的，有时候细分到一个领域只有一家公司，每一种药也许就是一个细分。

2. 行业生命周期分析

如何分析行业呢？我们首先需要知道行业的发展阶段，从时间线上看，行业是不停演进的，早期进入这个行业的投资人往往有可能获得很好的收益，但是相应的风险也会很高，把握公司所处的生命周期，可以了解行业所处的风险，也可以匹配自己能够承受的风险进行投资。一个有 1 亿现金的人没有必要冒风险，他可以在公司成熟的时候投资，而一个只有 100 万的投资人就适合冒一点风险，投资一些正在生长、未来良好的公司。

从行业的生命周期看，我们一般将行业分为导入期、成长期、成熟期和衰退期，这就像一个人的生命一样，儿童、少年、中年和老年。所不同的是，这个周期并非如人生般固定，也就是行业的生命周期可长可短，可以将一个行业大致归入某个阶段，但是不能以此来衡量这个行业在这个阶段延续的时间。

导入期，行业利润低，市场增长率（销售额增长率）高，需求增长快，技术变动大，进入壁垒低，行业内的公司正在开疆拓土，跑马圈地（比如如今的VR行业）。

成长期，市场增长率（销售额增长率）高，需求增长快，技术趋于稳定，进入壁垒提高，竞争者数量众多（比如如今的云计算行业）。

成熟期，市场增长率（销售额增长率）低，需求增长缓慢，技术已经相当成熟，消费者的选择能力增强，产品更新困难，行业进入壁垒很高（比如如今的白色家电行业）。

衰退期，产品过剩，替代品出现，增长率下滑甚至为负数，竞争者急于退出市场（比如如今的钢铁制造业）。

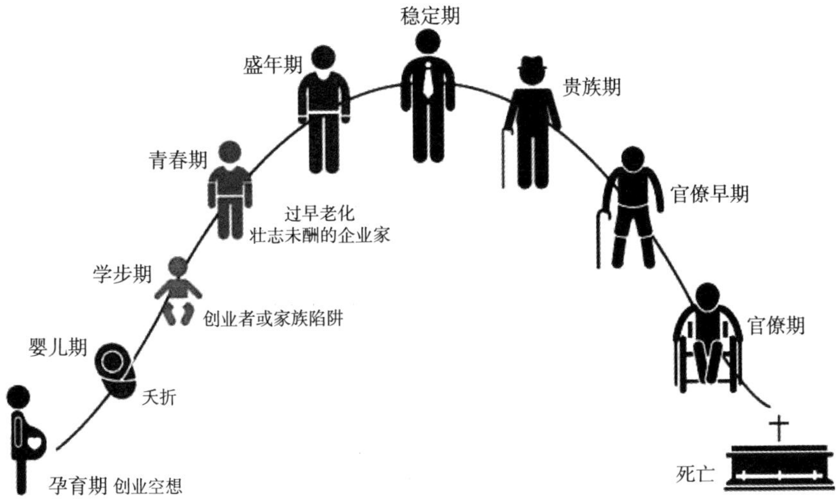

▲ 公司生命周期曲线图。买入股票是买入公司的一部分，投资公司的问题有时候就像投资几岁的自己。每个人的爆发期都不相同，但是大部分人集中在盛年。

在A股的投资人，一般集中在两个阶段的公司投资，一个是成长期，另一个是成熟期，这分别属于巴菲特的两种略有不同的投资理念，巴菲特的老师格雷厄姆是典型的价值型投资者，其追求的是有安全边际的成熟公司，而另一个是著有《怎样选择成长股》一书的费雪。巴菲特更加偏向于格雷厄姆，原因在于巴菲特的投资重点集中于风险防控，在追求安全性的前提下，再追求成长性。他曾经不止一次提到要注意本金安全，这和其老师格雷厄姆的表述如出一辙。当然保守使巴菲特回避了一些风险的同时，也让他错过了很多机会，他对于IBM的投资收益就不佳，而近些年他对于苹果公司态度的改变，则说明如今的巴菲特已经逐渐开始倾向于费雪的成长型投资。

个人更加倾向于成长型投资，因为这个世界在加速变化，我们的需求日新月异，很多新行业在同步产生。特别是医药领域，细分程度非常高，如果我们秉持保守的价值投资理念，那么应该选择原料药投资，或者医药商业连锁店的投资，但相比于这些投资，如今的投资人一定是更加喜欢抗肿瘤生物靶向药和基因检测。那些成熟的行业，往往意味着随时步入衰退的可能性提高，衰退可能是资源型的（资源枯竭），也可能是效率型的（效率低丧失比较优势），也可能是收入弹性低导致的（需求停止增长），也可能是聚集过度导致的（过热导致过剩）。资本市场如今比较灵敏，衰退总是在不知不觉中降临，当发现灾难降临时，股价早已下跌到低位，因为普通投资人的信息接收是有迟滞的。那么在行业选择方面，选择成长期的公司，虽然有一些不确定性，依然可以占到一定的先发优势。另外成长期的公司可以赋予较高的市盈率，而价值型的公司必须考虑资产价格。因为价值型公司资产收益率已经接近恒定，未来的确定性高，但是波动性低，接近于行业天花板。对于成熟公司，必须严格遵照低买高卖的基本原则。这里就会有周期性的等待，可以说，在中国现有的经济状况下，等不等得到是个问题，比如房价在高位已经运行数年，的确是存在泡沫，但是刚需们买入的时机却依然不曾出现，房价没有严格遵照周期的规律，那么如何让一个投资人做到长期等待？所以，凡人的世界，有时候要遵照凡人的处事原则，大家都不是圣人。等待浪费时间，有时候也会变得毫无意义，有时候那种极端的看空做法甚至会让自己陷入长期的痛苦当中。

这里我们明确了一点，即需要寻找处于成长期的公司，或者是刚刚进入成熟期的公司，这些公司具有我们所喜欢的延展性，能够继续成长，有足够的收入弹性，也有一定的安全边际。但是问题来了，医疗行业如此复杂，产品如此之多，怎么办？个人建议是把单个产品作为一个行业来进行观察，比如 HPV 疫苗，很明显属于一个成长期的行业，虽然竞争者方面的定义不太符合（成长期表现为竞争者众多，而 HPV 疫苗生产公司国际上并不多），但是其他项目是符合的。为什么竞争者不多呢？因为产品属性本身具有技术壁垒，行业生命周期理论研究的是开放性市场，也就是壁垒不高的传统产品领域。另外，抗生素生产可以定义为成熟后期，技术壁垒已经逐渐消失，而规模壁垒逐渐产生，需求总体上稳定，未来还有可能过剩。而 PD-1 抑制剂则还是处于幼稚期，CAR-T 细胞疗法刚刚摆脱幼稚期进入成长期。

综合来看，医药领域相比其他行业更加直观，因为壁垒是天然形成的，一般来说，通过了 FDA 和 CFDA 之后，这个产品就从幼稚期进入了成长期，继而看什么时候壁垒被打破，或者是专利药专利到期，或者是另外有人研发了更好的类似物和类似疗法作为替代品进入市场，竞争加剧。当变为三家以上竞争，就逐步进入了成熟期，然后当一种新的更好的疗法替代了现有产品，现有产品则会很快进入衰退期。每一个阶段都会有明确的标志。

3. 五力模型行业分析

行业生命周期理论，又叫做产品生命周期理论，是基于细分行业动态看问题，而我们需要另一个工具来静态地看问题，这方面简单的教科书做法是五力模型。有一些很专业的分析人士往往不屑于这些基本的模型工具，但是要知道，很多专业人士做的研报是贩卖式的，他们在数据上表现得精巧，但是对于客户并不实用，所以他们经常吝啬自己的判断，而堆积大量的数理说明。

而对于投资人，定性的分析并非需要如此多的数理，我们更需要一些专业的判断。

五力模型：供应商的议价能力，购买者的议价能力，替代品的威胁，潜在进入者的威胁，行业竞争者的竞争。

供应商的议价能力，供应商控制着成本端的两个要素，一个是原材料或者劳务的价格，另一个是原材料或者劳务的质量。如果供应商的价格和质量能够掐住下游厂商的脖子，那么就是议价能力强，一般来说，形成供应商能力有如下原因：

① 如果供应商有很多，转换成本又很低，可以随意选择供应商，那么供应商就不构成威胁，议价能力增强。

② 如果供应商很多，但是转换成本很高，诸如工程搞到一半要换工程队，医生治疗一半要换医院，那么很多的混乱会不堪重负，议价能力变弱。

③ 如果供应商只有一家或者数家是一个联合体，或者价格联盟，议价能力也堪忧。这种情况在供应商列表里会很明显出现一个占比非常大的供应商，议价能力变弱。

④ 供应商前向一体化，也就是可以自产自销，只是因为产能过剩才卖。当供应商可以自己消化自己产能的时候，作为需求者的目标公司议价能力变弱。

一家公司的供应商议价能力弱会如何呢？很简单，中兴通讯的个案就是鲜明的例子，连带的我们开始担忧华为，因为一个行业大体处境类似。

对于单个公司的供应商议价能力还有一个财务指标可以参照，就是应付账款在流动负债中的占比，这个占比越高，说明其欠供应商的越多，优势就体现出来了。供应商之所以给信用额度，归根到底是因为他们怕。当然，有信用危机、业绩下滑的公司应付账款有时候也很高，但是这一类公司主营业务一定是下滑的。这方面白色家电公司格力是个代表，其资产负债率达到 70%，但是其负债大部分是经营负债。类似的还有青岛海尔、青岛啤酒、美的集团等消费类的强势公司，观察它们的财务费用往往是负数，体现为流入，这是因为占用了太多的供应商资金，而这些资金都不需要付利息。

购买者的议价能力，之前有创业者问：“做业务是 TO B 好还是 TO C 好？”言下之意，它是做一家原材料供应商好，还是做一个开店的小二做零售呢？其实这都有利有弊，TO B 可以大大节约营销成本，而 TO C 则可以有一定的稳定性。如果大客户突然之间不需要你的产品了，有时这对你是致命的，所以购买者议价能力就是这么回事。以下是购买者议价能力的形成原因。

① 单一或者少数几个大客户，打开报表都会有顾客列表，会发现哪一家客户是单一的大客户。如果长期依赖大客户，或者整个行业都依赖一个大客户，目标公司的议价能力变弱。

② 行业内都是小公司，而顾客相对集中，惨痛的教训是往往行业内恶性竞争，导致了价格经常低于成本，目标公司的议价能力变弱。

③ 产品是标准化产品，同质化严重，壁垒不高，目标公司的议价能力变弱。

④ 购买者产品后向一体化，其实就是说购买者本身自己也有产品在生产，外购产品只是因为产能不足，目标公司的议价能力变弱。

新进入者的威胁，这属于行业壁垒范畴，主要是研究行业的进入障碍，这里面有很多的因素，有规模化导致的进入障碍，有技术壁垒形成的进入障碍，有自然资源形成的进入障碍，有政策形成的进入障碍。一个行业想赚钱，当然是希望壁垒高，别的公司进不来。所以这方面很好理解，医药行业正是这么一个技术壁垒型行业。

替代品威胁。当替代品出现，原有的所谓壁垒将被重构，我们经常在互联网领域听到的“弯道超车”就是一种替代品的思路。比如特斯拉没有制造过汽油车，它作为一种电动车直接杀入了乘用车市场，德国的宝马奔驰积累百年的技术专利，突然间无法阻挡其进入。若是马斯克在汽油车领域和奔驰宝马对垒，那是完全没有希望的，但是在电动车领域，他绕过了汽车行业的行业壁垒，成为一个强有力的替代品。当然了，很多时候替代品进入市场并没有颠覆原有行业，只是抢夺现有市场的份额。

行业竞争者的竞争，俗称“窝里斗”。如果行业内部成员是稳定的，新进入者不多，诸如可口可乐和百事可乐，诸如康师傅和统一，虽然斗争常有，倒也相得益彰，因为格局不会有大的变化，怕的就是传说中的“颠覆者”。比如BAT，当一个行业进入壁垒低，退出壁垒高，那么就意味着竞争加剧，斗死方休。在此以网宿科技为例，BAT大规模进入CDN（互联网内容分发）市场，导致价格战，网宿科技经营压力倍增，股价下跌。如今的外卖市场、共享单车，以及之前的网约车业务，都是要拼得你死我活，最后还喘气的成为行业垄断者。

五力模型其实并不难理解，它是将一个行业分解为有限多的方面，从几个角度分别理解行业的真实内容，投资人可以根据这五个方面做一些一般性的情况描述，当面临这五种力量的挤压，在行业中部分公司会采取应对策略以求自保。一般有四条路径：

成本领先战略，也就是价格战，让对方出局，看谁笑到最后。

差异化战略，这一点在医药领域尤其明显，我们将改进型的药剂称作me-better，未改进的改剂仿制叫做me-too，me-better药就是比原研药疗效更好的药物，未来医药公司的主要打法也是在差异性上面。当然，这是个漫长而痛苦的技术研发过程。

集中化战略，概念很多，简单理解的话，大单品就是集中化战略。有很多的产品线，都在跟不同的竞争对手竞争，那就选一个出来，重点培养爆款。汤臣倍健和江中药业这类保健品公司就是大单品战略的实施者。

一体化战略，向产业链的上下游延伸，如果芯片被人遏制住了，怎么办？自己开发芯片，打破供应商壁垒。如果竞争对手从华北打到华东市场，而这个公司本来主战场是华东，怎么办？就也从华东伸手往华北扩张产品销售市场。这两种方式，一个叫纵向一体化，一个叫横向一体化。

4. 产业链分析

我们在思考一个行业的时候，应该把这个行业放到整个链条上观察，产业链条上面林林总总的公司排布，最终能告诉我们很多关于公司价值的事情，诸如供应商的议价能力及采购商的议价能力，放在整个产业链条上，会发现目标公司的限制也许不是来自供应商，而是来自供应商的供应商。比如中兴停工了，珠海有很多的代工厂也跟着停工了。当我们观察这些代工厂或者配件厂的时候，只看到了供应商的体量，也许完全看不到上游的上游还有如此关键的存在，那就是高通的芯片及谷歌的系统。不是从链条上观察，就看不到风险点。

产业链的分析就是将公司的生产经营看成是整体链条上的一环，并以此来观察这个链条上每一个公司的优势和劣势。我们觉得解释也许很难，只要直观地看一个个案就可以大致了解这个观察的重要性。

表 3-1 医药研发类 CRO 各环节上市公司分布表

<table>
<tr><td rowspan="10">CRO企业产业链分析</td><td rowspan="6">临床前CRO</td><td>药物分子砌块</td><td colspan="5">药石科技</td></tr>
<tr><td>化合物研究</td><td colspan="2">康龙化成</td><td></td><td></td><td rowspan="9">药明康德</td></tr>
<tr><td>安全性评估</td><td colspan="2">昭衍新药</td><td rowspan="2">睿智化学</td><td rowspan="2">美迪西</td></tr>
<tr><td>制药技术</td><td>康龙化成</td><td>华威医药</td></tr>
<tr><td>小分子 CMO</td><td>合金药业</td><td>凯莱英</td><td>博腾股份</td><td>九洲药业</td></tr>
<tr><td>大分子 CDMO</td><td colspan="4">睿智化学</td></tr>
<tr><td rowspan="4">临床CRO</td><td>临床研究</td><td rowspan="3">泰格医药</td><td rowspan="3">方恩医药</td><td colspan="2" rowspan="3">博济医药</td></tr>
<tr><td>药品注册申请</td></tr>
<tr><td>Ⅳ期临床试验</td></tr>
<tr><td>商业化 CMO</td><td colspan="4">博腾股份</td></tr>
</table>

分析上表我们很清晰地看到两家公司，一家是药石科技，虽然国际上有众多的竞争对手，并且行业空间也不大，但是在国内所属的领域其尚未有竞争对手。另一家是药明康德，严格意义上，药明康德已经拆分成三家三地上市，但

是体系依然是统一的，它具备CRO全产业链的研发能力，基本上可以提供一条龙的服务，所以对于客户更加具备吸引力。当然表中没有反应的是药明康德的劣势，那就是诸如泰格医药和博济医药的后端CRO公司如今正在向研发的前期伸展业务，虽然如今还是没有太多的成绩，但是对药明康德的全链条模式能够形成一定的压力。不过总体来看，药石科技和药明康德在链条上的优势简直是一目了然。

类似于这种模式的分析很多，一般要在链条中找寻两类公司，一类叫做全产业链模式，比如乳业都是走全产业链模式，从初级产品到加工，到形成商品，再到铺设渠道，都自己打理。食品行业的五芳斋甚至把零售终端都自己承办了，那么在这个链条上几乎没有什么公司可以掐住它的喉咙。另一类公司叫做关键点公司，占据关键的一个小细分环节，独一无二地占有优势地位，具有比较高的壁垒，其他公司无法进入。中兴通讯事件应该让国人对此深有体会，再往远了看，荷兰ASML的光刻机是另一个关键点，这一类公司在A股如今还不多，但是有的话记住要重点关注。

大多数产业链并非如此理想，里面每个环节都有很多的公司占据，那么就要比较各链条环节之间的毛利率，诸如矿山开采的毛利率要高于矿产冶炼，而精密器件的毛利率要高于通用零件，当把这些公司列在一条绳子上观察，很快就能得出一些结论，应该找链条里面最有优势的公司，如果没有最好，那么就要找一家相对毛利率较高的公司。

5. 行业分析的总结

一个行业，通过时间和空间来分析，时间就是行业生命周期，我们看这个行业是否日薄西山，或者看这个行业是否因为过于年轻而充满不确定性和风险。继而我们切换到空间维度，从行业的现有参与者和潜在参与者的角度观察行业的优劣，以及进出行业的壁垒，并且从产业链的角度看我们的选择是否正确，要选出在产业链空间上最具有竞争力的行业，并在最具有竞争力的行业中选择出最具代表性的公司。

四、公司竞争力分析

宏观分析是为了得到好的行业目标，而行业分析是为了得到好的公司指向，对于公司的竞争力分析，则是为了进一步了解公司。了解公司有很多方式，我们在后面还会讲其他的方面，在这里的内容就相对比较简单了，只是对公司进行定性分析，虽然价值链分析和 SWOT 分析非常流行，但是不切合投资人的情况和需求。我们要考虑到一般的投资人如果能看到行业层面，已然是非常优秀的人了，因为缺乏上市公司的内部资料，在信息不足的情况下，只能尽可能获得有益的信息。所以在这里，我们讲两个方面的内容：一方面是如何尽可能多的获得公司内部信息，另一方面是如何用有限的信息从几个角度来看公司。

1. 外部投资人如何获取公司内部信息

① 产品信息的第一渠道是用户。很多产品是面对消费者的，这些产品可以通过销售信息进行了解，简单地搜索一下互联网各大平台的销售量，大多数是月销售量，做一些记录，持续性地观察就能够得到结论。一般销售火爆的公司在别的方面有一些小问题都无伤大雅。我很奇怪有些投资人会购买一些在电商领域销量明显微弱的公司股票，也无法理解有些产品明明月度的销量正在下滑，而投资人竟然还在推高股价。这些历史的销售数据，甚至可以形成粗略的销售预测曲线。没有一种方式比这更加简单有效，财报是季度末，之前完全可以根据探查到的曲线图画出趋势线。

② 产品信息的第二渠道是职业。我们崇拜一些天然有壁垒的职业，诸如医生、工程师。如果投资是有壁垒的，那么投资人就是具备天然壁垒的人，他们了解很多的公司细节，也了解某个公司某个产品的优势在哪里。有技术的职业，不仅可以凭手艺，如今也能够凭知识赚钱。

③ 热心的竞争对手。虽然贬低对手是一件不道德的事，但是在商场上，这

种事乐此不疲，很多公司不遗余力。买家电的时候，我们有时候可以用品牌之间的差异刺激一下专柜销售员，他们马上把道听途说的内容告诉你。可惜的是，很多时候这些情况是失真的。

④通过交流平台和股东大会进行交流。如果投资足够多，就应该去参加这种活动和会议，对于自己的疑问要敢于提问，不要觉得一些问题可能会形成负面压低股价，我们的目的不是炒高股价，而是为了确定公司才参加的。

⑤ 和员工及公司周边（如上下游供应商）交谈，获得信息。

对于以上几点交流的方式可能很多人没有什么体会，建议各位去看一下电影《大空头》，那几个主角已经了解次级贷的风险，于是想要做空次级贷，他们需要了解的内容很明确，就是那些次级贷里面是不是已经出现了大量违约。于是他们就开始行动了。

有人利用银行收集的信用数据进行调查，逾期比例上升必然会导致信用未来的崩塌。

有人直接去新的住宅小区询问房屋中介和住户，那些中介会吹嘘自己的业绩以及获得贷款的能力，居民会为了点小利益描绘贷款的过程。

他们还参加债券经济论坛，在论坛上从大型金融机构的只字片语中发掘有用的信息。

我想没有什么比充足的信息更加重要，不管是价值投资还是投机，都需要信息。所以积极地寻找信息是相当有效的，很多时候比做模型更加有效。

2. 团队分析

世界上任何一个陌生人和你之间的距离不会超过 6 个人，这是碗鸡汤，那么，干了这碗鸡汤。公司的成长性往往体现在人事上面，大多数公司的关键人事变动都会带来巨大变化，诸如当年上海家化葛文耀，老实说对于这类公司我们觉得圆桌会议式的管理也不错，平安信托替代了葛文耀，从侧面反而可以看出上海家化财务计量和各方面还是比较稳健的，也没有出现虚标的资产。可是接下来一连串的人事变动和纷争足足让投资人纠结了两年。2018 年年中这个时间点，上海家化的业务依然稳健，但是活力还没有完全恢复到葛文耀离职之前。这个教训告诉我们，一个公司核心团队和核心人物的重要性。

我们建议投资人研究核心团队和主要股东的履历，有些关键性的人物并不只是体现在董事长和 CEO 的职位上，还有连带着的很微妙的关系，一些不是很明显的关联方。

比如蓝色光标的关键先生在我看来就应该是孙陶然，他另一边连接着拉卡拉，继而再进一步连接着联想集团。所以这个股票未来的一些困境必然会依托孙陶然，当然此处我们是用履历穿接起来。

比如恒瑞医药的董事长孙飘扬的婚姻关系连接着另一家实力雄厚的药企，也就是江苏豪森，这说明恒瑞的研发能力远高于我们看到的结果，一部分的实力在上市实体之外。孙飘扬是技术员出身，其在研发上面的偏好显而易见。

再比如信立泰实际掌舵人并没有技术背景，但是十分擅长心血管药物技术和公司并购，所以在抗击国外原研药方面还是有一定悬念的，但是从过往的并购成绩单来看，战绩相当不错。

有人说不要以出身论英雄，这是对的，但是在公司分析信息不对称的情况下，我们必须对于主管人有主观判断，只有拥有优秀团队的公司，才会在未来竞争中脱颖而出。

当然对于管理团队，也要注意其股权激励和增减持的情况。可以说很多的股票估值就可以单纯锚定在这个上面。年初有个朋友就给了我这么一个思路。东方明珠的股权激励时间是七年，七年后的行权价格大概在 13 元附近，所以这个朋友就制定了一个简单的策略，15 元以下就开始定投，持续定投，当冲上 15 元的时候就结束定投。本人不知道读者看到书的时候东方明珠的价格在哪里，如果东方明珠能够跌到 13 元行权价以下，那对于我的这位朋友来说是非常开心的，因为这就意味着 7 年之后，要么股价一定要高于 13 元，要么全体管理层都白白为公司奉献 7 年，显然，白白奉献是不可能的。

同样的，中国联通也有这样的激励政策，很多激励政策的股价都定位很低，这个时候对于投资人，就是一个良好的参照，定性的效用远远超过定量。

3. 产品竞争力和市场空间的定性分析

在行业分析里面，我们已经用五力模型体现了产品的竞争力，按理说已经十分了解产品了，但是请注意，我们了解的是行业里的标准化产品，依然没有重视到单个公司产品的差异化。下面就来谈谈公司的差异化：

① 品牌驱动型公司竞争力。部分产品完全是品牌驱动型的，同样是白酒，为什么茅台和二锅头不一个价，同样是驴皮膏，为什么东阿阿胶卖得好，这里面都含有品牌带来的溢价。相应的，负面新闻对这类公司造成的扰动更大，也就需要更好地维护公司声誉。投资人并不需要承担维护声誉的主体责任，所以在面对负面信息的时候，要评估信息对于品牌的损害度。

▲ 2018 年上半年最大的品牌危机来自鸿茅药酒，相继出现品牌负面的还有伊利和东阿阿胶，各种事件的发生经过我们不关心，也不想在此赘述，这只是一场品牌声誉的攻防战，而一旦输掉舆论，那么其背后的疗效、品质及专利都是多余的。

② 技术驱动型公司竞争力。医药领域就是典型的技术驱动型领域，很多医药公司的药品，即使我们生病使用过也不会有什么印象，只知道医生给用了一

瓶阿奇霉素，但是不会去关心这个阿奇霉素是谁生产的，不同公司之间的价差就是药品有效成份的纯度差异。但是，医生心里清楚，市场仍然遵循一分价钱一分货的铁律。那些细微的技术差异最终会导致各公司不同的境遇。就国内化学药制造公司来说，其实也比较好判定，因为大多数医药公司是做仿制药的，仿制药的原研药国外已经存在，只要了解一下这些公司药物的在研进度，并了解一下国际上这类药物大致的销量，就能搞清楚未来这款药可能的流水。

③ 寻求垄断的公司。有些公司存在天然垄断，比如石油开采，这类公司在行业分析中放到产业链条上一看就都清楚了。有些公司是从市场底层起来的，那里已经是一片红海，毛利率逐步下降，这个时候就有公司打算独占鳌头，一家独大。我们似乎无法从很多迹象上得到支持，公司利润不佳，广受诟病，但是也要看到，虽然利润不高，总还是存在成功的公司，而一旦达到垄断，它们的想象力就被逐步打开。

▲　虽然消费者不喜欢垄断，但是垄断永远难以避免。比如“两桶油”，但是在投资人的角度，这将是一个长期的利好消息。

④ 效率驱动的公司。效率高的公司成本低，毛利率自然比同行业优秀，但是这一类公司我们大致上是不推荐普通投资人关注的，对于内部效率问题，往往是一种财务数据上的优势体现。管理能够略微提升毛利率，但不能长期保持

高毛利，公司扩张后总会有一些问题。所以，在看好这一类公司的时候投资人必须关注我们后面提到的财务风险问题。

⑤ 资源驱动型公司。还真不是谁都能靠山吃山，靠水吃水的，有人出生沙漠，靠石油；有人出生山地，有矿产；有人长海边，天天吃海鲜；有人长在城市，天天吃外卖。资源并不是随时随地唾手可得，海岸线再长，不会淹没、台风少、地势平坦的海景房也屈指可数，靠天赏饭吃的中东富豪的确是对于勤奋最大的打击。所以说资源驱动型的公司也是相当有嚼头的。但是要注意的是，一般情况下资源体现出周期形态，需要结合宏观面来看资源型公司。

投资人在寻找好公司百倍千倍股的过程中，必须要考虑公司的优势，切忌想当然，公司的亮点有时候并不容易发现，未被发现的优势有时候就是一个金矿，这需要投资人在一定程度上保持独立思考的能力。而大多数分析师习惯运用的 SWOT 分析和价值链分析，精细的解刨过程反而会导致一些信息过载，当然了，也可以通过另一种方式，也就是数理的方式来发掘公司其他方面的特点和优势。在此，我们所写的内容略微有限，因为后面的内容更精彩。

第四章
公司的定量分析

一、定量的参照

当公司已经被定性为良好的公司、目标公司，我们就需要一些定量的指标来验证我们的推论，定量分析之前，首先需要明了一样东西，定量是需要参照物的。

一辆车在身旁疾驰而过，普通人会说“哦，好快。”理科学生会说：“相对速度 200 码。”为什么是相对速度呢？所有的物体都不是静止的，所谓的静止相对于地球，而我们所说的运动速度，也是相对于地球。要知道什么东西快，必须要找到一个参照物。而如果要知道什么公司好，也要找到参照物。

定量分析，第一步就是寻找参照物。如果对于资产安全性有担忧，或者觉得数据有问题，第一个反应是找一家类似的公司来参考一下，如果发现量上面的差异性，就问问为什么？同样的，今年的业绩相对于去年增长了，也需要问为什么？我们通常有以下一些可以参照的数据。

1. 行业统计数据

行业统计数据到处都有，只要有心就能够收集到，一方面如今行业网站越来越多，这些网站都会定期发布一些景气数据；另一方面，各类大大小小的公司研报和行业研报，都会在开头罗列数据佐证结论。这方面我们要“拿来主义”。我们说研报未必客观，但是数字还是需要严谨的，当然有时候数据也有些不靠谱，比如常山药业对于国产伟哥的市场需求就给出了一个 1.4 亿的论断，也许这个数据的统计起源是某个医学院的学术统计，但是从取样的方式来说，明显是有难度的。所以，有时候谨慎的投资人需要考虑一下数据逻辑和数据来源。

▲ 行业统计网站有很多类别，就医药的临床数据一项，就有很多收费和免费的网站，上图是我经常使用的一个免费的医药类临床数据网站，仅做参考。

2. 历史数据

以史为镜可以知得失，业绩预测大多数都是通过历史业绩的轨迹来判定未来业绩增长的可能性。站在地球 46 亿年历史的末端，从我们这个角度再看未来，明天地球会毁灭吗？我们的感觉应该是 46 亿分之一的可能性，也许马上有人来纠正我这个观点，如果我们连续掷硬币 100 次正面，下一次掷硬币正面的概率是多少呢？理性看不应该是 50% 吗？这就是金融业经典的赌徒谬误。可这个例子过于理想化了，未来的影响因素有很多，谁也无法保证硬币没有问题，谁也无法保证掷硬币的人是否有某种潜意识的偏好，所以我们才善于反过来去总结。

当我们掷硬币 1 亿次，发现 7 千万次是正面，3 千万次是反面，而理论上应该是一半一半的概率，我们就会考虑是硬币出了问题，还是掷硬币的人出了问题。没有答案的时候，我们就理所当然地认为，也许正面偏多才是真理。地球 46 亿年正常运作，这个概率已经相当高了，在判定未来的时候，我们就说地球还将正常运行。巴菲特说：“从历史看，长期看好美国经济并且做多的人将获得很好的回报。”因为历史一直在证明这一点。经济学家说有可能每隔十年资本主义社会就会有一次危机，为什么呢？经济学家开始支支吾吾罗列一些道理，但是这依然无法准确解释未来。

所以，我们说如果一个上市公司在过去十几年都表现良好，业绩稳定，那么未来大概率它还会继续保持，也许最终它还是因为生命周期而倒下，但至少有些改变并不是很突然的，而是缓慢的。

3. 公司间横向比较

不一定相同业务的公司才可以比较，当然最好的比较就是找到相似度很高的公司，比如分析百事可乐的时候，一定是找可口可乐来参照，但是研究恒瑞医药的时候，拿复星医药比较就不充分，因为它们主营的药品并不重合，但是部分类似的单个药品比较的话，可以得出一些小结论，诸如营销方面谁比较强，而研发效率上面又是谁比较有优势。

4. 与预期比较

我们怎样才能更加信任一个人的判断，因为这个人的判断准确率高，当预期实现的时候，我们就在心理上给他加分。相反的，就给他减分。为什么有些股票的股价波动如此之大，是因为现实呈现出了和预期完全相反的景象。如果一家公司预期的增长率是 20%，可是增长只有 18%，从一般投资人的角度看，这似乎没什么问题，但是机构依然很无情地进行了打压，不及预期就是一个利空。当然这种利空马上会有理性纠正，但是问题是如果预期增长 20%，反而减少了 20% 的利润呢？那就比较要命了。有人说，降低一下预期值如何？我们可以改变自己的预期，但是股票的预期是包含在股价上的，预期良好的股票股价也高，如果不达预期，自然需要让股价和现实匹配。个人的预期不会影响到市场整体的预期。和预期比较还有个参照的标准，就是机会成本，为什么美债收益率走高会导致全球融资成本上升。因为美债收益率上升基本上代表无风险收益率上升，如果没有风险的投资可以回报更多，那么有风险的投资就需要更高的回报来匹配，投资人就需要被支付更多的利息。

定量是如何来的，所有的量都是相对的值，5 这个数字是相对于 0 来说的，只要有了这个概念，大家就可以对上市公司做出判断。有时候一个行业内很多公司市盈率都上百，比如前几年的电商行业，基础投入远远跟不上收入的增速，如今大家也看到了，情况已然不同，那么在当时的情况下，按照市盈率说这些公司都是没有价值的，显然就不客观。电商行业的公司就要和同行业的公司比较，比出个所以然，比出个孰强孰弱。

二、几种重要而实用的估值方法

价值投资是什么？价值投资是当价格低于上市公司股票内在价值的时候，买入股票，并且在价格高于上市公司内在价值的时候，卖出股票。听上去很简单，价格显而易见，但是内在价值是个很宏大的命题，依然是仁者见仁智者见智的。当年我也见过一个中国的分析师和外国的分析师在电视台共同主持股票分析节目，中国分析师说："某股票 30 倍市盈率，成长性良好，应该有很大的成长空间。"那个外国的老分析师瞥了他一眼："你确定你学习过投资？怎么可以推荐高于 20 倍市盈率的股票？"诚然，外国的老分析师并不知晓我们国内部分限制做空和下跌的政策整体上抬高了一些市盈率，如果按照他们国家的股市选择办法，很可能数十年就在漫长的等待中度过了。"从长期看，我们都将死去。"伟大的经济学家凯恩斯的这句话经常环绕着我，在不进行跨国投资的情况下，谁又有如此良好的耐心，一等十年。直到我看到了另一个故事，这个故事我们前面也说过，再重复一下：巴菲特师从格雷厄姆学习价值投资，在进入股市之前，巴菲特有 1 万美元，格雷厄姆告诉他："现在不是进入股市的最佳时机，根据这几年的市场惯例，道指还会回到 200 点以下，你该等一下再入市。"

可是巴菲特没有听，直接买入了股票。几十年后，有记者问巴菲特："如果当年你听从了老师会怎么样？"巴菲特回答："那么我现在还是只有 1 万美元。"

这个故事告诉我们，我们会被很多经验误导，而在明知道对的时候去遵守那些本不应该遵守的条条框框。历史上也曾经出现过这个情况，这支股票虽然我知道它一定会很好，我还是会等等。一等就是后悔的开始。明知道是好的东西，我们追求的并不是价格低于内在价值，我们追求的应该是价格合理。很多价值投资人纪律性很强，但是这些纪律未必是必须的。当然，我们并不是完全排斥纪律，我们觉得不该为了几毛钱的差价斤斤计较，如果无法把握，很简单，分散风险或者分批买入。

1. 估值方法介绍：市盈率

市盈率 = 每股市价 / 每股收益 = 市值 / 净利润

有人很嫌弃这个指标，因为这是烂大街的存在，所有行情软件的第一个信息就是市盈率，动态的或者静态的，有些还是滚动的。动态净利润采用的净利润是上季度的净利润乘以 4，而静态净利润是上一年度的净利润，滚动的净利润是当月往前推 12 个月的净利润总和。市值或者市价很好理解，实时的结果。净利润建议参考静态或者滚动，因为很多公司业绩有季节因素，所以看一整年的净利润才有结果。其实得到市盈率非常简单，软件上都有。

不过，我们是否可以使用净利润来作为市盈率的参照值，这是需要考虑的，在利润表上有两个项目：一个是扣除非经常性损益的净利润，另一个是净利润。很明显，我们是对于资产持续盈利能力的追求，而并非是对单一年度盈利能力的追求。非经常性损益，就是卖资产，或者是卖子公司得来的收益或者亏损，原因有很多种，但是其核心在于非经常性，也就是说并不会经常发生。投资人很容易被这个非经常性的收入迷惑。往往看上去美丽的利润，只是短期的利润，而在来年，当利润不再包含非经常性损益的时候，就会发现自己其实处于很危险的深坑当中。

所以，对于市盈率，我们要把净利润改变为扣除非经常性损益后的净利润，以排除净利润的误导性。

继而我们来看什么是合理的市盈率呢？如果一家公司简单明了，业务稳定，管理层也稳定，就可以得到一个大致稳定的市盈率预期，比如一些消费类品牌诸如饮料食品行业，利润波动不大，格雷厄姆给出的估值核心是 15 倍市盈率。格雷厄姆建议，当市盈率突破 20 倍的时候卖出，当市盈率接近 10 倍的时候买入。说到这里很多投资人就要哀叹了，如此标准 A 股大多数标的似乎都是不可能的，即使业务稳定，本书形成的时候，不考虑扣非的情况下静态市盈率 15 倍以下的股票 A 股总共 300 支不到，对于 A 股，90% 以上的股都在高估区域。

但是，这一点从理性上看，格雷厄姆的想法是对的，一家公司 20 倍的市盈率，意味着股价是净利润的 20 倍，那么每年的收益率大概是 5%，而且相对于债券的安全性和优先级，股票一般要有更多的收益，因为股票风险更高。如今风险较低、安全性较高的理财品，大概在 4.7%~5%，那么高于 20 倍的市盈率，从这个角度看还不如存银行，所以这个理论依然是可理解的。

有人可能觉得荒唐，但是统计结果表明，美国的资本市场大多数年份平均市盈率都是围绕着 15 倍上下波动，也就是说格雷厄姆的原则在美国一直是奏效的，虽然美股经常会出现非理性繁荣的姿态，但是每一次都能够回落到八九不离十。

未来 A 股呢？所谓的大盘蓝筹股，大多数是缺乏成长性的，每年维持一个差不多固定的收益，个人认为也是合理的，所以当一只股票的业务趋于成熟，但是距离衰退还很遥远的时候，投资人必须遵从这个原则行事。当然，这里所说的是价值投资的股票，也就是成熟后期的股票。投资人的关注点应该是这些标的短期内不会被淘汰，如果成为柯达一样的公司，那么 10 倍的市盈率也是有困难的，因为来年业绩已经无法得到保证。另外诸如金融业，或者说资产负债率 70% 以上的公司，还需要再思考一个问题，那就是通过过度借贷得来的利润是否靠得住，当然，这部分到后面说风险的时候再提。

未来 A 股需要考虑这个选股方法，15 倍市盈率为均衡点，上下浮动，原因是 A 股也在进行国际化趋同，而且 IPO 在无限增多，所以整个市场最终要走向国外的模式。但是短期来看，如果觉得 15 倍市盈率的股票太难找，可以适当将均衡点市盈率提高到 20 倍，也就是超过 25 倍市盈率卖出，低于 15 倍市盈率买入。但是注意，净利润要是扣除非经常性损益的数值。

2. 估值方法介绍：市净率

市净率 = 每股市价 / 每股净资产

如果市场上的投资人热衷于用市净率来衡量股票的价值，那么大多数情况下，是因为行情表现非常不佳。在考虑公司价值的时候，这些公司已经不能考虑它的存在价值，而是要考虑它的清算价值。在格雷厄姆的时代，刚好经历了 1929—1933 年经济大萧条时期，当时公司倒闭是家常便饭。于是在选择一些表现很差的股票的时候，净资产成为了非常重要的考验项目，格雷厄姆甚至发现，有些股票流动资产占比很高，结果导致清算价值大于市值的情况，也就是说有些公司买入它的股票后，直接破产比继续存在更加划算。

当然，如今不可能有这种可能性，即使有，应该也不是中国，至少 2018 年中旬我还是没有看到这种可能性，未来会不会出现，我也不知道，但市净率依然是值得参考的。比如市净率相对较低的大宗商品类股票对于大宗商品的波动灵敏度更高。一般来说，一种大宗商品的上升逐步成为趋势的时候，通过市净率将整个金属行业按照市净率排序，然后看这家公司金属开采或者冶炼的占比是多少。一家公司开采和冶炼的占比问题，也可以近似地从业务占比上观察。

表 4–1 上市公司市净率与黄金业务占比参考

上市公司 \ 观察项目	市净率	黄金业务占比
湖南黄金	2.19	82.46%
中金黄金	2.19	85%
恒邦股份	2.21	47.56%

从上表可以看到，如果你确定黄金价格是上涨的，诸如中金黄金的黄金里面伴生很多铜矿，假设黄金上涨的同时其他金属没有上涨，那么中金黄金的业绩相关性最强，金价上涨它就成为急先锋，当黄金下跌，它也是下跌的急先锋。

除了观察资产盈利和产品价格的相关性，如何来给市净率定量呢？我们认为，如果要参照市净率来判定公司，大概率是考虑了资产安全性不佳的情况，对于成长性很好的公司，特别是 10 倍市净率，扣非后净利润计算的市盈率还是合理的上市公司，市净率基本没有意义。如果我们要动用市净率，那么标准就是 1。市净率高于 1 的比较，仅仅是资产项目的观察指标，也就是为了行业内横向比较一下，重资产的公司，哪家的资产价格更低。如果重资产的公司，资产价格低，而资产质量又是一样的情况下，那么价格低的公司更好。但是在没有这种横向比较的前提下，拿出市净率，唯一可参考的就是市值低于净资产，也就是市值低于所有者权益，这个时候理论上是赚了的。

当然，对于 ST 股票的风险操作，条件需要更加严格。一般的上市公司，市净率低于 1 的时候基本上已经算一个参照了，对于 ST，还要考虑破产问题，因为破产之后，现有的固定资产可未必值钱，账面上写着 100 万，等到破产，也许只能回收 10 万，而流动资产里面的存货和应收账款也会出现折损，但是相对固定资产的折损要小一点。所以 ST 价值挖掘要看其流动资产，更加极端的，要看现金资产。当然对于普通投资人，我们不建议去投资 ST 股票，因为这是专业投资人的范畴，需要外部人员对于上市公司所拥有的资产逐项进行调查。

3. 估值方法介绍：市销率

市销率 = 每股市价 / 每股销售收入 = 总市值 / 主营业务收入

市盈率的参照是公认的，大家都看市盈率，炒股怎么可能不看市盈率呢？而市净率的参照在于追求资产的安全性和质量，净资产就是所有者权益，也就是万一倒闭了股东应该拥有的财产。而市销率，最近几年的江湖地位逐步抬升，源自于互联网思维的逐步普及。当一家公司增收不增利的时候，说明它正在进行业务扩张，等到业务的市场份额达到或者超过了整个市场份额的50%，它就会有很多的垄断权益，可以在那个时候回收更多的利润。

我们看到部分行业的确遵从了这个逻辑，比如网约车，滴滴曾经广受诟病，各种负面消息被不停放大，其实这也从侧面告诉大家一个事实，滴滴已经积累了一定的垄断地位，即使是传统的出租车市场，也在一定程度上接入了滴滴平台，所以如今滴滴谋求的已经不是市场份额，打车优惠已经开始减少，利润开始抬升。同时，基于其垄断的不满情绪也有滋生。

当然滴滴还有更大的利益可能性，也就是未来的无人驾驶需要依托像滴滴这样的平台，或者说通过如今的垄断地位，可以延伸出很多更好的行业。

同样的外卖送餐领域也在形成类似的格局，如今的平台已经很明显地区分为两大阵营，百度外卖和饿了么实质上已经合并，而美团依然高份额领跑，但是业务方面，两大阵营其实都已经开始往线下布局其他的行业了。

无论是外卖送餐，还是网约车，甚至于共享单车，其实都是类似于BAT的竞争结局，当在一个领域形成垄断，就很容易通过这种优势延伸到新的领域，继而复制新的垄断。

所以市销率在未来是有意义的，特别是当一家公司每年的市场占有率都在上升的时候。但是投资人必须关注的是，市销率是一种牺牲安全性的估值方法，也就是说，亏钱必须附带其他利益，也就是无形资产的增值，比如品牌的增值，市场份额、技术的增值。本书的主角医药股，如果几年没有利润，亏损不大，很多钱都投入到了研发，那么这个购买未来的行为是值得肯定的。

另一方面，我们也要注意的是，由于利润是未来流入的，有一定风险，人类预测明天天气的准确率应该也有95%以上了，但是如果碰上小概率的5%怎么办？所以保守型投资要眼见为实也有一定的道理。

最后是如何定量的问题，我们需要锚定一个辅助的预期销售净利率，销售净利率=净利润/主营业务收入，比如京东作为一家电商业务公司，每卖100元属于京东的是多少钱呢？一般来说没有多少，一方面产品之间要互相压价降低成本，渠道商只能赚取少量的佣金，另一方面产品的营销费用作为京东的另一项收入，本身也会影响到产品价格，并且进一步影响产品的竞争力。所以如果京东卖 100 元的货物，预计极限的净利润是 10 元，再挖掘就要伤害到消费者或者伤害到供应商。一般正常的利润贡献应该是 5 元左右。京东 2017 年收入 3623 亿元，其理想的利润应该是 181 亿 ~362 亿元。京东的市值大约是 3252 亿元，那么其在现阶段利润实现市盈率 9~18 倍，看京东的净利润大概 50 亿元，市销率按这个计算大致是 0.89。

我们看到，如果按照市盈率看，京东基本上就完蛋了，因为只有 50 亿人民币的净利润却支撑了 3252 亿市值，但是投资人依然觉得问题不大，因为其大量的利润被运用在物流建设上面，外加如今的电商领域还没有形成比较明显的垄断，阿里巴巴和京东还有大量的市场可以互相抢夺，所以投资人乐意等，但是美国的投资人很清醒地把京东的市销率压缩在 1 倍以下，如果市销率太高是不符合京东业务逻辑的。

而另一家公司亚马逊则有不同，其收入是 1778.66 亿美元，市值是 7639 亿美元，大概市销率是 4.29 倍，原因很简单，因为亚马逊开拓了多项业务，实质上新零售的发起人本非我们的 BAT，而是亚马逊，其第一个推出了无人商店，而在人工智能领域，也推出了超级遥控器，还有如今积灰装备的代表 kindle，还有云计算业务及大数据业务。所以从这一点看，亚马逊已经不太适合用现有的销售净利率来预判了，它的收入所包含的未来利润将更加高，所以资本市场趋之若鹜，给予的市销率超过了 4 倍。

如何评价市销率，并没有太多的参照，但是有一个我们自我总结的方法：市销率 / 预期的销售净利率 = 市盈率。那么，我们就需要预计销售净利率，也就是每 100 元在未来可能的净利润有多少。这个随行业不同而不同，大多数传统的行业这部分的销售净利率在 5%~10%，如果市盈率是 15 倍的目标，市销率大概就在 0.75~1.5。这个时候，再判断一下行业地位是否加强，是否未来有垄断收益等附加收益，再增加 1~2 的权重（由行业垄断性质判定），注意这部分权重只能加给明显的行业领军者、突破者和创新者。这样，京东如今 0.89 的市销率在国内的估值中略微是有低估的，而亚马逊明显存在高估。因为最乐观的市销率也只能是 3.5 倍左右。

有人很快就会指出这里面的漏洞，比如我武生物，销售净利率突破 50%，还有很多的个案，这些公司会比我们预期的更加好。这里要如此理解，市场有很多标的，我们按照销售净利率排序，销售净利率 20% 以上的是 514 家公司，但是总数是 3523 家，20% 对应的市销率，15 倍的话是 3，销售净利率 10% 以上的是 1225 家，15 倍的话对应销售净利率大概是市销率 1.5，还不到总股数的一半，当然我们也看到了这里面排序是有问题的，有些软件用的是 2017 年年底的净利润，有些软件用的是 2018 年 1 季度的净利润，这里面的区别在于有些公司净利润波动是有季节性的，但是这并不能掩盖一个事实，大多数上市公司的销售净利率不会偏离行业均值，大致的利润率都在 10% 左右。如果对行业足够乐观足够了解，当然可以给它更高的销售净利率预期，只是这个预期需要有一定的判定能力。预言是很困难的，精准的预言更加困难。

表 4–2　部分上市公司净利润率一览

▼	代码	名称	净利润率 %
514	000672	上峰水泥	20.01
515	002624	完美世界	19.98
516	600763	通策医疗	19.98
517	000613	大东海 A	19.95
518	002667	鞍重股份	19.93
1216	603633	徕木股份	10.09
1217	002341	新纶科技	10.08
1218	300486	东杰智能	10.07
1219	603686	龙马环卫	10.05
1220	600562	国睿科技	10.04

续表

▼	代码	名称	净利润率 %
1221	002908	德生科技	10.03
1222	603669	灵康药业	10.03
1223	002812	创新股份	10.02
1224	300262	巴安水务	10.00
1225	603316	诚邦股份	10.00
1226	300305	裕兴股份	9.98

上表为软件截图，我们将所有的股票标的按照净利润率由高到低排名，也就是销售净利率排名，大多数公司并没有太厉害的销售净利润率支持，20% 的整个 A 股只有 500 家，高于 10% 的仅仅只有 1225 家，而 A 股一共是 3500 多家。

相对来说，市销率的估值就是对于销售净利率简单而主观的预计。对于没有净利润的上市公司，我们不能对其销售净利率过分乐观，但是也不用过分悲观，两类公司的销售净利率普遍比较高，一类是互联网的龙头公司，另一类是医药类的垄断性药物。这一类产品的销售净利率，预计难度是很大的，但是药物研发是高风险的，而互联网龙头也容易被新的龙头取代，它们的风险也是和乐观预期相互匹配的，这里希望投资人还是要保持客观和理性。

4. 估值方法介绍：市盈率相对盈利增长比率（PEG）

PEG= 市盈率 /（盈利增长比率 ×100）

市盈率估值的方法我们已经在前面说过了，问题很简单，用历史数据去看前路，没有动态分析的因素，但是任何分析都不能忽视世界的快速变化，一个公司不能总是在历史报表中挖掘价值，而要通过多层次多角度的分析来得出未来可能的演化情形。

如果未来 3 到 5 年这家公司增长率是 20%，而如今的市盈率是 20 倍，那么 20/（20%×100）=1，方法很简单，市盈率需要考虑的事项前面已经说了，应该扣非，应该选择静态的净利润或者是滚动的净利润，当然如果觉得公司发生了根本性变化，年度数据没有参考价值，用季度动态净利润乘以 4 也是可以的。

首先我们来讨论量化的问题，按照彼得·林奇或者国际公认的量化标准，这个 PEG 大于 1 为高估，小于 1 为低估，现实当然比较残酷，现如今美股的 PEG 大多数都大于 2 了，似乎这个景象短期内很难实现，但是要相信价值投资的光芒，当理性开始照耀大地的时候，美股是要回归的，而届时全世界很多资产的价格就可以用这种方法捞到便宜货。

我们看到比较典型的例子就是港通之前一段时间的腾讯，由于是一些历史数据，提取非常困难，我们只能阶段性取样来证明这个观点。

表 4–3　腾讯部分年度利润分析表

年度	2017	2016	2015	2014
净利润	715100000	410950000	288060000	238100000
净利润增长率	74.01%	42.66%	20.98%	53.59%
每股收益	7.60	4.38	3.10	2.58
每年年末收盘价	417.8	189.7	152.5	112.5
收盘市盈率	54.99	43.28	49.24	43.62
增长率平均值	47.81%	市盈率平均值	47.78	

世界由很多的巧合组成，这也是其中之一，当然取数是不严谨的，比如增长率应该按照几何增长率，比如股价是 12 月 31 日，或者 12 月 30 日的股价，并由此计算每年年末的收盘市盈率，这个时候当年的净利润其实尚未公布，投资者只能看到部分业绩快报，但是这不影响我们粗略地说明问题，总有一些人先知先觉，从复杂的数据中挖掘出了一些端倪，于是在大致的情况下，投资人发现应该围绕 40 倍市盈率，也就是 40% 的增长率来预估腾讯，所以，即使是港通开放，腾讯依然是那个腾讯。没有什么资金接盘的概念，有的只是对于未来增长率的一个稳定预估。在我看来，它将继续围绕 40 倍市盈率运行。

那么，整个 PEG 如此好用，难点在哪里？这个难点和我们未来要说到另一种估值的难点是一样的，那就是增长率的预计。这个增长率的确是太难预估，以至于没有一种准确而实用的方法来作为一种参照，但是，这不正是投资壁垒的体现，这必然是结合了对于行业的理解，也结合了宏观经济的理解，更结合了对于数理和逻辑应用的灵活性，于是我们尝试来总结一下增长率的预计，记住，我们是尝试预计，而不是完全精确量化。

▲ 我们大多数人第一次接触 PEG 方法应该是从彼得·林奇那里，《聪明的投资者》里面就有明确的关于 PEG 估值的建议，但是如果不以成败论英雄，真正提出 PEG 方法的应该是吉姆·斯莱特，他 2015 年去世。1975 年由于高杠杆和石油危机叠加而破产，之后其一直在书写儿童读物。我们发现，实质上大多数成长股投资人的经验总结都在 20 世纪 70 年代和 80 年代，那是本次信息技术革命的起始阶段。

5. 一个必须通过的估值门槛：增长率

（1）几何平均增长率

如果一个公司存续的时间足够长，就可以通过足够长的历史来找寻未来的可能性，特别是一些周期性的上市公司，短暂的一年利润优秀也许是借了牛市的光，到牛市消散，它们跌得比其他股都要惨烈，如果只看短短几年的净利润增长，那么很容易被繁荣假象包裹进去。这里面房地产就是一个未来增长的不安定因素，从 2006 年到 2018 年，房价都在上涨，而且很快，如果用平均值很容易得出长期向好的结论。我们当然无法准确预测楼市趋势，但是至少不能说未来会高增长，也许是平稳保持利润水平，但是巨幅的增长是不可能的。所以对于这些公司的增长率平均数，我们只能将年份拉得更长，必须有好年份，也必须有坏年份，对称的时间最好拉到 1996 年。

有投资人很疑惑这种方法，就会问有些公司上市才几年啊，它们没有这么多数据。这的确是一个问题，但是我们要强调的是，比如巴菲特的投资，更多倾向于成熟公司，在苹果公司早期他就没有投资，但是到苹果公司市值十分庞大的时候他反而参与进去。我们判断其这么做的原因是需要得到更多的参考项，当一家公司经营期足够长，就能够搞懂业绩，看看好年景和坏年景这家公司的经营情况，会不会倒闭。

那为何我们不用算术平均的方法计算增长率，就是每一年的增长率都加起来然后除以年数，很多投资人感觉这样更加直观，但是实际上算术平均数一定是不妥帖的，打个比方吧：

一个公司第一年净利润是 100 万，第二年净利润为 200 万，第三年又是 100 万，你看，其实利润没有增长，第二年的增长率（200–100）/100，这是 100% 增长，而第三年增长率为（100–200）/200，这是 –50%，平均增长率为（100%–50%）/2，算数平均的方法计算出增长率为 25%，但是实际数值上面看到了问题，其实净利润没有增长，这完全是错误的，几何平均增长率的公式如下：

$$\text{几何平均增长率} = \sqrt[\text{年限}]{\frac{\text{末期扣非净利润}}{\text{基期扣非净利润}}} - 1$$

打比方，第 0 年也就是基础期是 100 万的净利润，而 10 年后是 1000 万的净利润，我们可以假设是：$100 \times (1+r) 10=1000$，我们倒过来计算的是那个 r，就是这个公式。

方法其实很简单，计算一家公司在若干年中的几何平均增长率，然后希望它未来也是如此发展，即使部分年份的增长率有波动，我们还是希望未来若干年的增长率应该也是如此。

当然，和大多数知晓过去看未来的方式一样，一方面过于理想化，另一方面过于简单，但这并不代表没有意义。预测在很大程度上就是缺乏绝对的正确性，如果一家公司没有进行大的重组，其主营也保持相对稳定，那么这种方法一般是有代表性的。

（2）可持续增长率

可持续增长率是不发行新股，不改变经营效率（销售净利率和资产周转率不变）和财务政策（权益乘数和利润留存率不变）所能达到的增长率。

权益乘数不变也就是资产负债率不变。

利润留存率就是当年去除分红后的利润占净利润的比例。

资产周转率是主营业务收入除以资产。

销售净利率是净利润除以主营业务收入。

$$\text{可持续增长率}=\frac{\text{权益净利率}\times\text{利润留存率}}{1-\text{权益净利率}\times\text{利润留存率}}$$

可以直接记忆可持续增长率公式，所有的数据在当期报表中都能够获得。这个指标的意义在于，可持续增长率说明的是一种可持续的状态，一家公司不融资，那么只能通过内生增长，也就是说赚到的钱再投入生产，然后资产负债率也就是资产负债的结构保持不变，如果利润增加了，那么可以按照利润增加的比例增加相应的贷款金额。打比方说，一家公司上一年利润留下了 100 元用于发展其他部分了，而负债和所有者权益的比例是 1 ∶ 1，那么它第二年可以增加 100 元的负债，这个时候第二年的总资产增加了 200 元。如果资产周转率不变，也就是说资产增加的百分比等于收入增加的百分比，如果上一年资产是 300 元，第二年的资产就是 500 元，而上一年营业收入是 3000 元，则第二年预计的营业收入就是 5000 元。销售净利率不变，如果这一年的净利润是 30 元，那么下一年的净利润应该是50元。这就是通过比例传导的结果，计算并不是很严谨，但是可以理解这里面的关联性。

可持续增长率，就是在现有条件下，能够达到的稳定增长率，在预测增长率上面效用有限，因为它是理性或者理想状态的产物，四个指标一般都会变化。但是在一些公司当中，就是那些稳定的消费类公司，或者老国有公司，业绩稳定，增长率平稳，它们在内部预算的时候就会参照可持续增长率这个数值。内部预算并不是完全正确，但是至少知道公司的目标在哪里。

（3）一种高作业量的增长率跟踪模式

普通投资人，在使用增长率的时候，先考虑用现有年度相对于上一年度的业绩增长。由于单一年度有时候不具有代表性，所以投资人用历史上很多年累积形成的业绩计算几何平均增长率。基本上这已经是比较客观的增长率了。谨慎的投资人参考一下可持续增长率，这代表着一种限定指标的理想目标结构。

不过真的有一批人，除了大量的数理统计，还会跟踪和预计公司的每一个细节，比如增加了流水线，他们就大致计算产量，得出对于利润的增益效果；比如涨价了，他们也预估相应对于净利润最终结果的影响。这种跟踪有很大的工作量，但是相对于之前几种纯数理的计算，这种方式更加动态现实。但是问题在于，工作量实在太大，即使内部人都未必能够了解充分的信息来支持这种搭积木叠加计算的方法。但是也不要小看这种方法，在成熟资本市场，一些股票的涨幅都是经过精确计算的，对于一个信息的反应比较客观，但是在中国现阶段应该可行性不高，因为中国对于资本市场的信息反应还是很迟钝的，我们可能尚未达到资本市场的弱势有效，有时候乐观过头，有时候恐惧过头，所以这种叠加计算的方法有时候一点用都没有，因为短期波动过于频繁。但是长期来看，这些计算和跟踪是有意义的，特别是对于公司的了解，每一次跟踪计算都会对公司加深一层了解。

另外，我们认为用数理统计，比如回归分析的方法对于标的的增长率进行统计会更离谱。普通投资人也不需要去寻求“精准的算命”。回归线就是在一堆无规则数值中找到一个类似于公式 $y=a+bx$ 的线，使得各个点距离这个线的距离最短，但是我们也清楚地看到，既然是随机的，而且是多因素影响的情况，这种统计的意义就不存在了。所以，我们不谈论诸如回归线分析的内容，这部分准确性不高，也没有必要。

最后，很多时候公司的业绩会有一个目标，比如有些公司可能会追求可持续增长率，有些公司则希望保持上一年的增长率。目标不是经常达到，但公司在制定目标的时候总会希望保持上一年的增长率，有些长期走牛的上市公司，会让增长率维持在一定范围以内，尽量贴近目标。比如腾讯控股会尽量贴近40% 的增长率来运营，而恒瑞医药增长率维持在 20% 左右。当然恒瑞医药的研发带动的利润增长率会逐步高于 20%，而腾讯维持 40% 的增长率难度会逐步增加，但是依然可以用 40% 作为一个显著的参照增长率。

6. 估值方法介绍：未来现金流量现值

这是非常普遍的一种方法，但在使用的时候却是难点重重，所以大多数是专业投资人的常用工具，在此，我们做简单介绍，投资人根据自我定位来获取一些有用的信息，如若觉得生涩难懂，也可以不用如此复杂，毕竟我们是财务投资人。

我们已经了解了增长率的基本数字，于是开始思考一个问题：现在有一份债券，未来这份债券可以每年有 5 块钱的利息，两年后再归还 100 元的本金，那该用多少钱去买这份债券。显然不能说买了就算了，首先要比较没有风险的投资，比如国债投资，打比方如今两年期的国债到期的收益率是 3%，而这个债券应该要多赚一点，因为公司的债券风险比国债要高。于是找一个愿意获得的利率，这个利率怎么得来，通过比较，国外是参考债券评级，同等级的债券有很多，如果这些同等级的债券收益率都在 6% 左右，那么我们怎么计算呢？

债券的价值$=\frac{100}{(1+6\%)^2}+\frac{5}{(1+6\%)^2}+\frac{5}{(1+6\%)}=98.17$元

如果这个债券成交价格低于 98.17 元，那么买入就赚，如果高于 98.17 元，则必须卖出。

这就是现值的概念，在格雷厄姆的时代这些还显得过于繁琐，而如今在计算方面我们是存在年金现值系数表的，可以在网络上搜索得到，甚至有些人还可以自编软件来进行计算，科学计算器也有这个功能。

然后我们将这个方式运用于股票，获得的股票收益是什么呢?

股权现金流量 = 实体现金流 − 债务现金流

关于债务现金流：

债务现金流 = 债务本金和利息偿还金额 − 新增的债务

关于实体现金流：

公式一：实体现金流 = 税后经营净利润 + 折旧摊销 − 经营营运资本净增加 − 净经营性长期资产总投资

公式二：实体现金流 = 经营现金流量金额 −（购建固定资产、无形资产和其他长期资产所支付的现金 − 处置固定资产、无形资产和其他长期资产所收回的现金净额）

首先很多人是利用 FCFF 模型（实体现金流折现）的方式，而不是股权现金流折现的方式，个人认为两种模式大同小异，实体现金流算出来的现值减去债务的价值基本上就是股权的价值，况且实体现金流需要计算实体现金流匹配的折现率，这又要考虑到一个公司的资本结构。

这里要说明的是，我们习惯用公式二来获得实体现金流，因为利用公式一的条件是需要对财务报表改造成管理用财务报表，对于外部投资人，根本搞不清楚一些资产，比如货币资金倒底多少是经营性的，多少是金融资产。所以我们就直观地用现金流量表的数额计算即可。而对于债务现金流，当年归还了多少金融负债、付了多少利息、新增了多少债务都是可以通过报表计算的，知道利息数字在财务费用栏目，而负债增减的科目，要注意是金融负债，要看诸如长期负债、短期借款、应付债券等有息债券增减的差额，但是同样涉及到金融资产和经营资产的区分，所以我们近似地观察现金流量里面的两个科目：取得借款收到的现金、发行债券收到的现金和偿还债务支付的现金。当然利用现金流量表依然是缺乏严谨的。

上面我们说了很多，在国外，很多公司会直接提供实体现金流、股权现金流和债权现金流，国内无法提供的情况下，可以近似地计算，获得股权现金流。既然我们前面已经说了增长率，接下来就构筑一个未来模型。

表 4–4　增长模式概览

永续增长模式							
年度	1	2	3	4	5	……	N
增长率	8%	8%	8%	8%	8%	8%	8%
二阶段增长模式							
年度	1	2	3	4	5	……	N
增长率	20%	20%	20%	20%	5%	5%	5%
多阶段增长模式							
年度	1	2	3	4	5	……	N
增长率	20%	20%	15%	10%	10%	5%	5%

我们知道了基础年份 0 年的股权现金流量，或者知道了实体现金流量，又预估了未来的增长率，这个增长率前半部分表明我们对未来的理解，觉得某个公司的增长会保持什么状态，如果一家公司稳定扩张，而我们是通过几何平均增长率预测未来，那么就要考虑永续增长模式是否合适，而当一家公司高速发展，就要预测出如今的高速发展可以维持几年，之后，这家公司是需要结束经营，还是可以平稳运行，如果平稳运行，这家公司就必须有一个基础增长率，这个基础增长率不能低于通胀，否则就没有存续的必要，面临衰退或者倒闭。

而另一家公司可能刚进入市场，市场增长率充满了活力，继而竞争对手逐步增加，但是竞争对手的产能没那么快建成，所以就会分阶段引发竞争，最后，这家公司就又进入了永续增长，增长率必须高于通胀。这里面大多数遵循的是上一章我们行业分析里面的内容，也就是定性的设想未来增长率的持续性，有人觉得很困难，但是有些设想比较简单。比如医药类，很多公司都是一个高于 10% 的增长，并且随着老龄化的加强，增长的年限应该比较久。比如恒瑞，未来几年 20% 的增长还是看得见的，我们完全可以预计未来五年的增长率是 20%，继而永续增长率是 5%。而 5G 股就不一样了，2019 年下半年才会有设备需求，增长率应该在 20% 以上，继而到了 2020 年，第一波建设浪潮基本恒定，也许增长就到了 15%，再往后，可以预估 6% 的永续增长，因为 5G 有多场景应用，并不是一次建设完成。说这么多是为了说明，这里具备主观性，但是并非无的放矢。

继而我们预估未来所有年份的增长率，也将了解所有年份的现金流是近似的，那么我们就要通过一个折现率来折现。就像我们开头说的债券一样。那么最终的折现率怎么确定？

虽然实体现金流折现和股权现金流折现的意义是相同的，但是折现率是不同的，股权现金流的折现率如下所示：

股权现金流折现率 = 无风险利率 +β×（市场平均股权收益率 – 无风险利率）

苦恼的是后面部分“β×（市场平均股权收益率 – 无风险利率）”依然不可描述，（市场平均股权收益率 – 无风险利率）在一个时期的某家金融机构是一个固定值，而 β 是根据具体公司的风险来决定的，一般股票软件里面有个可参考的 β 值，这个公式说明我们的股权折现率必然是高于无风险利率，现有无风险利率大概相当于国债收益率。通常这个数值是 5%~10%，我们觉得通过数理的方法来计算折现率异常困难，那么就设定这个区间。为什么如此设定？还是格雷厄姆的规矩，15 倍的市盈率是中心，接近 10 倍是低估，接近 20 倍是高估，那么 20 倍市盈率对应债券的利率 5%，10 倍市盈率对应债券的利率 10%。当然市场上很多人的折现率结果都远远大于10%，这并不是说收益更高，要注意，这是风险的概念，也就是折现率越大，股票对应的风险越大。对于计算来说，反而是更加谨慎。

有未来的现金流，有折现率，继而就是折现。也许我们可以通过一个案例来说明这个问题。

恒瑞医药2008年的净利润是43559.42万元，2017年净利润为329295.33万元。

几何平均增长率 =（329,295.33/43,559.42）×0.1−1=22.42%

恒瑞医药的实体现金流量 = 2547385416.82−（380301595.27− 1582318.31）=2168666139.86 元

恒瑞医药的债务现金流量 = −36631689.84 元

之所以选择恒瑞医药，是因为其几乎没有金融债务，而债务现金流和其他公司不同，体现的不是流出而是流入。

股权现金流 = 实体现金流 − 债务现金流 =2205297829.7 元（简便计算，我们暂定数字 22 亿元）

预计恒瑞医药未来的增长率每年依然会围绕 22.4% 左右的增长率，而且将维持 5 年，继而其增长率将在 6% 左右永续增长。

表 4–5　恒瑞医药股权自由现金流量现值的简化计算

年份	0	1	2	3	4	5	6	……N
增长率		22.40%	22.40%	22.40%	22.40%	22.40%	6%	6%
现金流量（亿元）	22.00	26.93	32.96	40.34	49.38	60.44	1761.85	
折现率		10%	10%	10%	10%	10%	10%	10%
折现系数	1.0000	0.9091	0.8264	0.7513	0.6830	0.6209	0.5645	0.5132
现值（亿元）	22	24.48	27.23956	30.31021	33.72699	37.52894	994.517	0
现值总额（亿元）	1169.803							

在此要说明一下现金流量行里面第 6 年是永续增长率的现值计算，1761.85 亿元的由来如下：第 6 年本来的现金流量是 64.07 亿元，第 7 年是 67.91 亿元，由于后面构建的是永续的增长模型，永续年金 =D0×（1+g）/（Rs-g），所以可以直接算出这个永续增长模型在第 6 年年末的现值 =67.91/（10%-6%）+64.07=1761.82 亿元（表格中计算没有省略小数，所以有 0.03 的差异）

从计算看出恒瑞医药的市值应该在 1169.803 亿元，但是实际上，恒瑞如今的市值已经达到 2600 亿元，这并没有太多歧义，因为一季度的业绩似乎提高了很多，但是从长期均衡看，如果增长率平均值不是 20%，今年或许能达到更高增长率，那么预期必然会改变，估值也会抬升。但是价值投资者总是希望谨慎一点，按照 PEG 的说法，增长 22.4% 才 22.4 倍市盈率是合理的，而恒瑞一季度利润 0.33，这样算出来的股价只有 29.57 元，而实际上已经突破了 90 元大关。很明显买入恒瑞的投资人参照的并不是定量的结果，而是定性的结果，在定量结果不支持的情况下，投资人要在这个股票上面做好仓位管理，谨慎操作。

三、竞争优势指标

估值指标是一种客观的观察类指标，对于熟悉行业的投资人，估值体系就是一把尺子，一边衡量公司，另一边衡量投资人对于公司的熟悉程度。估值体系其实就是检验投资人对于行业和公司的熟悉程度。但是仅仅是定量的买入和卖出，依然是不足的，我们还要注意观察一些代表竞争优势的指标，用这些量化指标来观察公司。

1. 竞争优势指标：净资产收益率（ROE）= 净利润 / 净资产

有人问巴菲特，如果将所有的财务指标浓缩为一个比率，他最看重什么指标，巴菲特说净资产收益率。为什么这么说呢？因为净资产说白了就是所有者权益，就是股东在上市公司拥有的权益，净利润是产出。这个指标直接反应股东在上市公司所拥有的资产的产出情况。

但是 ROE 又是过于笼统的指标，它反应了上市公司资产负债表和利润表的最终结果，不顾及中间的过程，如果不知晓这是怎么做到的，这个数据将毫无意义。

投资人喜欢高 ROE，但是有几种情况除外：

① 高杠杆得来的高 ROE。因为指标里面没有负债的概念，当资产负债率高于 70% 再获得了非常高的 ROE，比如 30% 以上的 ROE，就要小心去杠杆会带走大量利润。

② 无壁垒的 ROE。资本是逐利的，如果一个地方找到一粒金沙，则所有的资本都会闻到味道聚拢过来。ROE 如果比较高，比如 30% 以上，那么必须要有高壁垒才可以，否则必然有杀进行业的对手。

③ ROE 的抬升是由于一些短期行为。比如非经常性损益，比如周期性行业，比如通过截止日期堆叠业绩（12 月 31 日前冲业绩行为）。好业绩很可能只是一年的，也有可能是因为 ROE 中的净资产减少导致 ROE 上升，比如分红。

④ 高 ROE，更高的股价。再赚钱的行业都会迎来行业的起落，在选股的时候要看 ROE，但是不能脱离股价，如果股价不符合逻辑，再高的 ROE 都是坑。

投资人讨厌低 ROE，但是也非必然：

① 低 ROE 是一次性的，原因是周期或者非经常性损益。

② 低 ROE 是因为经历了一次大型的融资，比如刚刚上市的公司，股东的入资成为净资产，而生产线尚未投产。

③ 低 ROE 是因为公司的重点不在 ROE，如互联网公司需要用户数，网约车和送餐行业需要市场份额。互联网思维的兴起，使得 ROE 经常掩埋了一些很牛的公司。

④ 再低的 ROE 当资产足够便宜的时候，甚至市值低于清算价值的时候，都可以考虑购买。

所以高和低的 ROE 都不是问题，杜邦分析也仅仅是看到事物的三个面：

杜邦分析：净资产收益率 = 销售净利率 × 总资产周转率 × 权益乘数

这是告诉我们提高净资产收益率的三条途径：

销售净利率（提高价格或者降低成本）

总资产周转率（卖得快）

权益乘数（用债权人的钱来扩张业务）

对于投资人来说，个人最喜欢 ROE 稳定在 20%~30%，而且股价合理的上市公司，总喜欢在 ROE 相对历史较低，被人忽视的时候买入。而对于医药股，大多数 ROE 都是非常优秀的，从 ROE 软件排序就可以看到，但是医药股里面 ROE 在顶端的单品类制药公司要区别处理，诸如我武生物、贝达药业，这些公司都有一个强有力的细分龙头产品。ROE 非常高，但是一个产品打天下，就有些风险。有人可能觉得可口可乐也是一个产品打天下，但是医药领域不一样，因为重磅产品最终也有可能被替代和淘汰，所以观察 ROE 的时候需要关注未来行业的风险。

2. 竞争优势指标：主营业务收现比率 = 销售商品、提供劳务收到的现金 / 主营业务收入

“销售商品、提供劳务收到的现金”数据来自于现金流量表，现金流量表的特点就是打破权责发生制的缺点，变为收付实现制，也就是我们不再管那些没有收到钱的赊欠行为，货运出去了，没有拿到钱，那么就说明我们还没有赚钱，所以主营业务收入，作为业务的一种体现，往往出现两种情况，一种是货物卖出去，对方给钱了；另一种是货物卖出去，对方没给钱。如果这个比值大于 1，至少说明，这家公司大量的现金在回笼，应收账款等赊销行为在减少，公司竞争力加强，如果这个比值小于 1，说明这家公司应收账款等赊销行为在增加，公司有可能用扩大信用的方式增加利润。

但是作为一个通俗的概念，有时候结论并不是那么明显，因为这里面有个

漏洞，那就是“销售商品、提供劳务收到的现金”其实是包含了收取的增值税的，而主营业务收入明显是不包含增值税的，所以，我们需要让主营业务收入包含收到的增值税进项税额。另外，这并不是一个绝对化的指标，这个指标需要配合观察，应收款项（应收账款，应收票据及其他应收款里面的租金项目）占主营业务收入的比值，当然其实更加有意义的是横向比较。同一行业的公司大多数赊欠比例类似，如果有一家公司赊欠比较高，说明这家公司本身风险比较高。

3. 竞争优势指标：自由现金流量

我们已经在前面说过自由现金流量了，自由现金流量就是实体现金流量。我们用股权现金流量折现算股权的价值，我们用实体现金流量现值算公司整体的价值，这就说明，这个指标是比净利润更能够体现盈利能力的指标。

关于实体现金流：

公式一：实体现金流＝税后经营净利润＋折旧摊销－经营营运资本净增加－资本支出

公式二：实体现金流＝经营现金流量金额－（购建固定资产、无形资产和其他长期资产所支付的现金－处置固定资产、无形资产和其他长期资产所收回的现金净额）

实质上，实体现金流的意义在公式一，而我们外部投资人习惯使用公式二，在美国，制作人是需要提供实体现金流量报表的，因为外部投资人无法对复杂的报表区分净负债和经营性资产负债，管理用财务报表里面有很多复杂的考虑事项。但是从实体现金流的公式一，我们了解了它的意义，经营产生的利润是税后经营净利润，由于折旧摊销是不会导致现金流出的，所以我们就将其加回来，再减去经营营运资本增加，这是经营中的投入，比如存货储备的增加，应收账款的增加都需要占用营运资本。继而减资本支出，其实是长期经营资产增加占用的资金。我们从这里可以看出，我们经营赚来的利润，需要两方面的开支，一方面增加日常经营，另一方面扩大产能。如果实体现金流量为负数，这就说明，公司入不敷出，净利润是没有意义的。

表 4–6　万邦达 2017 年自由现金流计算

经营活动产生的现金流量净额	504,376,900.00 元
购建固定资产、无形资产和其他长期资产所支付的现金	400,200.00 元
处置固定资产、无形资产和其他长期咨产所收回的现金净额	405,047,000.00 元
资本支出	404,646,800.00 元
自由现金流	99,730,100.00 元
净利润	306,314,900.00 元

表 4–7　碧水源 2017 年自由现金流计算

经营活动产生的现金流量净额	2,513,942,700.00 元
购建固定资产、无形资产和其他长期资产所支付的现金	42,100.00 元
处置固定资产、无形资产和其他长期咨产所收回的现金净额	10,019,412,500.00 元
资本支出	10,019,370,400.00 元
自由现金流	–7,505,427,700.00 元
净利润	2,591,364,900.00 元

碧水源的净利润非常优秀，但是从经济意义上说，这一年碧水源是没有意义的，因为它的自由现金流基本为流出，而万邦达业绩不好，但是自由现金流为正。这不是说万邦达比碧水源好，而是说在经济意义上，碧水源实质上没有体现出现金的价值递增，这和我们所知的一些关于 PPP 的认识是符合的（我们也曾看好过碧水源的模式，因为其有净水技术，但是很遗憾，PPP 之后势必会增加其负债上的压力，其应该努力扩展消费品市场或者全球化销售，否则业绩将接近峰值）。

4. 竞争优势指标：现金周转周期 = 应收账款周转天数 + 存货周转天数 – 应付账款周转天数

公式可以表达为：

$$应收账款周转天数=\frac{360\times（应收账款期末余额+应收账款期初余额）\div 2}{主营业务收入}$$

$$存货周转天数=\frac{360\times（存货期末余额+存货期初余额）\div 2}{主营业务成本}$$

$$应付账款周转天数=\frac{360\times（应付账款期末余额+应付账款期初余额）\div 2}{主营业务收入}$$

这个公式算法相当简单明了，要说明的是公司对于上下游收款和欠款的优势，如果一家公司有很强的行业地位和竞争优势，诸如我们前文在产业链分析里面说过的，那么这家公司应该可以对供应商欠更多的钱，而对于销售商可以尽可能多拿。所以这个公式越小越好，负数最好。

换一个角度，一家公司需要应收账款还款越快越好，所以周转天数越少越好。也希望存货周转快，诸如很多房地产公司如今建设房子都是按天计算的，所以存货周转天数越少越好，这两项合起来体现了产品的竞争力。而应付账款呢？一般情况下，银行借钱是要利息的，但是供应商欠款却是分文不用，所以以合同的形式多占用供应商的资金，成为很多公司发展的原动力。

我们再次举例两家白电公司，一家是格力电器，另一家是四川长虹，如果发现它们之间的股价差异，千万不要惊讶，因为市场是非常清醒的。

表 4–8　格力电器 2017 年现金周转周期计算　　　　单位：万元

应收账款	期初	610,530.16	595,989.66
	期末	581,449.16	
存货	期初	1,342,243.20	1,499,538.96
	期末	1,656,834.72	
应付账款	期初	3,081,596.46	3,268,442.55
	期末	3,455,288.63	
主营业务收入			14,828,645.00
主营业务成本			9,956,291.28
一年天数			360
应收账款周转天数			14.47
存货周转天数			54.22
应付账款周转天数			79.35
现金周转周期			−10.66

表 4–9　四川长虹 2017 年现金周转周期计算　　　　单位：万元

应收账款	期初	872,567.95	839,943.07
	期末	807,318.18	
存货	期初	1,419,801.96	1,452,850.31
	期末	1,485,898.66	
应付账款	期初	976,579.83	1,005,159.59
	期末	1,033,739.35	
主营业务收入			7,763,247.67
主营业务成本			6,770,223.32
一年天数			360
应收账款周转天数			38.95
存货周转天数			77.25
应付账款周转天数			46.61
现金周转周期			69.59

上表很明显，格力电器的现金周转周期是负数，说明它占用了很多的供应商资金，而四川长虹的现金周转周期接近 70 天，这是一个很差的数字，说明四川长虹竞争地位已经非常不利了。

5. 竞争优势指标：偿债指标

这不是一个指标，而是几个指标。

资产负债率 = 总负债 / 总资产

流动比率 = 流动资产 / 流动负债

速动比率 = 速动资产 / 流动负债

现金比率 = 货币资金 / 流动负债

这些指标特性其实是一致的，我们可以清晰地给出结论，投资人爱资产不爱负债，而且一般投资人都希望有很多的流动资产，甚至货币资金。所以打开一张资产负债表的时候，左边资产的项目，从上到下看，越上面的资产我们越喜欢，越下面的资产我们越不喜欢，因为所有资产的终极目标都可以用一个变现能力来衡量。我们说公司的价值有时候来自于无形资产，但是我们并不希望无形资产上记上庞大的金额，而是希望一个专利记账 1 元即可，因为资产计价遵循谨慎性原则。

在这个情况下，要判断几种情况其实是隐藏的利空：

① 一个公司从轻资产转变为重资产，也就是固定资产和无形资产等金额比例增加。不是万不得已，轻资产公司是不愿意资产重型化的。

② 轻资产公司开始增加长期借款的金额，轻资产公司一般是用短期借款解决资金需求的，如果增加长期借款，要么是短期借款不够用，要么是长期来看资产将重型化。当然也有可能是为并购寻求资金，但是并购在一定程度上也会增加公司的负债率。

③ 货币资金和有息短期借贷同步上升，这可能代表着货币资金里面有无法动用的部分，也可能代表着未来供应商方面可能会改变对公司的授信，从而必须支付大量的资金。

对于一个公司，负债的好处是这样的：无息经营负债 > 短期金融负债 > 长期金融负债。短债的好处就是随借随还，不消耗利息，比较保守，当然有些大型公司希望用长期负债来锁定利率，可能长期利率会上升。但是对于现金管理来说，短期借款更加符合公司的利益。

而在资产端，货币资金永远是最好的稳定器，所以如果面对若干公司犹豫不决的时候，这几个比率横向一比就一目了然。

四、定量总结

定量并没有定性那么有效，这和大多数人的认识可能相违背，但是一般的投资人需要了解基本的定量方法，诸如市盈率和 PEG 的方法，而市销率和市净率是用做特定公司的比较，而在增长率的计算方面，一般我们遵循的是几何增长率。用几何增长率推及未来，这样 PEG 方式得出的目标市盈率就产生了，如果觉得公司还会更好，可以加权一定的数值。

我们提出的可持续增长率和未来现金流量的估值方式属于一些常用的数理推理方式，可持续增长率广泛被运用在国企或者稳定类民企的内部预算中，可以作为一个未来稳定增长的参考数据。而未来现金流量现值的估值才是股票估值的本源，也就是根据风险、未来的预期、历史的几何增长率以及报表的结构去预测未来。

国际上的投资还是对 PEG 方式有很好的参照的，虽然也有失真，但是总体上可以用 PEG 反推出增长率，然后去研究这个增长率的合理性，会发现很多不同的东西。比如苹果如今的市盈率是 18.49，那么未来的增长率应该是 18%，这合理吗？

当然国内 A 股的标的都需要加权看待，因为按照这个标准很多股票都是高估的，我们说高估是制度性导致的，比如停牌制度、限制做空，可以把 PEG 的标准提高 1 或者 2，但是不能太离谱。

第五章
适合高成长医药股的分析方法

在前面的定量和定性分析中，很明显大家都感受到了，医药股似乎是一个比较另类的行业：一些医药股可以通过定量的估值方法，因为本身成长性有限；而另一些医药股用给定的估值方法的确是困难重重，比如恒瑞医药，通过 PEG 方法去估计，它大概一年 20%~30% 的增长率，如果按照几何平均增长率的计算方法，从 2008 年至今的复合增长率大约是 22%，如果按照这个标准给予 22 倍最高的市盈率，即使以去年的增长率给予 27 倍的市盈率，如今这个天价的股票怎么理解？当然不可否认，恒瑞医药的确存在泡沫，但是医药行业是比较特殊的行业，单个药品的成功可能从根本上颠覆一个公司的生存地位。诸如如今最畅销的阿达木单抗，单个药品每年的销售额就达到了 180 亿美元，而恒瑞医药一年的营收才 138 亿人民币，这个当量差距还是非常大的，这个市场也是非常大的。所以我们认为，细分的医药行业是非常复杂的，需要对其进行一些简单的分类，一部分公司依然是用定量的方法，由于其在研发上面没有投入太多，它们说到底是一些改良型的医药制造公司。但是另一部分，我们称之为创新型的“未来之星”，需要了解这些公司的重磅业务。

一、未来产品观

医药研发类公司的高估值，也许是因为国内市场的高估值导致的，或者是因为一些制度问题，诸如 T+1、涨跌幅限制、做空限制。但是就医药行业看，我们发现其实并非如此，港股是最具代表性的标的，中国生物制药控制着一家有名的公司正大天晴 50% 的股份，2017 年盈利为每股 0.29 元，如今股价 18.28 元，市盈率也高达 63 倍左右。在港股如此谨慎的氛围中，这个市盈率还是比较慷慨的，中国生物制药 2017 年收入增长 9.4%，而净利润增长 32.6%，类似扣非前净利润增长 20.8%。而恒瑞医药 2017 年营收收入增加 24.72%，扣非净利润增长 19.76%，净利润增长 24.25%。从数据可以看出，两家公司增长幅度基本类似。由于药物的毛利率参差不齐，导致了营业收入和净利润的增长并非完全匹配，而扣非后净利润的增长两家基本是相同的。

为何市场给予如此慷慨的市盈率，之前我们说过腾讯，这里面当然有一种长期的趋势原因，从行业周期上看，腾讯的成长是史诗级别的，是整个港股的标志性股票，但是也要看到，其实腾讯真正的估值想象期间不是当下，而是腾讯用户从无到有的时候，从计算的 2014 年开始，其用户数已经达到一定水平，那个时候腾讯已是一个成熟的公司，虽然也向外延展，但是延展的难度正在增加。我们预计增长率的时候，正如彼得·林奇说的那样，三五年内这个增长率还会保持。

表 5–1　腾讯部分年度利润分析

年度	2017	2016	2015	2014
净利润（元）	715100000	410950000	288060000	238100000
净利润增长率	74.01%	42.66%	20.98%	53.59%
每股收益（元）	7.60	4.38	3.10	2.58
每年年末收盘价（元）	417.8	189.3	152.5	112.5
收盘市盈率	54.99%	43.28%	49.24%	43.62%
增长率平均值	47.81%	市盈率平均值	47.78%	

但是诸如恒瑞和正大天晴，其聚焦的领域主要是癌症疾病，大家都很清楚，人类如今对付癌症是阶段性胜利，距离完全攻克还有距离，这就导致了我们之前量化计算恒瑞医药的模型出现了一点偏差，假设恒瑞医药未来的增长 22.4% 能够保持 5 年，其实按照如今国内的宏观状况，其应该能够保持更久，比如保持 10 年，这样其未来现金流量现值就大不一样了。未来其如果有了一两款突破性的创新药物，而且这款药物成为畅销药，就像阿达木单抗那样销售达到 180 亿美元，那么其现有营收规模将是指数级别跳升。于是，我们就需要追踪恒瑞医药有没有大型的单品药物。

打开恒瑞医药的年报，可以找到单个药品的研发投入量，在研发领域，也有可能是小研发有大收获，但是现在的世界这种捡元宝式的随机研发已然不太可能，所以就找研发投入最多的三个产品：

马来酸吡咯替尼研发投入 44400 万元，PD-1 研发投入 7879 万元，脯氨酸恒格列净研发投入 2239 万元。

我们发现 2017 年恒瑞投入的 17 亿研发费用中，很大部分是盯着吡咯替尼投入的，自主研发的 1.1 类 EGFR/Her2 抑制剂，因为肿瘤生长会有生长因子，这也是肿瘤特异性的由来，如果我们能够找到这种生长因子的标志物，并且针对这种标志物进行药物设计，就可以在一定程度上精准打击癌细胞，尽量少伤害正常细胞。

所以这是针对 Her2 的抑制剂，而同类型的药物主要来自罗氏，罗氏有三款产品，一款是赫赛汀，由于专利到期又开发了帕妥珠单抗和 Kadcyla，三者合计销售额 2016 年已经接近百亿美元。而恒瑞医药吡咯替尼在 2018 年完成三期临床，报表显示其正在进行 CDE 评审，处于申报生产阶段。

面对 Her2 的药物，国内现阶段只有赫赛汀和阿帕替尼，而阿帕替尼就是恒瑞之前的主力药。报表显示，2017 年恒瑞医药的甲磺酸阿帕替尼片 82.66 万盒，现价零售大概 1400 元一盒。由于吡咯替尼在三期临床表现优于竞争对手，又是国产药，价格比同类药更低，预计其销售情况将好于阿帕替尼。并且这些主力药品的销售利润率基本能上 90%，其对净利润的影响力远远大于其他仿制药物。

医药公司的业绩是如何组成的？个人认为是由一个个现有销售的和未来即将销售的药物一起构成的，但是即便如此，恒瑞医药在现阶段依然有些估值过高。原因在于：

一方面，恒瑞投入研发最高的药物其实都并非纯正的突破性创新，这些药是在现有疗法中找到了新物质，或者是 me-too 药，甚至 me-better，但是这些产品依然缺乏行销全球、成为畅销药的可能性。

另一方面，恒瑞医药之类的医药公司对于单个产品的敏感性比较差。想象一下，这个药投入了 4 亿多元，但是其他的药研发费用都没有超过 1 亿元，基本上是几千万的研发，那么这些是什么药呢？都是仿制药，由于专利集中到期，中国的仿制药将迎来新一轮突进。恒瑞这样的公司，研发已经增长到 17 亿元，未来还要提升，那么它同步在研的品种必然是上百的，而且基本上是仿制药。这样单个产品就不会出现大的业绩冲击。但是相应的，由于品种多，我们也不用担心其增长率会突然调转或者出现不佳的情况。由于品类众多，恒瑞这几年的增长率一直是稳定的。

对于投资人，积木式的挖掘每一个在研品种，并且预估其销售额是一种非常好的投资策略，恒瑞这么庞大的研发品种也许对于个别投资人来说挖掘还有些难度，但也是有可能性的。本书当然不是药品目录，我们只能举例单个药品的认识过程和分析过程。

那么如何来找这些大型单品类药物或者器械呢？

首先，需要找到研究的目标药物，这个过程很简单，财务报表中都会争相告诉我们在研的品种，这些品种里面累积研发投入最多的，就是一个医药公司成败的关键。如恒瑞，若那个投入 4 亿元的药最后因为某种问题被否决，那么对于公司来说，钱打水漂了，未来良好的业绩预期也没有了。所以我们要了解，对于很多小型的单一药品研发公司是孤注一掷的，其属于高风险行业，而并非我们传统意义上的防御品种。

其次，要了解药物研发流程，简单来说分为临床前研究和临床研究，临床前研究基本上是烧钱阶段，不靠谱，大多数药物就止步于此，进入临床的基本上就是有希望的。进入临床研究，临床一期二期基本上针对的是有效性和安全性，而三期临床是进一步的药物评价，总体来说，药物在三期临床失败最多，继而是 CDE 进行生产评审，有时候需要去现场走访。药物上市之后还要同步进行临床四期研究。所以对于投资人最有意义的是通过三期临床，有时候这就是一项赌博，但是好在国内三期临床通过率比美国的 FDA 略高，而宏观政策方面过了三期临床之后的评审过程如今正在大幅度简化，所以很多有大量评审药物积压的公司会在 2018 年和 2019 年上市大量新药。

再者，由于国内突破性创新药比较少，即使是国内定义的新药，在国外还是有同类型的药品和疗法的。所以，市场就需要划分为中国市场和国际市场。很多现有药物的国际销量已经揭开了面纱，我们基本上可以便利地在网上搜寻到相关的信息，除了国际上同类型的销量，还要知道同类型的药物总共有几个，国内现在在销的同类药物有几个，国内大致覆盖的患者是多少。

然后，做了数据采集之后，需要对国内现有产品的临床数据或者口碑进行一定探查和访问，甚至可以在投资者问答平台询问。其实并不需要具体数据，而是要对现有各产品，将要在国内销售和已经在销售的产品，进行疗效或者口碑排序，知晓大致的患者选择优先级。这是为了大致判断患者渗透率，如果 100 个患者选择一种药物，如果国产的效果好，那么必然会优先选择国产药，甚至未来还可以返销国外，取代现有畅销药的地位。

最后，预计业绩增益，这是一个区间，在可知范围内，有多少病人，100 个病人里面如果渗透率是 8% 对应多少销量？ 10% 又对应多少销量？继而估计如果上市会有多少利润贡献。

表 5-2　2015 年全球前 20 名畅销药

排名	中文通用名	现有生产公司名称	主要适应症
1	阿达木单抗	雅培／艾伯维／卫材	类风湿关节炎
2	索非布韦＋雷迪帕韦	吉利德	丙型肝炎
3	依那西普	安进 / 辉瑞 / 武田	类风湿关节炎
4	英夫利昔单抗	强生 / 傲沙东 / 三菱田边	银屑病、关节炎、节段性肠炎，溃疡性结肠炎、强直性脊柱炎
5	利托普单抗	中外 / 罗氏 / 基因泰克	费霍奇金淋巴瘤
6	贝伐珠单抗	中外 / 罗氏 / 基因泰克	结肠直肠癌
7	曲妥珠单抗	中外 / 罗氏 / 基因泰克	乳腺癌
8	甘精胰岛素	赛诺菲	糖尿病
9	肺炎球菌疫苗	大熊 / 辉瑞 / 武田	预防肺炎链球菌感染
10	来那度胺	新基	多发性骨髓瘤、骨髓异常增值综合征
11	沙美特罗＋氟替卡松	艾美罗 / 葛兰素史克	哮喘、慢性阻塞性肺病
12	瑞舒伐他汀	阿斯利康 / 凯西／盐野义	高脂血症
13	索非布韦单方	吉利德	丙型肝炎
14	聚乙二醇化非格司亭	安进 / 协和发酵	中性粒细胞减少症
15	利伐沙班	拜耳 / 强生	预防静脉血栓形成
16	普瑞巴林	辉瑞／卫材	神经性疼痛
17	阿柏西普	拜耳 / 再生元 / 参天	黄斑变性
18	伊马替尼	诺华	白血病
19	西格列汀	艾美罗／大熊 / 默沙东／小野	2 型糖尿病
20	格拉替雷	赛诺菲／梯瓦	多发性硬化

不是所有投资人，特别是医药行业的投资人都有时间和闲心去做行业数据挖掘，我们列了一个 2015 年的全球前 20 大畅销药，为什么不是 2016 年或者

2017 年的畅销药呢？因为我国至今也没有很厉害的创新药物，所以未来很长一段时间，我们依然需要大量仿制，而这些药里面很多已经接近专利期终结，这样国内的药物仿制就会为公司创造更多利润。请注意第 7 位曲妥珠单抗就是赫赛汀，也就是恒瑞那款投入 4 亿元的新药的竞争对手。比如第 3 位依那西普港股三生制药并购的中信国健，就靠仿制药益赛普盈利了 10 多年。类似的药是海正药业的安佰诺，但是海正药业的业绩大家也看到了，说明仿制药之间横向比较可能比存在更重要。

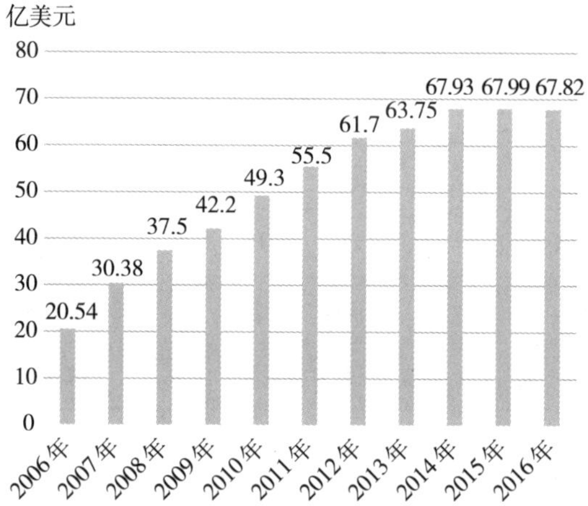

图 5–1　赫赛汀的全球销售额

▲　数据来源于前瞻产业研究。美国影片《Living Proof》(生存证明)说的就是赫赛汀的研发过程，这是人类历史上一款传奇的药物。

同样，我们是否可以把这种思路延伸到医疗器械呢？我们发现这里面还有所不同，医疗器械产品并不都是有壁垒的品种，仿制药经历过仿制药一致性评价，再经历了市场选择，是有壁垒概念的，效果都不如印度仿制药，分分钟会被市场用脚投票。但是医疗器械，我国的临床开始于 2016 年，之前医疗器械都没有具体的临床试验，也不是医药化的管理，国家将医疗器械分成三类，I 类 II 类审批权限下放到了地方，只有 III 类和国外医疗器械审批权限在国家食品药品监督管理局，所以之前国内的医疗器械技术性不强。如今的趋势正在改变，因为未来医疗器械也将进行与医药同样的管理模式，但是相对于医药的多品类，医疗器械更关注关键部件或者关键产品，根据我们的观察，以下几类产品可能是未来市场追捧的对象：

① 体外诊断试剂。包括试剂，也包括器械，体外诊断最初级的产品，验孕棒，或者血糖检测试纸及类似的其他产品，试纸或者试剂，定性或者定量都有。未来所谓的远程医疗，基础就在于检测设备能够便利到居家使用，这样远程医疗才会有意义，不然没有工具，光靠观察和描述是不可能诊断病情的。

② 生物芯片类。阵列芯片或者微流控芯片，前者运用于医疗器械，后者运用于小型的或者是嵌入式医疗设备。实质上这属于体外诊断器械，近几年芯片对于传统试剂的替代在加强，但是不可能完全替代，微流控芯片可以使医疗检测设备大幅度小型化，所以微流控设备是未来的主流方向。

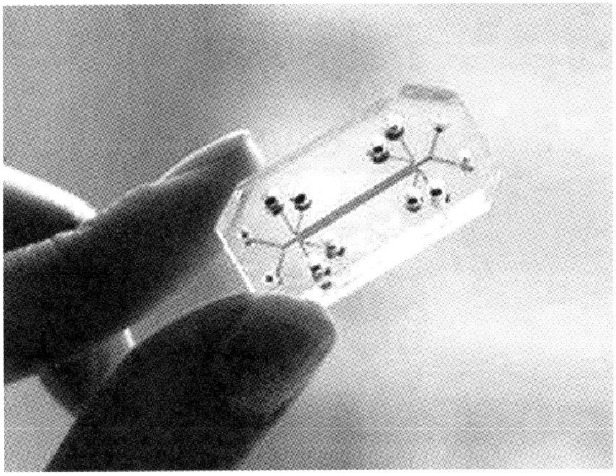

▲ 传统意义上的生物芯片大多数是阵列式的，很多芯片密密麻麻地排布，然后让待检测的血液等体液通过，最后将取得的数据进行数据分析，其主要的方向是增加芯片可检测项目。但是微流控技术是另一个方向，微流控芯片是这个技术的核心，微流控芯片技术（Microfluidics）是把生物、化学、医学分析过程的样品制备、反应、分离、检测等基本操作单元集成到一块微米尺度的芯片上，自动完成分析全过程。

③ 心血管器械。这一类产品很明显符合我国老龄化的现状，如今每家每户都有一些测血压的器材，所以心电图机、除颤机、血管造影仪、电生理导管、

血管支架等都是未来的发展方向。特别要强调的是心脏起搏器，未来需求会比较大。

④ 医学影像设备。上游耗材，下游影像服务，虽然业内可能更加看重影像服务，但其实耗材和设备更加具有竞争优势。

医疗器械的复杂程度远不如医药，但实际情况是医疗器械不管在世界范围内还是在我国，增长速度都高于医药，当然对于单个公司增长没有那么明显，想象空间没有医药那么大，医疗器械更多的是用在诊断方面，去医院大家都深有体会，以前的医生会“望闻问切”，如今的医生就是抬头看一眼，然后你在旁边自己叨叨，医生闷头往电脑上码字：“CT 做一个，血常规做一个，心电图做一个。”5 分钟，你出来了，交钱，排队上机器。这并不是退步，这是很大的进步，人类区别于猩猩，是因为我们懂得使用复杂的工具，落后就要挨打的真相其实就是工具不如人家，机关枪刚出来的时候，杀伤力是万数计的。所以医生要依赖于设备，并且在政策鼓励医院减少药品加成、增加服务性收入的前提下，医疗器械的需求还要增加。

二、行业间的此消彼长

先来思考这么一个问题，我们都知道老龄化是必然趋势，那么所知的保险公司是否符合老龄化的需求呢？很多人的第一反应是老龄化必然伴随着非常大的养老金市场，保险公司应该具有巨大的利好匹配度。诸如最近几年保险股的业绩蒸蒸日上。

事实恰恰相反，中国平安最主要的业务是寿险和健康险，这个险种的收入占到了总营收的 58.52%。不用考虑保险业务的责任保证金，也不用去很深刻地思索保险业保费收入的计量时间点。直观感受一下老龄化对于寿险及健康险的影响。当人口年龄进入 50 岁到 60 岁的时候，也就是退休前那段时间，人是最有经济实力的，如果还没有退休，收入上依然保持相当可观的水平，这个时候我们思考最多的，是怎样保持财富养老。所以这个时间段，对于商业型寿险的需求不言而喻，而当人口进入退休年龄之后，继续出资购买寿险已经变得毫无可能，老龄化人口开始领取养老金。我国计划生育起于 1971 年，定为国策是 1982 年，也就是人口增长最快的是在 1960 年到 1971 年那一段时间，当然文革那几年人口依然是快速膨胀的，那么 1960 年生的人，到 2020 年基本退休了，所以 50 后和 60 后将继续大量购买寿险，直到退休。对于保险公司，虽然会提取一部分寿险保证金，但是退休后很多领取人并非一次性提取，而是多次提取，这样保险公司就必须保证其准备金的增值能够支付寿险的支出。而在收入方面，当人口完全进入老龄化，比如到 2025 年，1965 年以前出生的人都进入退休，领取的人数和缴纳的人数基本持平，保险公司的好日子大致就到头了。长期来看，只有在投资上面有很稳定的业绩，保险公司才可以支撑保费的支付，诸如巴菲特的伯克希尔・哈撒韦公司，如果没有点石成金的巴菲特那世界第一复利赚取能力，保险公司的资金也会在赔付中趋于紧张。

那么另一块健康险呢？可以说这又是相反的意愿，退休前保险公司乐于让你投保，因为你有经济能力，对于苛刻的条款敏感度不高，你不会生病，或者生病了不在合同目录内，即使生病了，也在合同目录内，但是由于繁琐的理赔过程，如果有经济能力，你都不屑于去理赔。但是退休后就不同了，保险公司大量的提高保费费率，甚至拒绝上年龄的老人去投保，因为精算师们已经将保费和疾病风险挂钩，老人哪有不去医院的，这简直是百分之百的可能性，如果保费收缴不足，那就成了一项公益事业。所以在健康险方面，如果老龄化进一步加强，保险公司最终将面临一定的赔付和收入的剪刀差，到时候才是真正考验保险公司的时候，虽然距离这种景象可能还有 10 年，但是对于一个长期投资人，我们不应该过度看好寿险和健康险，应该将眼光看到对面。

保险公司的对面是谁？是医疗健康产业，可以说未来保险公司最大的债主就是它们，如今的寿险很多都附带了健康养老的内容，有些保险公司还专门设立了养老机构，就是试图对冲一下未来的风险，与其未来便宜了债主，倒不如自己先伸个手到债主的兜里掏点回来。所以从这个角度，长期投资人如果有保险公司的股票，就需要对冲买入一些老龄化的医药股，比如信立泰、三诺生物，否则在未来会遭遇一定的老龄化压力。而对于大型的险资，比如宝能大举入股万科，也没有找准方向，老龄化伴随的必然是居住房屋过剩，保险公司和房地产连在一起，就是一种双倍押注，结果是老龄化既灭了房价，又灭了保险公司的收入，双重压力下未来要怎么办？合理的保险公司投资应该倾向于并购医疗健康产业。

那么医疗健康产业内部有没有这种对冲式的业务关联呢？也是存在的，医疗器械和医药就是一个弱势的相互对冲的关系，这主要体现在加成方面，当医院将收入加成在医药上面，药物销量必然会上升，比如我们经常在看病的时候被搭售一点并不是很需要的止咳冲剂，或者小柴胡颗粒，这些药并不是只有医院有，到处都可以买到，但是医生会因为盈利压力开一些类似的药。但是如果加成被取消，国家鼓励医院提高服务性收费，那么医生会倾向于让病人住院，做 CT 检查、MR 检查、心电图、超声、抽血，或者手术，这样很明显医疗器械的使用频次升高，也会出现部分重复使用的情况。所以医疗器械和医药行业存在此消彼长的关系。

然而医疗器械还并不只是医药领域一个对冲存在，还有一个同时限制医疗器械和医药行业的双限制行业，那就是医疗信息服务行业。如今医疗信息系统进入医院已经普及，新的增量释放非常缓慢，医疗信息软件公司大多数还在增长，但是增长的幅度不是很明显。现有的医疗信息系统公司最希望的，其实就是能够打通医院间的信息共享，这样的话，一方面医疗信息系统公司可以得到大量的共享数据，并通过为患者管理数据获得收益，也有可能通过大数据挖掘获益，另一方面医疗信息系统可以形成自己诊疗的系统，因为医生检查也是遵循一定的范式，如今的医生比较依赖仪器检测的结果，但是仪器检测的结果大多数在病理室就已经得出，写在了检测报告上，那么为什么医疗器械服务提供人不能是私人机构呢？所以当医疗信息系统诸如电子病历被完全打通，一个患者从甲医院看病的记录会搬运到乙医院，乙医院必须认同前一家检测设备上的数据，而不是再做一次 CT。毕竟 CT 也是有辐射的，所以当电子病历出现了数据连通，其实对于医疗器械的复用率是不利的。另外在医药上面信息系统也体现为匹配型用药。统一管理的用户数据使得医生之间也存在竞争，当一个医生开了太多无必要的药物的时候，患者就会有意见。

一个合理的配合是，医疗信息的股票要作为对冲配置在医药类投资组合里。另外，我们也要看到 CRO 公司对于整个医疗产业是个近乎“卖水”的存在。这是一个典故，美国淘金热的时候大量淘金人进入美国西部，但是真正赚到钱的不是淘金者，而是在淘金区域卖水的人。在如今仿制药一致性评价的情况下，CRO 公司又和现有的国内仿制药公司形成了一定对冲。

仿制药制造公司如今的压力非常明显，国外的药品门槛在降低，而国内创新药内容寥寥，仿制药制造公司怕什么？李鬼怕李逵，仿制药怕原研药，而 CRO 就是在李鬼立志当李逵的道路上给予支持和辅助的公司。可以说未来大多数没有研发能力的仿制药公司将大量委托这些第三方平台负责药物研发的全流程，甚至直接从平台购买药物专利。对于没有研发能力的制药公司，这是最经济实惠的，因为在仿制药市场也存在仿制速度的竞争，像恒瑞这样的仿制药巨头有 17 亿元的研发费用，而另一家小型的制药公司根本拿不出这么多的研发费用，那么就委托第三方做一些立竿见影的创新或者改良，甚至就在现有药物基础上搞个 me-too 药，保持自己在某细分领域的地位，或者通过眼前的仿制药一致性评价。

所以 CRO 公司赚了仿制药公司的钱，这是很明显的，若是买了仿制药公司的股票，为什么不加持一点 CRO 公司的股票，可惜的是药明康德如今刚上市，注定泡沫期。

最后一个此消彼长比较好理解，如今整体上政策倾向于大型药企，对于小型药企，面对仿制药一致性评价、国外进口药物的进入以及单一品种不稳定的需求波动，将使得规模比较小的医药公司生存更加困难，因为对于医药公司首先一个门槛是研发费用的支出，一家支出 1 个亿研发的公司和一家支出 10 个亿研发的公司放在一起，是无法对比的，小公司刚开始做中试研究，大公司已经有几个同类型药物跨越到临床了。小公司想集中精神攻一点，而大公司已经购买了其竞争对手的所有专利。所以小公司在业绩上具备很高的弹性，但是风险很大，大公司由于品类太多业绩上弹性有限，但是风险很小。所以投资人在组合的时候可以遵循这两个类别的分散原则。

其实现阶段医药行业类似于供给侧改革，出现了强者恒强的局面，低端无研发能力、生产大众药的公司面临多种压力，很多公司在业绩上已经体现出了颓势，而复星医药、恒瑞医药、中国生物制药和药明康德，还有华海药业和信立泰，似乎发现了很好的契机来挤出竞争对手，增强自己的市场占有率。如今 CFDA 对药品的审批提速，也在一定程度上利好这些研发型公司，之前挤压了很多的新药，如今正在加速放行。

表 5–3　风险对冲

风险对冲原因	A 面的行业	B 面的行业
老龄化	保险业	老龄化健康产业
医院降低药品加成	医疗器械（医用级）	制药行业（处方药）
医疗大数据开发	医院信息系统	医疗器械和处方药
仿制药一致性评价	CRO 公司	仿制药公司
一票制或者两票制	制药公司	医药商贸公司

三、建立大健康类投资组合

前段时间，一个叫达利欧的外国人来中国推销他的对冲基金和书，他掌管的是“桥水”基金，从成立以来的年均收益率来看，大约是 2% 的复合增长率，这个增长率和巴菲特的相比是太低了，但是我们从其来中国的演讲和书中还是找到了一些有用内容。

股票期望报酬率 = 无风险利率 +βX（股票市场平均收益率 – 无风险利率）

这其实就是我们上一章说过的折现率公式，这里并不想复杂解释这个公式，我们可以近似地将一个股票的收益看成两部分，一部分是基础的机会成本，也就是买一只股票必须比无风险利率要高，因为股票的风险是存在的。而无风险利率对应的一般是国债的收益率，如果把风险分为系统性风险和非系统性风险，那么无风险利率对应的是系统性风险，而 β 系数部分对应的是非系统性风险，这样系统性风险和非系统性风险叠加的才是单只股票需要的期望报酬，也就是机会成本。达利欧认为这部分收益对其来说没有意义，他需要的是这部分收益以外的超额收益，也就是 α 部分，诸如无风险收益率是 4%，股票期望报酬率是 10%，而达利欧通过测算，α 收益是 2%，那么理论上这只股票行情最好的时候会有 12% 的收益，而行情不好的时候至少也应该有 6% 的收益。介于此，达利欧提出了无关联股票的分散化投资策略。

达利欧的策略其实依然是一种理论性的，为什么分散化就一定能获得 α 收益呢？或者具体的指标如何量化呢？他没有细说，也细说不了。但是这里面分散投资策略没有什么不对，而且对于一个关注点，我们也需要进行投资组合，这个组合并不是正相关的组合，最好的方法，是负相关。

前一节我们讲的行业冲突的意思也是这样，我们需要在明显不对的时候给标的挂上对冲，让部分看上去不起眼的风险限定在可控范围。诸如买入卫宁健康的时候，可以考虑一下乐普医疗。在考虑中国平安的时候，能够搭配一个信立泰，这种长期性的对冲，既可以享受到短期利益，又可以对冲长期风险，而且对于百倍千倍股的不确定性，也会有所改善。

在面对不确定性的时候，大多数投资人看到的机会多于风险，但其实人之目力所及有限，人贵在于自知，再是知人。所以在看到风险临近的时候，要做好组合，甚至于做一个反向的融券套保，在某些时候也是合理的。

四、如何分析医疗健康类标的

投资人要看到普通定量对于医疗健康类标的参考性不是太强，但是至少可以做一个不错的参照，如果有一天研发不再那么强劲，应该是多少的估值。而对于医药的估值，我们更多关注的是其产品成果，而不是财务指标。继而应对未来的不确定性，我们要做一些组合，而不是把鸡蛋放在一个篮子里。这个组合的观点要有一定对冲存在，或者是无关联的标的，这样才可以分散风险。

第六章
上市公司公司治理和风险评估

一、关于公司治理我们要关注什么

什么是公司治理？基本意思就是董事长、CEO 及大小股东之间的关系，公司治理好，就是上市公司按照规章和约定办事，从广义上讲，就是如何在利益相关者之间分配公司的权力，诸如电视剧《权力的游戏》讲的是国家治理，而公司治理是一个道理。

1. 公司管理层犯了错怎么办

是人就会犯错，概莫能外，我们经常看到一种景象，在谎言刚被揭发的时候，上市公司管理层各种抵赖，不承认，然而当证监会查处之后，他们又表现得很恭顺，小股东经常会被这些表演所迷惑，觉得这点小事总不至于伤筋动骨。

巴菲特一季度继续减持他的富国银行，2017 年和 2018 年巴菲特都在股东大会上检讨富国银行的这笔投资，富国银行为了达到股权激励的业绩目标虚造了业绩，当丑闻爆出之后巴菲特也一直想挽回公司声誉，但是如今从持仓看，他最终还是会放弃这家银行。巴菲特曾经表达过类似的意愿，如果发现一项投资是错误的，那么什么时候纠正呢？答案是马上。

我们要清楚丑闻附带了很多其他风险，一家公司造假一个亿，在揭发之前，就是造假一个亿，在揭发之后，声誉遭到破坏，其损失将远远超过一个亿。公司之所以能够获得市场给予的溢价，源自公司存在无形资产，这些无形资产并不体现在账面上，而是体现在公司各种社会关系上。消费者的正义感有时候会自发促成联合抵制，供应商见到潜在的风险会停止供货，或者要求现款现货，销售商就更不用说，他们是看消费者眼色行事。即使在医药领域，这种情况依然存在，诸如最近几个比较有名的中药保健品。

我们总结了一些常见的丑闻类型，当然这并不全面，但是在这些情况下投资人要考虑是否用脚投票：

① 财务造假。

② 实际控制人质押了大部分股票。

③ 高位造利好套现。

④ 夸大其词讲故事。

⑤ 承诺没有兑现。

⑥ 公司遇到社会事件处理方式不得民心。

⑦ 内幕交易。

资本市场说到底是个信用市场，之所以国内的投资人热衷于赌，就是因为在之前，信用和信誉没有建立起来，上市公司一些不道德行为还会有人叫好，但是国际上总趋势并非如此，如果资本市场未来是国际化的，那么投资人未来的偏好也会趋同。所以在前文宏观分析的时候我们曾经提到过 ESG 投资，ESG 就是环境、社会和治理的英文缩写。这也是一种比较先进的投资理念，有研究表明有时候这些方面的因素和评分甚至比 CDS 更早地反映出公司危机。

就拿环境来说，如今国内的环境问题对于上市公司是一票否决，这已经是类似于 ESG 的先导模式，但是按照公司好坏的传统概念，环境问题是和投资无关的，早期发达国家的公司都是乱排放，所以才会有那一篇《寂静的春天》。同样的，社会问题也有助于我们理解宏观分析里面的社会文化环境分析，当四周充满了敌人，公司又如何能够正常的获得盈利。当然 MSCI 的 ESG 评分也不是按照这种简单的模式来推进的，有更加复杂的一套专业而且量化的评价体系。在 MSCI 纳入 A 股前后的几天，MSCI 曾经发提醒声称中国的标的公司 ESG 评分普遍比较低。好公司只有 3%，但是我们无法获得其内部名单。所以我们要从这三个角度加大对于公司的观察，一个公司要的不仅仅是利润，更需要维护其和社会的关系。

2. 应该尽量避免哪些治理结构

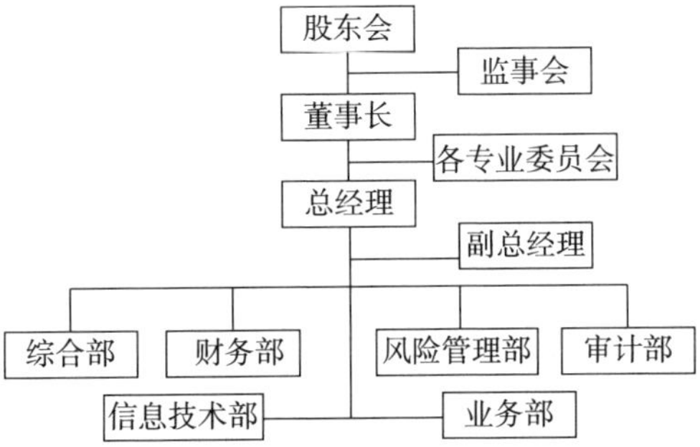

▲ 什么是治理结构呢？理论太过于枯燥，实际就是一部《权力的游戏》那样的权力分布模式，要解决的是什么事情谁说了算的问题。

我们应该避免以下几种情况：

① 最无奈的莫过于一股独大的一言堂模式，因为我们往往会看不透公司内部，当然这并不是说这种结构一定会出问题，只是说相对而言这种结构包含一定的风险。这里的一股独大，一般来说是董事长单一持股超过 50%，但是董事长可能非常谦逊，公司区分非常到位，这是有大智慧的人，因为从公司法的角度看，如果无法区分私人财产和公司财产，如果公司出现了经营困难，实际控制人是需要清理其和公司之间的关联借款才可以从公司脱身的。所以当一个领导人把董事长职务当做一份工作，那是投资人的福气，比如华为的任正非；而当董事长将上市公司当做自家的后花园，到处安插自己的亲朋好友，那么这家

公司大概率做不好。这方面的戏码很多，家族争抢股权是一种类型，个人冒险输掉了上市公司资产是另一种类型，更有甚者，赌博输光公司资产的也有。

② 避免复杂关联方交易、体外循环和同业竞争。体外循环低买高卖的实际控制人，典型的是锐澳鸡尾酒，2009 年百润股份将巴克斯酒业卖给实际控制人，象征性地收取了 100 元，2014 年百润股份又收购回了巴克斯酒业，价格 55.63 亿，后来 2015 年又下调了收购价至 49.45 亿。然而收购回来后，其业绩下降，麻烦不断，小投资人似乎看了一场戏，一场锐澳鸡尾酒潮起潮落的戏码，最终什么也没有得到。

体外循环的例子有很多，地方国企江中药业前几年就有这些情况，都是保健的中药，很多产品却不在江中药业的上市公司业务范围内。恒瑞医药也有江苏豪森夫妻店的问题，但是相比之下，恒瑞的处理又相对合理，因为恒瑞的业绩一直以来相当稳定。虽然早年间有投资人抱怨一些重磅药被放置在豪森制造和销售，但是这也侧面反应了恒瑞研发效率是有富余的，其能够满足两家大型药企同时获得不错的业绩增速。当然恒瑞的同业竞争最终会得到解决，因为豪森一直在考虑港股上市，成为公众公司。

在关联方交易和体外循环结合方面，乐视网就是体外循环过度导致的溃败。乐视网作为上市实体其实担负了融资的任务，而其他体外的公司乐视电视或者乐视手机通过买会员送手机的模式，将利润转移到上市实体，让人感觉利润良好蒸蒸日上，然后在资本市场进行股权和债权的融资，再把融到的资金供应整个集团实体。

我们是否要一票否决呢？让这些现象级的公司被剔除出待选列表？其实不是的，我们的建议是给予心理评分。这种事情存在可以，但是不能有劣迹，如果体外循环的公司不影响上市实体的利润增速，那问题就不会太大，大多数投资人毕竟是财务投资人，大家分得清轻重，公司控制权本身包含溢价。但如果实际控制人和管理层没有处理好这些问题，侵占了上市公司的利益，增加了上市公司的风险，就立马决断。

二、数据和非数据结合评估风险

注册会计师的审计是有程序的，大致的流程从确定审计目标开始，了解和评价内控制度，继而符合性测试，实质性测试，最后形成报告，对于公司一路看，一路做风险评估。然而对于普通投资人，这些是不现实的，我们不可能得到内控的具体细节，也不可能去函证应收应付，不可能去存货监盘。我们只能根据已知的信息去求真相，这些信息很多是碎片化的，最完整的就只有资产负债表、利润表和现金流量表三张表格，很多需要了解的内容都在报表的附注上面，但是这些附注都是上市公司精英们给我们的，又如何知晓他们表达是否合理？所以注册会计师的那一套运用在上市公司上是不行的。况且大多数的注册会计师即使按照程序来也没有及时发现舞弊。惯常的经验告诉我们，大多数公司被出具非标审计报告都是在公司爆发负面之后，而之前无保留意见的审计报告不会有任何的预警。为什么没有像欧美的 CPA 那样发现很多问题？这是个复杂的社会问题，但是我们觉得，从注册会计师的角度未必可以看到一个公司的全貌，因为他们把公司往好处看，遵循的是有罪从无。

1. 如何审视公司的潜在风险

▲　历史上君王都多疑，比如曹操，比如朱元璋。曹操杀华佗是三国的经典桥段，很多的读

者都会有种想法，恨不得穿越过去，阻止这场悲剧的发生。他们都觉得曹操多疑是一个缺点，若不是多疑，其一统天下的时间一定会大大提前，司马懿也不会有可乘之机。但是，要从曹操的角度去思考这个问题，为什么曹操多疑，而且因疑心而生杀戮？原因有很多，个人认为关键原因是曹操觉得有的选。杀了华佗又怎样，手下名医有的是，杀了蔡瑁、张允又如何，随便找几个将领替补上即可。曹操手下人才济济，个把人根本改变不了大趋势，所以成名帝王大多多疑。

站在投资人的角度，也是一样，当你相信一家公司的时候，你是佛系的，你每天说它的好话，甚至还鼓励身边人尝试它的产品，比如巴菲特对于可口可乐和他的糖果公司，每次股东大会上都会见到这些产品。但若是有一点瑕疵，投资人就不应该抱着佛系的侥幸，而应该如帝王般杀伐决断。有时候我喜欢叫这种方法为“形式陷害”，也就是说可能实质上并无不妥，但是让我发现了无法解释并且不合理的现象，就当其没有做好事。所以我们接下来如果举到某个公司的例子，并不是说我们肯定其会崩溃，我们是用陷害的方式来筛选自己的标的，市场标的如此之多，为什么要都当做是好公司看呢？有时候宁可错杀一千也绝不放走一个，因为这只是关乎自己的决策，对于那个公司，只是少了一个投资人，而对于投资人，也许就意味着躲过了人生的一场大灾难。

那么我们如何去“陷害”这些公司呢？

① 需要去比较，横向和纵向的比较。一方面我们要比较行业平均数值，一个行业大多数公司都围绕着这个行业平均值，另一方面我们需要和行业内部的竞争对手比较。这种方法前面已经说得很清楚了，我们是在找参照。

② 更多地了解一些定性的碎片信息，通过阅读研报，即使大多数是买方研报仍然可以获得大量基础信息。我们用这些基础信息去大致形成一个报表预期，诸如某个科目应该是增长的，而某个科目据了解应该是减少的，这个时候，我们逐条记录这些认识，然后再去报表上寻求验证，如果验证结果和预期相去甚远，那么异常必有妖，就要通过询问和调查捉妖。

③ 在观察报表的时候，关注三个字：“重要性”。这个在审计领域也是十分重要的三个字。我们要抛开一些不重要的东西，诸如某家公司的管理费用从

10.2 亿元增加到了 10.3 亿元，而这家公司的营业收入有 100 亿元，这个时候关心这个差异简直就是浪费时间。我们要了解什么是重要的，什么是不重要的。一个数量变化巨大的科目明显是重要的，最好这个科目的金额数字在报表上看总体大于其他的科目。我们最喜欢一个公司很多科目都是零，资产负债表里仅存几个常见的科目，诸如货币资金、应收账款、存货、固定资产、短期借款、应付账款及资本公积等，这样的公司照样可以运作良好，诸如恒瑞医药，我们基本上无法找到有息负债，那么就不用考虑债务风险，这会大大提高投资人研究公司的效率。

表 6–1　重要性分析

公司	净利润	管理费用	重要性
A 公司	1000 万元	增加 100 万元	不重要
B 公司	100 万元	增加 100 万元	很重要

2. 财报中的“坑”道

本书毕竟不是大学教材，我们只能简略地讲一些关键点。围绕一家公司的数据和非数据信息的确有很多，诸如新闻报道、券商的研报、长年累月的公告。这些常用的内容对于投资人都是有价值的，但是仅仅限于科普性的价值，因为这些信息都是他人提供的，他们往往不需要保证内容完全准确无误。而且一定程度上说，国内如今的舆论环境是趋向乐观的，不利于发现公司已经存在的内部问题。而对于投资人，最系统地了解公司的方式，就是通过其年报及季报，如今的报表越来越长，有些报表好几万字，内部蕴含着巨大的信息量，可以说外部投资人只要将这些报表附注和报表中的细节了解得差不多，基本上就能知道一家公司的潜在风险在哪里，也能知道这家公司的“坑”在哪个领域。

（1）观察项：会计估计和会计政策变更

财会统计财务数据的时候，并非完全按照客观的标准进行，这里面有很多主观的东西，我们称之为需要职业判断的领域，诸如资产减值的计提、投资性房地产的确定。我们也许并不清楚是什么内容，但是一般可以将国家规定的变更排除出怀疑的序列，国家主导的变更往往是整体性的变更，对于所有公司都一视同仁，当然这些变更会导致利润的变化，大多数情况下国家都会考虑变更的影响，一般会保持公司利润稳定。所以国家主导的会计估计和会计政策的变更问题不大，关键是公司自己寻求的会计变更方式。我们要问个问题：为什么变更？诸如固定资产折旧方法，改直线法为了加速折旧，原来平均每年均匀的折旧，如今要提前，那么最近几年的利润会受此影响下降。如果加速折旧是因为机器的磨损过大，也许会提早报废，那么为什么当初没有预计到这种情况，而选择了直线法计提折旧。是不是公司本身想让利润延后？

这一领域包含了很多内容，我们不能一一详尽，但是在报表中有明确单列出这些变更的原因及影响力，投资人所要做的，就是了解这个变更是否必要。

（2）观察项：毛利率

毛利率是个敏感项目，计算公式为：（营业收入 - 营业成本）/ 营业收入。看上去相当简单，但是在横向的比较当中，这个指标是非常具有参考力的。为什么不用净资产收益率或者销售净利率来横向比较呢？原因很简单，这些比率里面使用的是净利润，净利润是一个结果，从主营业务收入里扣除主营业务成本、管理费用、销售费用、财务费用等，经历了一轮复杂的运算后得出了净利润。如果我们用这些指标去和另一家比较，就会发现在找差异原因的时候依然需要逐项再比较，这样就使比较不够直观。所以在观察风险的时候，简单地运用毛利率就行，大多数舞弊或者盈利夸大都是围绕毛利率展开。

夸大利润的方法有几种：一种是虚增收入，一种是虚减成本，再者虚减费用，还有滥用截止日期等。毛利率涵盖了这里的两项，那么会不会造假集中在费用而使得毛利率无法体现呢？也存在这种可能性，但是费用虚减的难度在于其操作比较繁琐，还需要和公司各层级的人员预先串通，这个难度和风险就太大了，而对于主营业务收入和主营业务成本属于大部分公司的大项目，有时候只要修改一下单价即可达到效果，比如为了降低成本计量，在进货的时候，同样的金额，增加数量，降低价格，看上去金额也是真实的。当产品领用原材料的时候，按照领用数量来计算成本，单个产品的生产成本看上去很正常，但是其实公司的成本已经调整过了，存货的金额没有变，但是库存里面根本没有这么多数量的原材料。然后怎么办？在某个年度存货来个报废损毁，或者计提跌价损失后处理，亏空就被清理了。

另一方面，虚增收入的手法更加高明，比如虚增合同，比如说刷单行为。公司可用挂账的方式划出款项，然后又当做销售的方式收回同一笔钱，看上去收入在不停增加，但是其实质上只是一个文字游戏。

所有这些游戏，基本上最终都会反应到毛利率上面，因为虚增的收入往往没有匹配的成本，空写了一份合同，也许存货就是从甲仓库出去转了一圈毛利率就会走高，而根本没有对应的成本产生。一般来说，那些雇佣的注册会计师会把好很多的关口，他们函证供应商和销售商的往来款项，还监盘存货。这导致了上市公司舞弊必须追求形式上的合理，但是这种形式上的合理在很多情况下反而导致毛利率更反常。

尔康制药就是之前造假的典型，当比较尔康制药和黄山胶囊的财务数据时，会惊人地发现一个明显的漏洞。2016 年黄山胶囊的明胶空心胶囊的毛利率为 40.25%，肠溶明胶空心胶囊的毛利率是 50.82%，相比而言尔康制药的淀粉胶囊毛利率高达 89.91%，接近 90%。这个问题一旦被财务专家发现，基本上尔康制药的造假行为便无所遁形。

我们不能在此举太多的个案，我们认为对于一些行业格局清晰的上市公司，可以横向去比较毛利率的差异，当然毛利率并非完全相同，比如一家公司的原材料是自给，而另一家的原材料是进口采购，生产同一种产品，毛利率差异也是合理的，但是一般情况下，毛利率是无法摆脱行业惯例和常识的。

表 6-2 毛利率比较

同业上市公司	产品名称	2016 毛利率
黄山胶囊	明胶空心胶囊	40.25%
	肠溶明胶空心胶囊	50.82%
尔康制药	淀粉空囊	89.91%

（3）观察项：应收账款

电视综艺《极限挑战》2018 年有一期是关于温州商人的，游戏中男人帮模仿早期的温商做生意。游戏成员和贸易商谈判销售健美裤，订金有 50% 的，有 20% 的，而演员王迅却签了一份期货合同，也就是说货物供应不需要订金。贸易商将他的货物放在自己的销售渠道慢慢卖，卖掉了再回头和生产商结算。于是没有看清内容的孙红雷拉了王迅入伙一起扩大规模，等到收货人上门，彻底傻眼了，最后资金链断裂。

当然这是个游戏，但是游戏中蕴含了如今商贸业普遍存在的潜规则，在实际的贸易中并没有太多的现金交易，大多数交易是通过赊欠的方式实现的。而对于会计计量，当这批货已经运给销售商，是可以以此来入账确认收入的。虽然理论上这并不应该确认为收入。所以，如果应收账款周转率（主营业务收入 / 应收账款期初期末平均余额）下降，则说明公司业绩提升很可能是通过扩大信用的方式，这种方式并没有带来现金。更有甚者，这个应收账款的对家还有可能是一家虚拟的公司。所以如果一家公司营业收入和净利润同步提升，但是经营活动现金流量净额反而在减少，应收账款周转率在下降，满足这三个迹象则说明公司在使用赊销的方式短期提升利润。这样的公司一方面说明其产品竞争力不强，另一方面说明公司急于求成，肯定会有某方面的压力存在，也许是即将融资，也许是某个地方有窟窿要补，总之并不是什么好事。

（4）观察项：货币资金和短期借款的匹配

正常公司是怎么安排货币资金的呢？有些公司会设置一个恒定的数值，比如光明乳业，大多数情况下其货币资金是30个亿，当货币资金持续下降到一定程度，它或者卖掉一些短期金融理财产品，或是借一些短期借款来补充现金，让其重新回到大致的现金保有量区域，这样当大笔资金需要支出的时候才不会慌。而当业务发展现金太高，又没有现金需求，那么就把一部分资金存入理财产品或者买入短期的金融证券。这个很好理解，保持池子的水位在一定范围。然而有一些公司却很异常地发生了货币资金高起，而短期借款也大幅度上升的情况，这个情况从动机上本身就很难解释。一般从两个方向理解：其一未来也许有大笔支出，其二货币资金有部分无法动用。

对于未来大笔支出的预期，其实投资人应该关心的是长期负债里面的其他长期负债，一般公司并购的时候都会向银行融入长期资金。而我们假设的情况是短期借款上升，那么基本上没有什么太好的事情，因为投资大多数对应的是长期负债。

若是货币资金部分无法动用，则将是一个比较严重的问题，或是因为对外担保，或是因为冻结，又或是因为有可能这笔存款本身就不复存在。

所以从动机上看，货币资金和短期借款同步上升并不是什么好事，但是说这个现象一定有问题也是不妥的，比如银行的行长刚好是上市公司的某个关系户，仅仅是为了增加一点银行的存款业务。很多地方应该也比较普遍，或者纯粹就是乐意贷款，乐意付这点利息，也有可能，这本就不是个绝对的项目，只是说从逻辑上看，是有问题的。

（5）其他应收款和关联方往来

大多数浏览财务报表的专业人士，光拿到财务报表，没有其他任何的信息支持，他们会关注资产负债表里面的哪一项呢？他们会先看货币资金，再看应收和存货，看看债务结构和资产结构是否匹配和合理，然后再看看其他应收款和其他应付款科目是否过于庞大。如何才算过于庞大的往来科目呢？我个人的标准是总资产的5%，当然每个行业和每个人所针对的比率必然略有不同。

其他应付款尚且问题不是很大，它是个负债项目，体现为欠别人的，这和应收账款及应付账款的重要性类似，注册会计师对于应收账款的函证严格程度要远远高于应付账款，同样的其他应收款的重要性要大大高于其他应付款。

为什么要关注其他应收款呢？因为这是个杂项，而且是往外打款的杂项，有合同有单据的都在应收账款，没合同乱七八糟的很多钱，诸如保证金、关联方的借款都在这里。按照道理说这不应该是一个大项目，但如果金额很大，那么反常必有妖。

这个妖可能在两个方面，一个是保证金，另一个是关联方。对于保证金本身不存在问题，存在问题的是保证金的真实性，总体上保证金的问题不是很普遍，前几年港股桑德国际漏记了20亿港币的一笔保证金，招来了浑水机构的一顿猛揍，至今还没有恢复元气，连带A股的桑德环境也低价卖给了启迪和清控，但若证实只是漏记，应该问题不大。但若是名义上的保证金，实质上是关联方占款，那么问题就比较大了。

A股的关联方占款是一件普遍的事情，可以说到处都是存在的，不应该占用过多的上市公司资金，这其实是一种控制地位的滥用，投资人要对此保持清醒。至于如何知晓其他应收款里包含大量关联方占款，建议仔细阅读报表，里面对于关联方的往来是有详细描述的。

理论上作弊的人也可以将关联方的往来当做应收账款和预付账款，外部投资人似乎很难搞清楚这些问题，个人的建议是，投资人有必要了解一下销售客户前几位的名单，很多公司是提供排名靠前客户的名单的，要查看一下这里面有没有关联方公司。

（6）无形资产费用化还是资本化是个问题

投资人对于一家公司，喜欢两样东西，并且奉若至宝，一项是货币资金，或者等同货币资金的金融产品，这部分就是公司未来拓展业务的基础，董明珠每天宣称开发各种产品，基础在于格力集团现金充沛。另一项是无形资产，从格雷厄姆讲述价值投资开始，无形资产就是所有投资人的关注点，因为上市公司有很多的无形资产，比如品牌、商誉、专利等，这才使得公司的价值有时候可以脱离量化标准，体现出更高的活力。

但是无形资产的科目金额，是否越大越好呢？其实并非如此，格雷厄姆曾经说过希望公司有很多无形资产，但是在计价方面，他希望所有的无形资产都是 1 元。1 元当然是象征性的记录，格雷厄姆内心想要表达的意思是，无形资产是无价的，用金额定价本身是给上市公司制造虚无资产，我们看好的无形资产是那些无色无味没有形态的，诸如品牌和专利，而出于谨慎考虑，建设品牌的费用应该计入销售费用，建设专利的费用应该计入管理费用，投资人只要知道有无形资产，并不需要上市公司用金额表达出来。

就拿医药专利来说，一般医药研究的支出都应该是费用化的，计入管理费用，而医药开发的支出达到资本化条件的可以资本化。以下关于资本化的内容我们是从恒瑞的 2017 年年报中复制过来的，大多数上市公司的描述应该是一样的：

内部研究、项目开发阶段的支出，同时满足下列条件时确认为无形资产：

① 完成该无形资产使其使用或出售在技术上具有可行性；

② 具有完成该无形资产并使用或出售的意图；

③ 无形资产产生经济利益的方式，包括能够证明运用该无形资产生产的产品存在市场或无形资产自身存在市场，无形资产将在内部使用的能够证明其有用；

④ 有足够的技术、财务资源和其他资源支持，以完成该无形资产的开发，并有能力使用或出售该无形资产；

⑤ 归属于该无形资产开发阶段的支出能够可靠计量。

国家对于研发费用资本化是有规矩的，而且规矩相当严苛，原因就在于，假如我们研发投入了100元钱，如果资本化，那么在资产负债表上资产就多记了100元，而在利润表，本来这100元应该计入费用，减少净利润的，资本化后，净利润便多出了100元，少了100元的费用。所以资本化其实是虚增了资产，虚增了利润。为何还要保留无形资产计价呢？因为无形资产权属，也就是产权是需要交易的，如果在交易的时候我们没有成本参照，那么也会有问题。比如卖一个专利1000元，而成本只有1元，那么这时候有人为了操控利润会不停地把无形资产买来买去。

所以我们喜欢研发类医药公司，但是我们不喜欢研发类公司将它大大小小的研究费用都记在无形资产上。

以下是几家公司研发费用的对照，数据取自报表，我们仅仅列出这些数字，只要观察一下就有结论。

表6–3 几家公司研发费用对照表

恒瑞2017年研发情况	
本期费用化研发投入	1,759,131,107.89元
本期资本化研发投入	—
研发投入合计	1,759,131,107.89元
研发投入总额占营业收入比例（%）	12.71
卫宁健康2017年研发情况	
本期费用化研发投入	110,225,921.01元
本期资本化研发投入	131,574,357.99元
研发投入合计	241,800,279.00元
研发投入总额占营业收入比例（%）	20.09
海虹控股2017年研发情况	
本期费用化研发投入	18,233,903.24元
本期资本化研发投入	87,549,148.33元
研发投入合计	105,783,051.57元
研发投入总额占营业收入比例（%）	57.49

恒瑞 2017 年用于研发的 17 亿元全部费用化，这就使得投资人很放心，侧面说明恒瑞的利润是扣除研发费用后的利润，未来这部分费用不需要计提减值准备，也不需要摊销。甚至某种程度上说，恒瑞的利润里面有很大部分的空间被研发费用占据，恒瑞的盈利能力大于其利润表体现的净利润水平。

不过恒瑞医药和其他两个标的分属于不同的领域，但是总体上说，投资人希望研发计入费用，降低利润金额，而不是乐观地计入资产。这就好像高手面对初级选手下围棋，让十目，照样可以碾压。恒瑞即使 17 亿研发投入都费用化，照样可以产生大量利润，可以释放庞大的专利能量。

当然合理的将研发费用计入资本并无关多少，即使多了点，顶多是投资人不开心，感觉上市公司赖皮，但是如果不可以资本化的研发支出纳入了资本，问题就会比较严重，这是涉及到业绩造假的问题，在此，我们请投资人注意这方面。上面三家公司如果像恒瑞医药那样处理，就不用担心这方面的问题。

（7）无形资产中商誉的问题

阅读报表的投资人会很惊讶于这个问题，商誉不应该是单独列示的吗？对，现如今的商誉的确是单独列示的，但是早些年商誉是和无形资产合并计算的，因为其造成的问题比较多，所以最后单独列出来让投资人注意。

关于商誉的形成其实是这样的：当 A 公司并购 B 公司，A 和 B 不是同一控制的，也就是并非同一个公司集团的合并，A 公司评估 B 公司的各项资产，有些资产需要评估公司给予估值，有些资产有公允价值，比如股票，有些资产直接可以从账面上获得公允价值，然后减去负债，就得到一个可辨认净资产的公允价值，这个价值是 A 公司买入 B 公司时候得出的最终可见价值，比如说 1 个亿，但是 A 公司出了 2 个亿兼并 B 公司，为什么要用 2 个亿，理论上认为，出价必然是有无法表示的价值，就是我们前面说过的看不见的无形资产。而这个价差，或者说量化的无形资产就是商誉。

如果B公司很好，商誉会一直存在，如果B公司经营不善，A公司可能觉得自己上当了，就需要先对商誉进行减值，减值完了再去看B公司并购进来的资产有没有问题，需不需要再继续提减值。

谨慎的财务观点是不支持商誉的，当然这并不是专业人士的想法，出于一种谨慎和保守的考虑，曾经有人提出，商誉应该是一项损失，而不是一项资产，对于公司，商誉应该是在购买的时候作为一项损失，或者是负的投资收益，或者是营业外支出。当然在国际通行的财务做法里面不可能用如此谨慎的想法来思考问题，通行的会计准则对于无形资产项来说是能找到金额，就用这个金额列示。

所以，世界上商誉最充沛的公司其实是并购最活跃的公司，不知道是不是世界第一商誉持有者，反正巴菲特的伯克希尔·哈撒韦是拥有巨大商誉的公司。但是要考虑到的是，伯克希尔·哈撒韦虽然貌似是一家保险公司，其本质上是一家投资公司，特别是最近几年巴菲特越来越喜欢并购。他廉价买入资产，不只是持有，还参与公司的管理和经营，试图用自己的经验和名望来进一步推动这些公司的发展。所以他有商誉是正常的，毕竟巴菲特的投资依然是保守的，其成绩依然是个神话。

但是一家公司拥有太多商誉就有问题了，比如蓝色光标和掌趣科技就拥有太多的商誉，以至于如今投资人依然不敢触碰，因为谁也不知道并购项目未来会不会导致其商誉减值。2015年蓝色光标因为参股19.85%的海外营销公司Huntsworth而导致商誉减值净利润下滑，2015年下半年又因为博杰广告未完成业绩对赌再一次发生商誉影响，另外旗下今久广告和We Are Very Social也发生了减值。我们并不难理解蓝色光标商誉的形成，至今蓝标的商誉依然接近总资产25%的比例，其净资产大约是63亿元，而商誉依然有45亿元，如果这些商誉都爆炸了，也许这家公司就接近于不存在了。

为什么会有如此高的商誉，因为在经济膨胀、外部力量助推明显的时候，公司并购对于公司迅速扩张其实是有利的，这个时候大家都看不到商誉，赚钱太容易，被并购的标的基本都是盈利的。对于公司来说立刻形成规模化，对于被收购方来说获得了更多的投资或者收购资金，大家都乐见其成，搭顺风车。但是如果风向变了，一切就不同了，商誉成为一个地雷，商誉越高的公司，未来的雷也越多。有时候这不是水平问题，这是个概率问题。投资人在买入太多股票的时候，总会遇到一些垃圾股，它们一开始看上去很美丽，但是在时间面前不堪一击，一步一步变成了扶不起的阿斗。商誉的风险便来自于此。

投资人是否就应该拒绝商誉股呢？其实并不完全是，正如我们前面对于无形资产的定义一样，商誉最佳的情况是每个公司的商誉都只计 1 元，如果不是 1 元，那么至少应该有理由相信这个公司所形成的商誉，上市公司在并购的时候不会亏损。诸如如果并购的是蚂蚁金服、大疆无人机、华大基因、柔宇科技、寒武纪，那么高商誉也就认了。如果目标是一大堆垃圾股，天天亏损哭穷，那可以说就完蛋了。所以对于商誉占比比较高的公司，若是要投资，需要分项分析商誉的形成。

对于稳健型的价值投资人，个人觉得没有必要和商誉继续搏斗，搞不懂，就放弃，并购本身就是一个蕴涵着风险的行为，即使对面是家好公司，并购回来一改组管理层，结果也未必一样。

商誉占资产比重较大的公司如今集中于游戏业和传媒业，这些行业可以用一句话概括："都是以人为本的行业。"这些行业的投资和扩张不讲资产，只讲人才，但是之前的教训告诉我们，人才是会挪动的，并购的公司一旦实现了业绩承诺，很多人才就会另觅高枝，打下一场战役，编写下一个游戏。

（8）追不上的存货

投资人最难的，就是存货科目，这里也包括一些生物性资产，注册会计师调查存货，使用监盘方式，注册会计师拿着表格盯着公司人员盘点库存，有时候库存仓库比较多，几个 CPA 同一时间一起监盘，能保证万无一失吗？看看电视剧《天下粮仓》，若是良善，不监盘也照样不会作恶，若是奸佞，弄虚作假对付监盘有一百种方法。再不济，借和凑都能把仓库填满。

如果 CPA 对于存货都如此难，那就更不用说外部投资人了。比如有名的獐子岛扇贝跑了的事件，扇贝逃跑的故事一个接一个，一会儿扇贝跑了，一会儿扇贝还在，然后一堆蛙人下水找一找。CPA 也只能呆在水面上看看，然后得出个结论："也许，真跑了。"

那么是否小股民，或者财务投资人只能听天由命，依赖于企业家的自我约束和道德力量？其实不是的，我们依然可以做一些工作。

存货数量和单价，对于普通投资人来说信息是不对称的，不可能了解到如此深入，但是存货的跌价准备是可以根据外部信息来做出判断的，诸如猪肉跌价，那么双汇发展的猪肉库存就必须计提跌价准备。而温氏股份则更需要对其消耗性生物资产计提准备。如果没有看到大量跌价准备产生，那么就要问为什么？而对于投资者的套利，有些公司已经计提了大量的跌价准备，虽然行业还在低谷，但是这种预先计提行为投资人可以认为是风险释放完毕，可以根据其计提跌价准备后的净利润来判断是否可以抄底。

而对于工程类的公司，其实大部分的问题出在资金链上面，这个时候存货的观察就体现在施工进度上面，可以挑选这些公司的一些大型工程，看看工程推进是否顺利，比如看看污水厂和固废处理厂是否在顺利施工。

某种程度上说，存货问题最多的就是两类公司，一类是农林牧渔，一类是建筑公司，前者很多时候是价格不稳定，易腐烂变质，这会导致存货突然毁损灭失，而后者往往严重依赖现金流，一旦资金接不上就会出现工程停工的情况。而当这些负面情况已经出现的时候，管理层往往因为业绩压力或者其他原因，努力掩盖这些存货损毁的事实。投资人必须要时刻关注这两类公司的存货情况，因为掩盖不住的话，就是大问题。

（9）看不见的隐性负债

很多时候我们看得到公司的好，却看不到公司的不好。当净利润和主营业务收入同步上升的时候，我们总以为这一类公司已经万事大吉。然而两样事情却往往被忽略，一个是诉讼，另一个是担保。

诉讼在 2018 年年中逐渐多起来，这里面并不只是上市公司面临的诉讼，实际上股东诉讼牵连到上市公司的也很普遍。我们经常莫名其妙地听说某某控股股东的股票被法院冻结，继而是一阵暴跌。很多投资人可能还没有弄清楚实际控制人个人危机和上市公司的关联，觉得老板出事了不应该牵连到上市公司，这个想法是错误的，实际控制人缺钱并不会直接影响公司的运转，但是上下游这么多供应商和顾客则会被影响，口口相传还会让银行停止对公司放贷，或者提前通过强制措施扣划资金，因为银行也要保护自己的利益。所以反应往往是连锁性的，至今我们还没有看到哪一家控制人资金紧张官司缠身，而公司依然蒸蒸日上的，很多时候都是一荣俱荣一损俱损。另外有些官司是上市公司自己的官司，对业绩影响会十分巨大，在报表上是能够找到案件进展信息的，只是有时候，这些信息容易放在角落里，不仔细看往往被一闪而过。

对于担保，我们看到了很多很大的风险存在，但是这里不说具体的公司，体现为为子公司担保和为外部公司担保金额已经超过了资产安全界限，前几年在小地方或者农村曾经有过一轮连保的危机，不明真相的群众为了一点好处不小心给同村或者亲戚朋友做了担保。有些地区政策还大力发展互保业务，互相担保，但是当互保里面一家倒下了，信用的多米诺骨牌也一起倒下。所以在现有上市公司中，如果担保金额超过一定比例，需要注意担保的风险。但如果是为自己的下属公司担保，则问题还是略微好点，因为通过财务报表并表，这部分担保形成的贷款其实还是反应在了合并报表的债务栏，我们只要观察负债率了解资产的安全性即可。怕就怕在一些公司对子公司进行选择性并表，担保形成的贷款则又跑到了表外。

▲ 三国经典桥段，火烧赤壁，曹操犯了致命的错误，他将所有的船连接在了起来，铁索横江，让船看上去如平地一般。结果，当然是被一把火烧得干净。无限连带担保责任就是铁索，不着火能够增加公司稳定性，但是着火了就会带倒一片。

三、综合地看风险

我们前面的内容都是一些比较粗浅和可理解的内容，并不太难，诸如折旧摊销和准备计提上面的猫腻，相对来说有点小打小闹，我们也不想过多深入，反正这部分介于主观判断的事物遵循一个原则，提前记损失就是对的，延后记损失就是不对的。比如准备计提，我们希望想买某个公司股票的时候，它已经小心计提了所有风险的准备金，这样我们就能知道其实打实的盈利能力，或者说上市公司谨慎的表述财务数据应该受到投资人欢迎，而那些整天想在报表上做文字游戏，整天想要忽悠的上市公司我们并不欢迎。所以在风险方面，投资人要力求做个保守主义者。只有“稳中”才可以“求进”。历史上凡是王侯将相逐鹿中原，首先要做的必然是巩固根据地，继而才是鲸吞宇内。投资人也一样，万不可一失足成千古恨。百倍千倍的股票，一只就够了，如软银孙正义，大量的投资里面只要对一个阿里巴巴，就够了。

第七章 公司的外部风险

关于公司的外部风险，我们在 PEST 分析及一些周期性分析的时候已经提及了一些，本章的内容是系统介绍一些外部风险视角，可以说在现阶段，中国股民面对最大的风险还是信息不对称，一个信息从国外传导到国内，往往会有时差，一个信息从公司内部流传到公司外部，也会有时差。有人可能会抱怨说这并不公平，但是必须要接受一个现实，全世界的投资人都将面临这个窘境，或多或少。巴菲特也在面对，我们也要面对。面对不对称不充足的信息，一方面需要努力挖掘，比别人知道得更早，另一方面需要努力分析，信息不够分析凑，寻找他人信息分析的不足和漏洞，利用这种认识上的差异，高维度打低维度。

本章结构上，我们也可以大而全来讲外部风险，结合 PEST，但我们觉得这样的话会变成很枯燥的工具书。那么就用简单一点的方式，用细小的点来揭开一些信息。

一、CPI

消费价格指数，统计局会按时奉上这个指数，很多投资人分不清这个数据到底是高一点好还是低一点好，其实 CPI 是经济运行的结果，其不会直接影响股市，很多时候CPI预示的是一个大的趋势，这个趋势可以结合我们前面提到的美林时钟。更深入地理解CPI其实是经济政策的指导项目，有时候其影响的不是投资人决策，大多数时候其影响政策。

一般CPI美国以2%为界限，中国可能更高一点，也许是3%，当CPI环比小于这个数值，货币政策一般体现为较宽松，那么为什么美联储还没有看到2%的通胀就已经开始加息了呢？因为2008年金融危机期间花钱过头了。甚至祭出了夸张的负利率。美联储想赶在通胀到达2%之前做一点工作，而我国为什么利率政策能够如此淡定，那是因为我国的利率还是在比较合理的区间。所以在2018年中期，我国还没有真正的开始走高利率。但是，如果CPI出现了大幅度上升，紧缩政策会到来；如果CPI不上升，则还可以维持一定的宽松。这就是全世界公布CPI之后考虑的两个方向，而CPI这个指数也比较人性化，趋势变化比较缓慢。看到大致的趋势是上涨还是下降，结合生活，就知道该不该碰那些以猪肉为代表的周期股。

二、利率

我们能看到的是政策利率，我们看不到的是自然利率，美联储经常在讲，让利率回归中性。这里面有两层意思：一层意思是让利率合理化、正常化，我们前文说了，美联储连带欧盟和日本，为了提振经济、躲避金融危机的灾难都祭出了负利率或者零利率，另一层意思是利率能够让货币供给达到均衡，这时候就有了自然利率的概念。即假设所有价格具有充分弹性，令总需求与总供给永远相等时的利率水平，我们可以理解为储蓄和投资相等时候的利率。

有了自然利率的概念，就可以看清楚一个宏观现象，为什么要降低利率，又为什么要提高利率，就政府而言，要看的是两个东西，一个是银行的存款，也就是储蓄，另一个是房地产和股票，如果大家的钱都在房地产和股票上面，银行的存款不足，基于各种原因，政府就会提高利率，让钱回去银行。如果大家的钱都在银行存着，实体经济就会体现出一定的投资不足，这个时候货币当局就会降低利率，把资金驱赶出来。对于利率的预判，就这样形成了一个永续的推动。这方面也可以结合通货膨胀的理解，通货膨胀过高，就是银行以外的货币流通量太大，这样就需要让货币回家，而通货膨胀太低，就是大家的钱都存在银行。

结合通胀率和利率，我们就能够了解目前是处于扩张周期还是紧缩周期，这对于投资人的帮助是十分明显的，利率抬升的时候牛市不太会来，大多数牛市都是起源于利率政策的改变。一定程度上说，2018 年 5 月欧盟股价的上行依然是其保持利率宽松的结果。

三、汇率

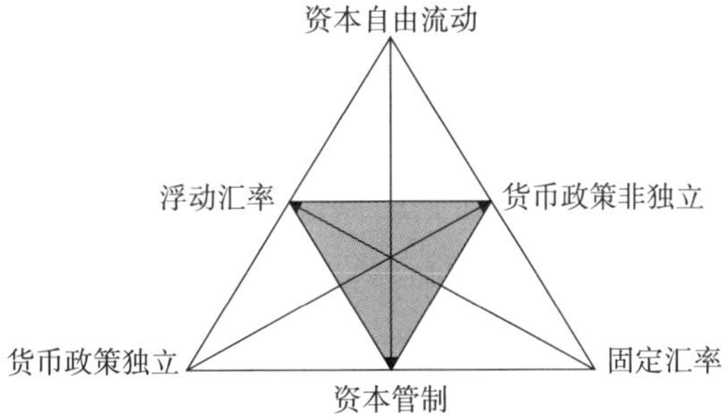

图 7-1　三难选择

经济学上有个比较有名的三元悖论，也叫三难选择。在开放经济条件下，本国货币政策的独立性（Monetary policy）、固定汇率（Exchange rate）、资本的自由进出（Capital mobility）不能同时实现，最多只能同时满足两个目标，而放弃另外一个目标来实现调控的目的。比如 2018 年 5 月香港政府还在用储备买入港币，港府是完全开放的经济体，其实施的是类似固定汇率的联系汇率制度，资本自由进出，但是港币缺乏货币政策独立性，所以当美联储加息，美元和港币的利差不同步的时候，实质上是需要港府以提高利率的方式跟随美联储的加息政策。当然港府采取了储备购买港币的策略，我们在写本书的时候战况尚不明朗，按照三元悖论的看法，也许港府加息更有利。

在布雷顿森林体系倒塌的时候，全球也有一次普遍的三元悖论实验，各国纷纷限制资本的国际间流动来保持汇率稳定和国家货币的独立性。

所以，基本上任何一种货币都可以用三元悖论来解释。这对投资人有什么意义呢？首先可以理解货币国际间流动行为的出发点，这有利于国际间寻找投资机会，未来 A 股将开通更多的通行投资方式，投资目标将从区域市场转向国际市场，所以要知道资本流动的方向。另一方面，很多公司依赖货币环境，当资本流入的时候，附带着很多产业的繁荣和复兴，当资本流出的时候，往往会带来经济的阵痛。

2018 年上半年到 5 月底，世界经济大致上就是这个三元悖论的演绎场，大多数发生危机的国家，比如阿根廷、土耳其、意大利、委内瑞拉等，都是因为美联储提高利率后，这些国家货币独立性不强，其本身资本又是自由进出的，如果要维持货币币值稳定，就必须跟随美联储加息，但是加息对于这些国家的经济是不利的，资金会从股市和楼市流回银行，经济就会下行，所以要么提高利率，要么动用外汇储备，要么资本管制。个人只是觉得，老百姓勤奋工作的国家一般不用做这种选择题。

四、产业政策

投资人都爱产业政策，产业政策指向哪里，哪里就能红彤彤一片，生机盎然，产业政策的功过是非我们不关心，但是未来产业政策一定还会继续在我国的经济舞台上发挥作用。投资人要把握一点，要关注什么时候收走食盘。

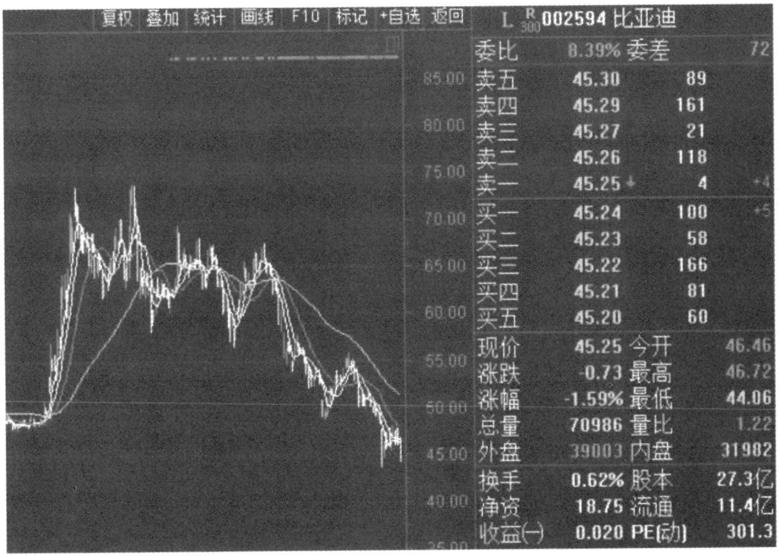

▲ 2018 年上半年新能源汽车略显萧条，原因是大量的补贴政策被调整，变得更加合理，这是好现象，但是对于投资人却不是。比亚迪从 73 元跌到了 45 元左右，业绩也同步下滑，业绩一季度同比减少超过 80%。当然从长期来看，淘汰了落后的小公司，对于比亚迪是有很大帮助的，因为其新能源的电池技术国内领先。

投资人要关注产业政策的调整和收回，当政策开始纠偏的时候，就会影响行业内的业绩。在写书的档口，我们认为光伏补贴的结束将给予光伏公司一定的业绩压力。

不过若是政策没有调整，大多数无壁垒行业的产业政策一般会形成行业产品过剩，就会出现和产业政策方向相反的供给侧改革。这也是我们选择大健康这种高壁垒、高技术含量领域的原因。

当产业政策开始，我们一般考虑两个方面，一个是行业的进入壁垒，另一个是行业的退出壁垒，进入壁垒过低会让产业政策出台之后效果打折，因为这样反而吸引了更多竞争对手进入。而对于退出壁垒的抬高，会让一些资本进入之后被瓮中捉鳖，出不去的结果就是萧条期延长。

五、舆论

2018年上半年的舆论场一如既往不平静，各种公司的债务资金链问题，围绕保健品疗效的问题，各种真真假假的信息，几家公司股价体现出一定的颓势。具体也不点名了，如今的信息传播非常快捷，不知道这些事件的投资人应该是相当少的一部分。

如果舆论对公司造成了伤害，公司负重前行，伤害一阵风过去了，那在舆论狂热的时候就是买点。若这个伤害没有过去，而是不断在各方面影响公司的生产经营，尤其是信誉出现问题，会导致公司上下游供应链的信誉受损，并且产生一些连锁的副作用。投资人如何区分这两种情况呢？

拳击手对垒，双方都伤痕累累，如何进攻才能让对手先于自己倒下呢？答案是朝着伤口继续砸下去，精准的扩大伤口，让其因为疼痛叠加而丧失斗志。

这一拳击策略可以用在舆论观察上面，如果这家公司并没有什么技术壁垒，主要是通过品牌营销来达到销售，如果这个时候舆论对其产品本身产生了质疑，会彻底毁灭掉这家公司的。也就是说，起家如果靠品牌，那么品牌的负面，诸如对疗效的质疑，就会具有很大的杀伤力，有可能使得公司的良好势头被彻底逆转。

另一方面，如果一家公司是技术壁垒型的，那么如果公司专利所有权出现了纠纷，或者一家影视公司影视版权出现了纠纷，也是杀伤力巨大的，特别是少数公司其实就依赖一两款产品打天下的情况。关键产品一旦暴露在舆论的火力之下，未来一定会非常麻烦。

所以所有的不利新闻关键看是否涉及到公司软肋，一般来说公司对于其软肋是最熟悉的，一定会采取很多措施来掩盖，但是往往“欲盖弥彰”，诸如造假的公司往往在事件初期矢口否认，而在弱点暴露无遗的时候忏悔和坦诚。投资人切不可在此时心生怜悯，即使亏钱也要学会用脚投票。这方面做人的正义感会防止损失进一步扩大。站在对的一方不仅有利于社会风气，还有利于规避更多投资损失，虽然这一笔投资可能遭受了一些损失，但是犹犹豫豫给公司找理由编利好往往亏得更多。

六、贸易争端

2018 年上半年让投资人最揪心的时刻，就是 3 月以来的贸易争端，反反复复，影响不断。在这场贸易战中中兴通讯付出了巨大的代价，虽然中兴通讯有一些自我的问题，但是很明显，美方是将贸易争端作为一个谈判筹码反复使用的。

贸易争端真的无法预测，也无法避免，我们所要做的，就是无延迟、不打折扣地获得贸易争端的内容。可以明确地说，没有办法完全防止波及公司，我们只能从贸易争端的逻辑关系上去理解具体的影响程度，及时调整投资。

对于贸易争端。美方的需求是什么？我方的需求又是什么？比如我们之前谈论的，中国应该力主扩大进口而不是减少出口，很大程度上中国达到了这个谈判目的（至少在 2018 年 5 月是这样的），那么我们就要关心进口的是什么。汽车的进口一定会冲击到国内的汽车行业，这一点毋庸置疑。即使股价有不同的解读，或者表现反常也不会改变这个事实。医药的进口也会冲击到国内市场，只是我们看到，大多数医药品诸如抗癌药不是说进口竞争，而是根本还没有生产，所以大多数的竞争是错开的，对于研发能力强的医药公司，反而是给予了对等进入国际市场的机会。国家在加快审批进口药物的同时，也加快了国内医药公司医药产品的审批速度，这对于研发类医药公司是一个利好。

当然未来还有很多事要谈，但是医药类和汽车类的关税政策已经基本确定，一些公司诸如 HPV 疫苗的智飞生物大发其财，想想看，国内根本没有 HPV 疫苗的产品在销售，本来大家并没有这个需求，而如今这个需求被制造出来了，并且供不应求。可以说在没有伤害内地医药行业的情况下，促进了消费。所以医药领域大多数的进口并不是博弈，并不是此消彼长，而是创造性的开拓市场。如果有兴趣的读者可以了解一下产权方面的知识，这就是知识产权的意义。没有进口的时候，国内药企的知识产权是不值钱的，如今开放了，反而大家的知识产权都得到了提升，变得更加值钱。

七、科技进步

五力模型中我们谈到过替代品，在历史浪潮中，新的淘汰旧的，苹果取代了诺基亚，感光元器件干掉了柯达，液晶灭了 CRT。我们已经见到了太多的替代。在医药领域那就更加激烈了，各种类似的药物研发，各种对于专利药构成的改进，做到 me-too 或者 me-better，甚至进一步开发新的疗法。自从专利制度产生，技术就是周而复始地改变我们的生活。但是对于科技进步，我们并不是只看到变化，还要思考一个问题：是不是未来就是我们认为的未来？如今认为人工智能会替代人类，有科学家说到公元几几年我们就有能力在火星上定居，真是这样吗？

科技的大方向一定是向前的，但是并不一定按照我们预先设想的形式来实现，20 世纪美苏太空竞赛的时候，很多人已经开始设想 20 世纪末人类就能够在月球上建设基地了，可是万万没想到，20 世纪末全球科技人员都在玩互联网，还玩出了巨大的泡沫。由于认识的局限，玩互联网的大佬们在那个时候也不会考虑到什么 AI，什么 AR，又或者无人驾驶。所以科技的预期大多数时候是顺着我们已知和关注的绳索去猜测未来，这个未来并非我们想象的那样，有时候同样是进步，相差十万八千里。

比如日本发展等离子，韩国发展液晶。从当时科技的角度，显示器是从

CRT（阴极射线显像管）向上进化的，液晶虽然比 CRT 和等离子薄，但是液晶显示器在显示体验上面远远落后，那时候还没有量子点技术，所以逻辑上从 CRT 画质上提升是理所当然的进步。结果却是液晶赢了，大家喜欢超薄，宁愿牺牲一点画质。

同样的结果还体现在手机屏幕上，小屏幕还是大屏幕一直争论不休，苹果早期的手机屏幕都非常小。这是诺基亚时代延续下来的认知，在键盘时代，大家都是越小巧越受欢迎。但是一切都变了，手机操作方式的演变导致了大屏越来越受欢迎，同时还发展起来一些受欢迎的技术，比如快充技术、拍照技术。如今手机内嵌很多功能我们已经司空见惯，如果让 2008 年的人想象，其很难猜到我们现阶段手机所具有的功能。

科技有随机性，也是有风险的。包括我们在说的医疗健康类的股票，研发附带一部分风险。一款药可能动物实验都无法通过，通过了动物实验，也许卡在了临床的任何一期，等到临床三期过了拿到了批文，却突然发现世界上某家大型医药公司已经研发出更好的替代产品。于是投资就付之东流。我们看到很多人十分看好贝达药业，因为其看家产品凯美纳属于创新药，当然也是相对来说的创新药，因为国际上有竞争产品。但是十分遗憾，贝达药业只有一个药品，又要面对进口壁垒的降低，又要投入资金进行新药的研发，如果所有进口药物都被纳入到了医保，其价格优势势必进一步降低。所以种种压力都需要贝达药业研发新药，但是一直没有结果。后来贝达药业终于出手了，自研能力不足，就买一个药，叫 CMO82，刚刚进入一期临床。很多投资人认为这是个利好，但是利好是针对风险投资者的，因为这个药从临床一期走到上市，路还是很长的，充满了不确定性，而不同于恒瑞或者正大天晴的多样性，贝达药业的多样性是十分匮乏的，所以一定程度上对于这个药有孤注一掷的意思。

我们并不是说贝达药业不好，能够搞出创新药的研发团队一定是优秀的，我们只是说这个新药的不确定性我们不愿意承受，我们选择大型医药公司的原因是它们的分散性研发会分散掉一定的风险。

所以投资人对于高科技的投资，除了认知以外，要思虑一下未来的可能性，很多科技虽然酷炫，其实未来市场不一定大。香港有一个光启科学，其早先有个产品叫马丁包，能够在天上飞，这个产品在早期周星驰的电影里面就经常有出现，只是一直都没有能够在技术上达到量产。如今，光启科学还是一家不上不下、业绩平平、故事多多的公司，能够看到很多炫酷的技术，比如隐身超级材料、光子技术、提供 wifi 的热气球。但是其利润 2017 年仅 6650 万港币，就这利润还是在政府大力支持下获得的。即使是热气球 AI 平台“云端号”，在个人看来，就是 wifi 加监控加热气球。

▲ 云端号，是一个集光学遥感、物联网监测、应急通信、大数据收集与分析于一体的驻留浮空平台，由囊体系统、结构系统、测控通信系统、特设系统、任务系统、飞行保障系统、锚泊系统组成。浮空平台的囊体长 42 米，载重至少 400 公斤，可升到 2000 米高空，由一根高强度光电复合缆绳系于地面锚泊系统。各种不同版本的“云端号”适合城市级应用，将在物联网超级平台、应急管理、城市安防、广播通信、交通、导航、气象、城市规划、应急事件管控、大数据分析等方面发挥作用，也就是说，“云端号”具有“超高铁塔”和“超低卫星”的功能。然而对于投资人来说，这和亚马逊的空中售货机一样属于概念性产品，所以蕴含很大的投资风险。

所以未来领域是充满未知的，投资人不能光看到收益不看到风险。贝达药业如果收购的新药能够进入三期，那么确定性会略微放大，投资人也可以考虑适当关注。对这个新药要做一下市场需求的调查，了解对于患者这种药的渗透率是多少然后再看一看是否可以尝试投资。

八、不公平的市场竞争

中联重科和三一重工的竞争，华为和中兴的竞争，加多宝和王老吉的竞争，形态各异花样翻新，竞争是普遍存在的。百年战争的诸如可口可乐和百事可乐，都能打出惺惺相惜的感觉。正当竞争无可厚非，但是世界上并非都是正当竞争，下套子使绊子的手段比比皆是。如果两个公司打起来，面对口水战和营销对骂，作为投资人该帮谁？个人的经验是，离得远远的，不要被自己的立场所左右，也不要去考虑谁对谁错。人生要论对错功过，但是公司不需要，公司只有成败，竞争若是需要法律公断，自会对簿公堂。

另一方面，遇到了垄断公司烧钱杀价挤出市场呢？诸如网宿科技，曾经有一段时间我们小看了其烧钱的杀伤力。然而当 BAT 都杀进来之后，这个市场其实已然是一片红海了，这个错误的判断也教会了我们不要单纯从财务报表表达上去做预测，一家资产负债表良好、净利润良好、现金流量也良好的公司完全可能因为竞争对手的挤压而出现长期颓势。

所以答案也比较明确，面对不公平不对等的竞争和红海市场，我们要说不，如果之前踩进去了，之后则要努力纠正纠偏，让自己摆脱这种困境。

这一点也可以看出，选择一个良好的行业和方向是多么重要，红海的市场里赚 1 元钱和蓝海的市场赚 100 元钱，有时候难度近乎相同。

九、法律

很多触犯法律的公司，突然就没有了，我们总是劝诫上市公司不要踩法律的红线，但是有时候，这些劝诫往往是马后炮，谁也不可能在一个公司没有出事的时候去讨论违法乱纪的事，投资人本身也无从知晓。所以，我们在法律方面有两个方向的事情要考虑：① 执法是否涉及公司核心竞争力。② 公司是否可以继续经营。很多时候停牌制度使得我们来不及反应，流动性被冻结，继而就是漫长的停牌，而开盘后还是逃不过那一刀，这是比较无奈的事情。但是投资人至少应该在有些信息尚不明朗的时候提前规避这些公司。

十、外部风险因素总结

一般来说，一个公司年报里必然会总结公司可能面临的风险，但是要清醒一点，公司不可能把非常要命的风险暴露出来，几句话平淡无奇，都是说一些看得到的经营风险，在流动性紧张的公司里面，往往没有提示流动性的问题；拥有很多担保责任的公司，也没有列示出担保风险，更不用说一些宏观面对于公司的负面影响。所以投资人除了阅读公司财报，还需要搞清楚其业绩和外部世界的相关性，这个相关性往往是多方面的。对于一个公司来说，任何相关方都是重要的，甚至并不相关的网民也是很重要的。华为任正非就表现得很好，他个人没有在公开场合宣扬过激的论调，也告诫员工应该尽量不要贬低三星或者高通这些对手，华为也不和员工谈责任情怀，干多少，人力资源制度就会匹配相应的收益。一家通过股权激励和岗位激励的公司能够发展成中国最优秀的公司，足见市场竞争才是最好的资源分配方式，利益能够发挥人的潜能，提高公司的效率。

第八章 综合决策过程

我们已经有定性分析、定量分析、风险分析，似乎已经可以得出结论和答案了。但是，不要忘记投资是一个复杂的过程，按部就班往往最后还是不知道该如何决策，一个公司有若干个优点，比如国家政策支持，但是也会有缺点，比如技术壁垒不高，我们如何来罗列这些信息，逐步支持相关的决策呢?

投资是什么?投资就是要解决：是否应该在某个时间以低于多少的价格买入某个证券?即买不买，什么时候买，什么价格买，买什么证券。

一、我们买不买

“国际经验表明，如果从 50 年到 100 年时间跨度看，股票、房地产、国债、黄金四方面投资收益，最高的是股票，第二是房产，第三是债券，最后是黄金。”在 5 月 19 日举办的“2018 清华五道口全球金融论坛”上，重庆市政府原市长、第十二届全国人大财经委员会副主任委员黄奇帆如此表示。

“假如你在 1942 年买股票，就买标普 500，买 1 万美元，这些钱现在会变成多少呢?是 5100 万美元!你什么都不需要做，就静静等着那 1 万美元转换成 5100 万，不需要每天看这支股票的涨跌情况。”巴菲特在股东大会上举着一张 1942 年的《纽约时报》如此表示。

几乎所有的通识都告诉我们，长期来看，股票的投资价值是高于其他一切投资品的，甚至高于艺术品的平均表现，只要是一个开放的经济体，最终都是这个结果。但是短期来看，股票又是处处充满了风险。在 2018 年 5 月底，全球投资人都感受到世界经济体来自各方面的压力传导。不停有人在谈及阿根廷的比索，委内瑞拉的内政，意大利和德国的国债息差。甚至很多人都已经不再提及世界杯，不再提及生活中那些美好和令人开心的事。

忧虑的投资人提出了几点非常悲观的证据：

① 美联储加息才刚刚起步，未来美联储还将缩表，如果美国的利率是上行的，那么全世界其他国家也一样，那么资产的价格就会下降。股票说到底是一项资产，最终价格也会跟随宏观大趋势。

② 日本当年的经验在一定程度上引领了我们对于未来的预期，很有可能日本的过去就是中国的未来，很多人在宣扬日本当年的惨状，似乎感同身受。

我们先看第一条，美联储加息和缩表的确导致了资本外流的压力，如今各国都是三元悖论的现实演绎。但是要关注到一点，其实大多数国家并没有受到太大的影响，所谓新兴市场危机重重的错觉，只是因为我们天然喜欢盯着各种事件看。索罗斯曾经说过：“世界经济史是一部基于假象和谎言的连续剧。要获得财富，做法就是认清其假象，投入其中，然后在假象被公众认识之前退出游戏。”加息和缩表带来压力的国家，往往是因为其本身具有经济问题，这些问题之前由于美元宽松溢出而被掩盖，当美元潮水退去，大家自然而然看到了“裸泳者”。但是所有人都习惯于盯着这些人看，而忘记了大多数人还是穿着衣服的，而国际炒家和对冲基金，正好借助了这个关注点来放大“裸泳者”的问题。

可以看到，欧盟的利率远远低于美国，德国的国债利率也非常低，但是同属于欧洲，意大利的国债利率却越来越高。所以说，并不是美元的加息和缩表有什么问题，而是保持经济稳定，大多数国家就不会有任何问题。我们国家有 3 万亿的外汇储备，要如何大的当量才能撼动我们国家的经济？

我们再看第二条，日本当年的确经历了一次阵痛，但是日本真的有这么惨吗？除了很多的生活细节，至少有两个方面说明日本并不是想象的那样：一方面，1995年日本人均GDP达到峰值41927美元，而这个数字在1990年是24576美元，之后在萧条的漫长岁月里，日本人均GDP都没有低于30000美元，也就是说日本经济是停滞了，但是没有明显衰退。这期间日本伴随着严重的老龄化和资源匮乏。可以表明，日本人很多不公平的感受其实是因为财富不均衡导致的，制造财富的能力并没有改变。另一方面日本的海外投资世界第一。根据日本财务省的数据，2016年日本持有海外资产3.11万亿美元，而中国只有1.86万亿美元，这么多年的萧条，丝毫没有影响过日本人海外投资的老大地位，所以很明显，我们又一次被裸泳者吸引了目光，媒体一定会报道那些日子窘迫人的生活，因为那更加富有艺术感和争议性，顺便可以拷问一下人性，但事实是，日本所有的问题只是因为日本人看到了本国投资的局限性，没有资源，岛国地域狭小，转而谋求了更多的海外投资和海外业务。以至于所谓的安倍经济学根本不会起到作用，因为资本都在国外乐呵呵地数钱，没工夫搭理国内。

综合以上两点，投资人需要有一个清醒的认识，全世界的利益相关者都有个通病，就是放大利好和利空，当政府减税1%，股市就会预先上涨10%，而当政府加税0.5%，股市也会预先下跌10%，实际的波动往往会对于事件过度反应。所有的国家所有的资本市场概莫能外，趋势是什么？趋势就是胜利的一方乘胜追击，失败的一方以退为进，直至反转趋势。胜利的一方永远不想让胜利结束得太快，于是会不遗余力夸大优势，掩盖劣势。很多投资人习惯于站在胜利的一方，的确很多时候也是成功的，趋势性投资都是突破后追涨，并且继续加码的策略。所以电脑自动交易会造成一定的灾难，因为它们都是追涨杀跌，所不同的是系统的灵敏性。1987年美股崩溃的起源就是自动化交易。

所有人都在追趋势，但是，为什么少数人赚钱？原因很复杂，根本上说，就是因为大多数人如前面叙述的那样，专门放大“繁荣谎言”和“危机论”，结果自己说的自己都相信了。当次级贷危机最鼎盛的时候，最聪明的投资银行大量买入次级贷，想要从中获利。所以，只有看破谎言的投资人才可以生存，这方面，索罗斯和巴菲特就是事物的两个方面。

索罗斯写有一本《金融炼金术》，实质上就是一次周期性投资的记录本，其记录了1982—1985年的美国资本市场趋势，以此证明一种哲学理论在股市上的运用，那就是“反身性”，简单地说就是事物的相互影响性。一只股票股价上涨，会影响这个公司的业绩，这个公司被乐观情绪包裹，更多的资本追捧这个公司，然后进一步推高公司的实际业绩，业绩上升又反过来影响到股价进一步提升，大家看到预期变为现实，更加乐观。直到有一次预期落空了，大家一哄而散，空头趁虚而入。

所以索罗斯盈利的法则就是先助推，再揭穿谎言，然后在反方向利用自己的影响力制造新的谎言，来延长自己的盈利时间和空间。

而巴菲特的策略则并不相同，巴菲特说过自己是85%的格雷厄姆和15%的费雪，也就是说他大部分时间是在追求安全性，在保证安全性的前提下追求成长性，所以巴菲特经常需要等待诸如索罗斯这样的对冲基金把价格用谎言推向极度的低廉，这个时候机会就体现出来了。若这个世界都是理性的人，大家都聪明地知道如何低买高卖，没有恐惧和贪婪，那么巴菲特也不会有机会。但是世界并非理性人的世界，人类社会永远伴随一种“动物精神”。巴菲特和索罗斯就在世界繁荣和萧条的两端分别张嘴等待猎物。

▲ 相比于众所周知的巴菲特，众人遗忘了索罗斯，因为从姿态上来看，巴菲特是天使姿态，而索罗斯是恶魔姿态。索罗斯所到之处一片狼藉。但是万事也有一句真理概括：“苍蝇不叮无缝蛋”。巴菲特和索罗斯只是在价值的两端，索罗斯寻找高估，巴菲特寻找低估。

所以，即使对公司的分析并不是很到位，也依然可以利用他人的非理性来获利，这并不需要很长的周期等待，股市上天天会有利好和利空，我们更倾向于对利空进行分析，如果利空并不伤害一个公司的核心利益，又比较容易看透这个公司，那么当这个公司股价稳定的时候，在股价低于内在价值的时候，果断出手，即使没有巴菲特的准确性，也可以做到八九不离十。

所以买不买股票呢？首先，长期来看，没有什么投资方式的优秀程度能够超过股票，选择股票是不会错的。其次，从阶段性来看，机会永远是存在的，缺的只是看透机会的认知和能力。再者，股市里面还有很多的股票诸如恒瑞医药、贵州茅台以及腾讯等长期向好的股票，它们过去的几十年已经证明了盈利能力，其中的一些在未来的十年将进一步证明其盈利能力。即使不是很明了机遇为何物，但是在保证安全性的情况下，此生只要遇到一只这样的股票，就马上会改变财富状况。所以股票一定要买，对于一些人来说，处处是牛市，对于另一些人来说，天天是熊市。

二、什么时候买

“这么好的股票，买入就是赚到，买就对了。”大多数时候，我们都面对这样的过度推介。比如恒瑞医药，打开 K 线图，基本上任何时间买入都是对的，又比如贵州茅台，道理也大致相同，世界就是如此奇妙，我们总是在一件事情上面犯另一次错误。

还记得我们前面的谎言论吗？如果任何时间都可以买入，那么那些牛股如今的市盈率一定不是几十倍，而是上万倍，或者无限倍。虽然如今市盈率非常高，但是恒瑞和腾讯这样的牛股市盈率都没有突破 100 倍，我们前面也看到了，腾讯的市盈率基本上和预期还是有一些关联的，平均是贴着 40 倍的市盈率，然后通过业绩抬升来跟进股价的上涨。所以说，我们被谎言再一次带了路，这个谎言用了历史的价格波动，或者少数股票的表现来夸大所有股票的可能性。这其实是另一种趋势助推的理论。

对于买入股票，我们分两段看，巴菲特说自己是85%的格雷厄姆，那么这个理解很简单，85%的股票需要等待，不是等待多便宜，而是等待非理性的抛售，当确定一只股票长期来看稳定，不存在倒闭的可能，而且利润的实现也很稳定，那么我们就用逆向的投资方式，等待非理性的出现，要么是因为宏观面的恐慌，要么是因为个股出现了利空消息，而这些利空又并不致命。这里面有几个关键点：

① 必须确定公司是稳定的。必须考虑到最坏的情况下，公司能够坏到什么程度，如果没有这个考虑，那么一切的结果都是徒劳的，也许会买到即将倒闭的标的，甚至于最终因为赌性和无目的的加码，丧失个人生计的流动性。

② 可以通过量化估值来参照。那些谨慎的做法，诸如15倍市盈率，诸如PEG小于1，都可以成为很好的参考标准。不要觉得这个市场不可能这么便宜，其实很多便宜的标的没被发现而已。

③ 舆论冷却也可以作为一个利空买入的参照。一般来说，这个过程可能长达几个月甚至一年，相当缓慢，以至于往往会忍不住在利空还没有完全释放的时候杀进去。一般来说，导致净利润下降的短期利空，会在下一年年报出现后逐步改善，所以有些跌势能够持续一年，那么要么阶段性买入，要么就等个一年。当习惯了等待，可以说，很多事件是滚动的，就好像存酒一样，今年喝的是去年的酒，去年喝的是前年的酒，年年有酒喝。

④ 依然要防止负债过高。我们看到部分标的，满足前述几个条件，比如部分房地产标的，如今来看是稳定的，它可以通过估值的测试，因为最近房价又抬头了，舆论如今也偏冷，而且维持了很久，但是有一些地产公司负债已经超过了80%，这是个什么概念呢？美国的银行平均资产负债率是89%，而我国有一两家房地产公司负债已经突破了85%。所以，在这一类的标的中唯独这一项指标一定需要单独考虑。同理，金融业股票大多数也满足前面三项原则，但是

同样的道理，负债率使得其业绩没有参考的效率。那么这一类公司看什么呢？我们前述的估值体系基本上是没有效果的，应该看经济的周期性，或者信贷的宽松程度。当股市到达冰点，一家证券公司可能市盈率达到数百倍，但是如果货币政策调转方向，它的业绩会迅速重新崛起，因为无论是开户人数还是投资业务，都在盈利，这样在经济扩张的时候就能够保持很好的业绩，会重新变为个位数的市盈率。

以上是85%股票买卖的时间，这个里面大部分是看非理性，少部分是看宏观周期，总之这部分的标的不具备太多的成长性，因为大多数上市公司偶然有好年景，在时间的河流中，它们总体上表现平平。

另一方面，巴菲特所说另外的15%，也就是成长性股的投资，买入时间则不同，的确，看到恒瑞医药的日K线，除了2015年随着大行情有一定的波动外，大多数时间其股票的特征，或者在这十年来股票的特征，就是向上向上再向上，打开其报表，发现这是家很优秀的公司，几乎没有负债，大量的研发费用投入，而且更加令我们开心的是其资本化率很低，大量的研发已经在当期扣减了净利润。而其研发的产品，又是多个重磅产品，又有政策的春风，诸如新药审批加快。港股通从开始的那一天，一直买买买，如今股价接近100，但是动态市盈率70多，感觉贵了，可便宜遥遥无期。

早期的投资人当然是乐开花，即使在一年前买入的，如今只要持有恒瑞制药，就没有任何心理负担，但是现在看着眼馋的投资人就比较痛苦了，如果这个过程没有结束，我们是否要完全错过这个大牛股？有人也许会想：虽然十年已经50多倍的涨幅，搞不好未来还有50多倍呢。

买入这一类股票的最佳时机，仍然和前面的股票一样，是没有人关注、长期低迷的时候，这个时候大家热衷于炒概念股，买入价值股是最理想的。这种买入起源于一种分析师式的投资，比一般投资人更早发现牛股，才是真正的分析师。如今国内很多的分析师热衷于推波助澜，锦上添花，当上升到一定程度，继续释放乐观情绪，让更多乐观的投资人来接盘，在我看来这并不应该。当然对于这么好的股票推荐是可以的，这属于一种价值再发现，几年前很多人只以为恒瑞医药是一个仿制药公司，和国内大小药厂能力相仿，但是如今我们看到了其仿制药向创新领域进发的可能性。分析师发现了恒瑞医药的新价值，于是继续助推到更高的估值，让其看上去像一家高科技公司。

如果点踩对了，分析师还是有利的，如果点没踩对呢？

任何行业，即使是万年长青的行业都会出现萧条，都会有风险，我们不能过高估计任何一只牛股。巴菲特依然没有去投资特斯拉和亚马逊，其投资的成功哲学与其说是点石成金，倒不如说是一种进取性的保守，结合了一些务实态度。苹果为什么巴菲特可以投资，巴菲特投资苹果的时候其市盈率仅仅 10 倍多，这已经非常符合格雷厄姆的教诲了。巴菲特按照规矩买入了科技股。同样的，对于舆论一片叫好、看不到一点利空的标的，还是需要等待，即使等待错失了机会，也要等。

但是，如果觉得如今的舆论虽然很热，但是大多数投资人并没有完全理解这个公司的业务，则还是可以投资。我们看到阿里巴巴在美国上市就是个不错的例子，舆论足够乐观，但是舆论的声音大多数趋向于阿里巴巴可能销售见顶了，它的优秀是十分有限的。美国投资人按照这个逻辑，没有看轻阿里，给予了较高的市值，但是也毫不留情地在其后按照估值习惯打压股价。

可以考虑这么一个事实，美国人本来是不用淘宝的，他们相信亚马逊，觉得淘宝的模式必然在未来会被亚马逊打败，但是他们又艳羡于阿里财报上体现出的扩张力。这个时候，中国的投资者就具备了信息优势，乐观的方向是对的，阿里不仅只有一个淘宝，还有蚂蚁金服、阿里云等好东西，而亚马逊虽然强劲，但是其相对阿里，舆论的乐观是充分的，大家已经看到了所有的好消息，那么亚马逊任何一点不顺利都会是反预期的。

这依然起源于信息，在医药领域尤其如此，比如吡咯替尼，大多数的普通投资人倾向于对照的是之前销售的阿帕替尼，每年能够给恒瑞提供 5 亿元左右的销售额，而专家可能更加看好吡咯替尼，因为在临床时期的数据可以看出，吡咯替尼的效果比其他种类的药更加优秀。所以他们会预估出病人的渗透率，也就是使用者很可能超过其他同类进口药，而因为国产价格又有竞争优势，这就是一个认识上的递增关系。

除非专业，否则还是要遵照原则买卖。这种专业是需要长期的积累和了解的，我们也试图给读者讲解医药行业，让投资人更加专业，但是事实上，学习还是要看兴趣爱好，大多数投资人对于我们的方法论是有兴趣的，但是阅读枯燥的技术资料，可以说并不是一个外行能够做得到的。这里面就富含了很多能力圈的东西。不要去强求，但是如果有这个条件，就不要犹豫。

三、什么价格买

“似乎确定买入时间，我们就已经确定买入价格了，我们为什么还要讨论这个？”有学员曾经这么问。这里要说到我们确定买入时间的问题，我们的买入时间并不是精确的时间点，我们是一个时间的区间，不存在能够精准抓住的一个转折点。有时候我们运气好，就好像2015年6月的时候我们的确提示了风险，后来也验证了，但是不否认的是有些明显的转折依然是个判断的区间，我们看到了明显的泡沫，也知道泡沫可能要破裂，但是什么时候破裂，具体时间点是没有结果的。所以在这个方面，在具体什么价格买上面，不是说时间节点和条件一旦达成，比如市盈率下降到15倍以下，我们就一定要满仓出手。

合理的做法是，我们需要保留一部分安全边际。格雷厄姆对于价值投资的表述是，靠近10倍市盈率的投资是有价值的，高于20倍是有风险的，等同于15倍市盈率的股票价值和价格类似，投资人选择买入的价格应该尽可能使得市盈率靠近10倍，也许是12倍，也许是13倍。因为有可能10倍永远也达不到。

所以我们需要锚定价格分仓买入，也就是分批买入，在达到价值区间的时候，进行渐进分批式地加仓，而在价格突破一定值的时候，停止继续买入。

年初有一项投资是这么设计的。东方明珠是一支缺乏成长性、但是业绩长期来看还算稳定的股票，我们抛开复杂的估值过程，发现其有一项股权激励，如果东方明珠的员工为东方明珠服务七年，将可以以价格 12.79 元的价格买入东方明珠的股份。

我考虑了这个动机，如果股价低于 12.79 元，对于一家传媒行业的上市公司是异常灾难，因为这些公司是人才为主的上市公司，最终需要留住更多的人才，所以长期来看必须实现激励，而公司一般是不愿意看到股价低于这个激励价的，东方明珠的净资产每股是 10 元。如果改变股权激励的激励价格，很可能会低于现有的净资产，对于一家净利润长期为正的公司这又是不合理的。所以，大致上认为股价 13 元是安全底线，而且我们惊讶地发现，其 2017 年净利润是 0.85 元每股，0.85 的 15 倍正好是 12.75，接近于这个中间线。

所以东方明珠的业绩可以围绕 13 元做一个模型，13 元以下开始定投，直到定投到 15 元，停止定投，继而再等待其股价跌入 13 元以下，再开始定投，周而复始，如果股价长期低于 13 元，那么其实也没什么问题，因为 15 倍的盈利能力还是可以维持的，至少比银行存款更加合理。而员工持股低于激励价格的话，会更加倾向于努力工作来实现资产的保值增值，不然七年后他们这部分收入就不存在了。如果股价向上突破后不再回头，我们则因为买入过少损失了机会。

实际上，东方明珠在上半年没有达成这个目标，最低的股价是 14.35 元，距离我们的目标价 1.35 元，但是没有办法，我们现阶段的能力只能看到这个 13 元的参照点，如果我们发现了东方明珠的品质或者无形资产方面的优势，比如品牌和技术能够支撑其更高的估值，也许可以将这个 13 元的轴心再往上挪一点，或许围绕 15 元实施策略更加合理。也就是 15 元以下定投，到了 18 元以上停止定投，如果股价回归则继续实施。但是这个方法是没有问题的。我们严格遵照锚定的价值和价格的均衡点买入，然后进行长期而坚定的持有，如果能够到达目标价，七年后，这笔投资应该能够获得一笔稳定的收益，而且应该会比银行存款好很多。

这适合大多数投资人，特别是当一些标的价格长期低于价值，我们花时间等待。所以投资人需要有固定的职业，收入可以源源不断支持定投，当寻求这种稳定的时候，往往还会有惊喜，便宜而稳定的资产不仅仅是差价，随着价格认同者的增加，有些公司还会被并购，或者被主动回购。

但另一部分投资人不喜欢这种投资方式，觉得能够估计出具体的底部形态，并且配合宏观和行业的分析做出决策。这个时候，我们建议将大部分的买入放在交易的右侧。

诸如把东方明珠的轴心定在 15 元，当其跌穿 15 元的时候先买入小仓位，等到其触底，价格开始明显呈现上升趋势的时候，再买入剩余的仓位，但是这个时候成本上必然比定投策略高，也许第二次买入的价格已经在 16 元左右。为什么呢？因为一次性满仓策略是没有后备军或者预备队的，不可能精准地买在底部，那么只能通过相对的趋势估计，让投资在一个相对安全的趋势当中。

一步满仓的投资，从根本上来说是缺乏理性的，理论上价格永远围绕价值，但是谁也没有明确过，这个围绕的周期是多久，时间有多长，幅度有多大。所以当买入后价格继续下挫又没有后手，很容易因为价格对于本金的侵蚀心绪不宁，并自我否定正确的认识。所以一次性满仓需要配合一定的势，也就是技术上的转向，比如头肩底结构。但是定投者就不用管价格下挫的深度，只要抱着以退为进的心态，大不了就当存银行的理念，长期持有就更加容易达成。

然后，小部分投资人，可以进化一下技能。好公司往往有大量的无形资产，这些资产并不是通过报表计量，而是大量存在，并潜移默化地影响公司的方方面面。为什么格力可以有如此多的经营性负债，占用供应商的资金？为什么茅台能够供不应求？它们都附加了很多无形资产，通过基础性估值是不足以体现其价值的，我们需要对其价值进行一个向上的赋值。

从经验上来说，我们依然是相对保守的向上叠加，之前我们说过 PEG，大多数国际上通行的做法是 PEG=1 就是价值均衡点。这中间是三到五年的增长率，一般来说投资人无法看得更长，因为大多数行业都是周期性的，我们看到了前面讲过的生命周期，每个行业都会面临衰老。但是有些行业如今的周期比较长，类似于医药行业的技术行业。我们看到了老龄化还有中国医疗开支长期上升，那么这类公司的天花板就不会在三五年到来。老龄化和需求都是一个长期的过程，继续用这个估值就会过于保守。

所以我们采取另一个简单的模式，将预计一个公司高增长率的年份，以恒瑞为例子，我们采样里面五年高增长的例子。我们觉得低估了，那么就将这个增长期限扩大到十年，如果预计恒瑞未来的持续性增长是十年，那么我们计算 PEG 的参照就应该是 2。

当然更加谨慎的方法，是用预期的方式计算未来现金流量的现值。计算方法依然是我们前面举例的方法，关键问题是变量太多，计算又过于复杂。

四、买什么证券

我们似乎解决了这个问题，本书就是说我们要买医药股，后面还会介绍很多医药方面的内容，也建议大家使用投资组合。但是这里要强调一点，没有人可以克隆他人的投资，即使买入的股票是正确的，大多数投资人都应该用自己的分析系统得出一些结论，通过了解行业信息来提升自己的投资合理性。我们遇到很多次这样的情况，买入的时候其实一切都是正确的，但是后来情况变了，跟随的投资人在买入的时候是外行，后来逐渐进化到“半瓶水”的程度，然后认为自己足够了解这个产品。但是由于其屁股已经坐在了多头的位置上，就如同得了斯德哥尔摩综合征，也开始接受这家公司的各种问题，并编制各种理由来解释。

锁定账户，是否真的会如很多人认为的那样最终一定盈利，我们已经听了很多次这种说法，在某个股市低迷的时候，有人买了股票，然后忘记了账号，结果若干年后打开账户发现涨了很多倍，欣喜不已。这种情况存在，但是并不是普遍存在，十年一轮回，十年前风生水起如今消声觅迹的公司也是存在的，在未来，还要推进更加严格的退市，到时候就不是市值上下的问题，有可能钱财和股票都会不存在。

所以两方面告诉投资人，不要不闻不问，要关注动态的公司发展和行业变化，要区分各种信息的影响程度。但是话又说回来了，过度关注会让部分心态不好的投资人因为价格而做出错误的决策，比如卖出牛股，这并不只是一般投资人犯的错，诸如李嘉诚家族对于腾讯也是一样犯错，这并没有什么可丢人的。我们的建议是尽量排除价格干扰，当买入条件很合理，公司蒸蒸日上，那就不要管那些边边角角的信息，甚至短期一两年增速下降都不是问题。直到判断的优势发生逆转，比如对于恒瑞看好的是技术，那么在其技术没落之前，增长应该是可以稳定的。

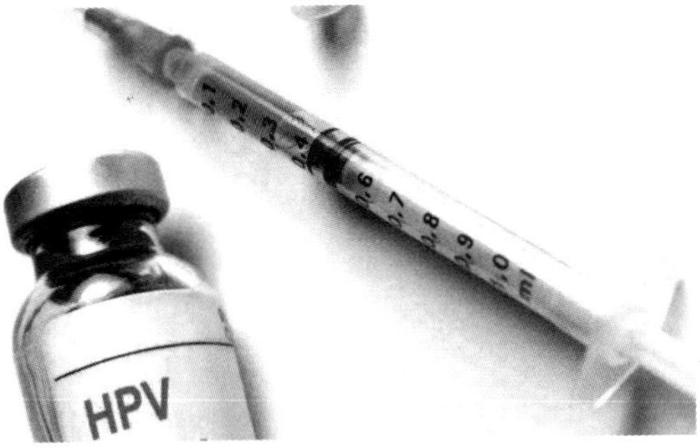

▲ 看好智飞生物的是它的 HPV 疫苗代理，那么只要代理没有被收回，患者还在排队，就没有大问题。所有高成长公司都有业绩的催化剂和推动力，我们要找到关键的推动力量，然后只关注一点。

脸书在美国因为隐私问题广受质疑，但是这个有影响吗？这并不会产生太多影响，其在社交领域仍然具备活力，用户还在使用脸书。如果对于隐私的质疑导致了大部分外国人卸载了 APP，并且转而使用了微信或者 ins，那么脸书就彻底凉了。

五、还有几个点

1. 关于创业板的看法

按道理，创业板该是纯粹的创新公司，但是事与愿违，创业板里面有大量的公司实质上并非创新公司，比如温氏股份，养猪和创新的关联真不太大，所以我们对于创业板代表创新的看法在未来相当长一段时间内要纠正过来。早期的创业板，特别是2013年，虽然很多公司并不精彩，但是那时候的公司还可以算创新公司，创新公司的风险大家也知道，虽然代表更多机会，但也代表更多的风险。而如今的创业板，稳定性增强，其实质上和主板及中小板类似。

我们说这个问题的目的是告诉投资人，创业板的机会在于关注单个标的，而不是整体性的指标性投资。创业板指数的机会，大致要到新三板对接到创业板之后，未来创业板可能会成为新三板的顶层，差的公司退入新三板，新三板的好公司升级到创业板，这个时候创业板的质量将大幅度提升。

很多投资人是反感注册制的，注册制不能保证所有股票上升，可能还会刺破更多的泡沫，但是对于投资人来说却代表投资渠道增加，选择增加。诸如5G领域，在A股很无奈只有中兴。然而从心底我们肯定更加想购买华为的股票，却不存在这个机会和渠道。所以，现阶段将科技股和创业板区分开来，有条件的投资人可以申请新三板的交易机会，现在那里面有很牛又很便宜的标的。未来也许还会对接创业板，成就真正的中国纳斯达克。

2. 关于新股的看法

投资人可以参与打新，但是不要参与二级市场抢帽子游戏，或者叫做击鼓传花游戏。这又是一个比较有特色的现象。我们曾经看好华大基因，但是涨停打开的时候华大基因已经十多个涨停，我们是做估值的，不可能容忍过高的泡沫。然而抢帽子的机构并不这么想，它们用类似索罗斯的方式推高价格，让大家跟风，让华大基因股票成为稀缺品。

没有哪个公司，靠上市达成根本性改变，我们所见的部分公司上市之后高管抓紧离职，股票全部质押。那些雄心壮志在套现离场面前都显得很脆弱，假如我是一个创业者，公司刚上市泡沫纷飞，我看到了这么多的金子，而且这些金子可以通过离职、质押提前拿到和使用，我觉得自己也不一定受得了这个诱惑，心中会有一个声音反复呼喊："创什么业啊，财务自由了啊。"

所以过高的股价百害无一利，华大基因如今的股价在150元附近，其最高曾经到达261元。这看上去已经惩罚了一部分高估值的追捧者，但是我们依然没有笑的资本，因为距离刚上市第一次开盘的109元还是涨了很多。或者接下来还会如我们预期的那样回归到一个合理的股价。但是我们依然错过了一波短炒的机会，因为华大基因我们是最早看好的，但也是最早担心泡沫的。不过总体上不后悔，因为事物不该唯结果论，过程上没有犯错误，决策和判断都是对的，华大基因就是高估了。

另外破发的股票能不能投资呢？请注意，我们国家IPO的价格确定并非市场化的，所以这个价格就是根据某个财务数据硬生生确定的，这会有个大问题，就是公司也许为了上市暂时提高利润，因为上市公司必然追求高市值。所以破发依旧不是买入的理由，要对股票进行重新估值，按照自己习惯的方法，不要受到价格的干扰。

3. 关于金融股

金融股在我们国家被看做是价值投资，从资产的市盈率和市净率来看的确如此，数据上简直就是价值投资的典范，但是我们这里想要投资人清楚一点，金融股有一个特征，就是风险的吸附者，吸附社会的大部分风险，所以，要注意经济整体的景气程度，这方面各花入各眼，有杞人忧天的，有盲目乐观的。

个人的看法是，金融股还是顺着低利率的方向走，只有宽松，各金融公司才有钱赚，那些借钱的公司才可以多渠道筹措更多的资金还债。所以金融股投资的前提一定是政策利率宽松。

第九章
医药行业概览

医疗行业是细分最丰富的一个行业领域，门类非常多，且每一个门类的内部都有其他细分门类，并且门类之间还相互交叉。由于其过于庞杂，所以我们并不是所有门类都看好，我们看好医疗行业里如下几个门类：仿制药研发制造、医疗服务、医疗器械研发和制造、医药零售渠道类、创新药研发、生物制剂研发和制造、基因大数据类、CRO 技术外包、医院信息系统、互联网医疗。我们不看好的有：无研发能力的仿制药、传统医药、保健品类、中间体和原料药生产商、医药代工等。很明确的一点是，我们并不是无差别在讲百倍千倍医疗股，老实说现阶段或者未来很多医药公司不是更好了，而是危机重重，2018 年跌落神坛的医药股还是很多的，比如千山药机、泰合健康、尔康制药。我们看好的大部分公司都行情尚可，当然也并非百分百正确。就投资的正确率而言，全球第一的巴菲特也有走眼的时候，如 IBM 和富国银行的表现也不佳，这并不妨碍他继续在投资界保持圣人形象，但是人终归不是神。

医药领域极其复杂，我们将逐个剖析。

一、仿制药研发制造公司

仿制药是什么？按照美国 FDA 的说法，仿制药应该是专利药专利到期后申报的药品，其必须满足如下几个条件：

① 含有相同的活性成分，但是可以含有不同的其他成分。

② 和原专利药的适应证、剂型、规格、给药途径一致。

③ 生物等效。

④ 质量符合标准。

⑤ 通过 GMP 认证（生产管理质量规范认证）。

除了到期仿制之外，世界范围内突破专利药壁垒还有另一种方式，就是寻找类似的但是没有申请专利的化学结构，这种方式也是以原来的专利药为基础，进行分子式改进。并且让原来的专利药提升活性或者具备药代动力学特征（比如线性消除）。这样就可以节省大量的专利研发成本，直接获得专利给予。我们将这类等效于之前的专利药，或者略有改进而获得专利的品种叫做 me-too 药。如果改变促进了药物明显提升，甚至替代了原来的专利药，那么这个药就是 me-better，me-too 和 me-better 药并不需要等待到期就可以和原来的专利药并驾齐驱进行审查销售。所以国外相对于仿制药的，其实是专利药。

但是在中国，情况有所不同，我国有原研药的概念，就是专利保护期已过的进口药，具体指的是化合物专利过期的药品和未能申请中国专利、而在国内首次上市的药品。后者涵盖一些仿制药，比如 me-too 药，所以原研药和专利药的概念不同，大部分是过了专利期的进口药。

为了鼓励创新，原研药在中国是有一定保护的，这其实是专利期以外的保护，从疗效看，原研药整体疗效信用好于仿制药。这又是为何呢？因为仿制药之前在我国的通过标准比较低，世界范围内仿制药很多质量都超过专利药，但是我国很多仿制药在低标准的情况下，疗效和品质达不到，又因为恶性竞争，互相在成本上博弈，所以患者总体上对于国产仿制药不满意。

于是就产生了仿制药的一致性评价，就是要找同规格同种类的原研药作为参照标准，用这个标准去检测现有的仿制药疗效是否达标。国家规定在 2018 年底前完成 289 个品种的一致性评价，淘汰劣药，保留良药。这样做的好处是提高仿制药的品质。所以在这个过程中势必会淘汰很大一部分现有流通的药品，而一些不符合规格的药品，尽管疗效良好，药品规格也要进行改进，以符合对照的要求。

我们可以看到了仿制药一致性评价的结果，淘汰一部分，留下一部分，但是很明显，药物市场是一个必需品市场，很多产品退出市场，就导致大量需求无法满足，那么，通过一致性评价的公司就要抢占另一部分公司的市场。很明显，诸如华海药业的投资逻辑就在这里，因为在前几批药物通过名单中，华海药业通过率最高。原因就在于这类公司早先都和国外公司一起办过合资公司。如果我们的一致性标准就是某家国外公司，那么它只要推进自己药品的仿制药生产即可，因为对照的药品本身就是自己的，最后仿制药就只能剩下自己那一款。所以拥有合资经验的仿制药研制公司，将是这一波浪潮的主要受益者，这方面，恒瑞医药反而受益比较有限。

仿制药一致性评价并非一个仿制药研制公司的利好，这是一个明显的利空，但是这个利空的结果是改变现有竞争格局，让一部分公司先站起来，增加集中度，但是另一部分公司，在仿制药一致性评价推进过程中，真有可能走麦城，而且可以说，从比例来看，淘汰的还占比较大的比例。

影响仿制药研制公司最大的就是这个一致性评价。这时候可以再想另一个政策，进口药取消关税，进口抗癌药降低增值税。了解一个事实，其实我国的主要医药研制公司都是仿制药公司，如果进口的是专利药，那么基本上是没有冲突的，或者冲突很小，顶多一些在研新药的尝试可能会付诸东流，但是总体上不会影响现有格局。但是倘若进口原研药，我们前面看到的过期专利，或者首个注册的仿制药都是原研药，当国内一致性评价继续推进，现有仿制药经历过一致性评价，最后大浪淘沙，疗效能够持平甚至超过这些原研药品种，而且还有医保的支持，还有各地统一采购的支持，那么仿制药这个蛋糕反而做大了。

所以我们首肯的投资，不是突破性创新，从务实的角度，一个仿制药几百万就能研制出来，而一个突破性创新可能需要十多年，接近十亿美元，所以突破性创新药的性价比不高。当然我们也不能长期依赖仿制药，恒瑞医药虽然没有更多的在仿制药领域受益，但是在创新药领域受益却不小，这就是我们下面要说的中国1类创新药。

中国的注册分类中，第一类打头的是创新药，所以基本上创新性药物都叫做1类创新药，这类药其实并没有太多的突破性创新，其主力是me-too药的形式，这方面我国的药企依然有成本的考虑，恒瑞医药这类公司主攻的方向就是1类创新药。这里面me-too为主，也有一些类似于国外专利药的药物和疗法，分子结构也许不同，但是想法和理念相同。在本书后面我们会谈靶向药的原理，靶向药其实是可以通过大数据筛选在已有的药物中找到符合标靶的药物，并不是创造，而是发现形成新的专利。但是不管如何，这一类药的研发成本并不昂贵，属于比仿制药高端的一个领域，这方面正大天晴、恒瑞医药和复星医药是龙头，它们已经有很多仿制药的品种在销售，这些仿制药为销售提供了大量的现金，比如恒瑞，2017年年底资产负债表显示有息负债额为零，报表极其简单，除了分配红利，现金的第二个用处就是投入再研发。而且，提取研发费用的比例也逐年增加，2016年恒瑞投入的研发费用还是在11亿元左右，2017年17亿多，而且全部费用化。高资产净利率，高现金流，高研发投入，那么研发的结果也要高级一点，我们不排除突破性创新药将大量出自这些规模性公司，因为从突破性创新平均的投入和周期来看，能够支撑的只有这几家。而这几家一旦有一家有突破性的专利产品，且这个产品能够进入畅销药榜单，那么其市值马上就会向上突破。

当然，不确定的东西我们不能当结论，但是至少这个逻辑是通顺的。从国际上看，辉瑞如今的市值是2100亿美元，诺华如今的市值是2000亿美元，相比来说，恒瑞3000亿元的市值的确较低，但是如果能够达到那一步，再翻几个跟斗应该也不算夸张。当然这里提示投资人注意，最近恒瑞医药的股价体现出一种极度的乐观情绪，价格接近100元人民币，我们看好，但是不建议违反常识，毕竟，现在的恒瑞医药拳头依然不够硬，比之辉瑞、诺华，相差还有至少20年的距离。

至此，整个仿制药的逻辑就基本理顺了，我们是看仿制药一致性评价，看高额的资产回报是否能够支撑持续性研发，进一步推进仿制技术向创新技术升级，我们不担心一些开放政策，从一定程度上看，中国很多癌症患者都还在进行保守治疗，什么是保守治疗？也就是假装在治疗。所以未来药价降低促进的需求增加完全可以超过现阶段药价高、销量低形成的利润，并形成更加庞大的利润空间。

二、医疗机构医疗服务公司

这部分里面有很多细分，可以说没有那么容易理解，可以说很多的私立医疗机构前段时间过得并不好。

▲ 百度几个广告位出售，连带魏则西事件，使得整个私立医疗领域都被冠以“莆田系”称号，而且整形美容导致副作用的事件也时有发生，连带一些金融诈骗捆绑，整个社会的确出现了一定的抵触情绪。

这种情绪使得男科医院、皮肤科医院，非公立的都逐步难以为继。但是如果做市场调研，就会发现，其实有几个领域的私立医院正在蓬勃发展，完全不同于其他的私立医院，而这几个医院的产业链条也在趋于完善。理解也很简单，一个是牙科，一个是眼科。这两个科目在大多数情况下已经默认从公立医院剥离，成为了私立医院经营的主要项目，另外还有个私立服务机构介于冰与火之间，那就是生育，一个是试管婴儿，另一个是孕妇月子中心。

为什么牙科和眼科会成为热门的私立行业，原因在于我们医院的公立体系和其他国家是有区别的，我们的公立体系有控费的要求，很多药品用得太好，医生会担负一定的风险。而相匹配的，牙科和眼科是烧钱行业，比如牙科的牙齿，很多牙齿单件都是高值品种，材质各不相同，有烤瓷，有钯金，有铂金。在公立医院看牙齿，这些选择比较少。特别是如今很多人得了牙周炎，出现了大片的牙齿坏死，如果草草的安放一颗普通的假牙，不方便、不耐用还痛苦，于是有想法就有需求，牙科已经不再局限于金属材质，很多人开始考虑 1 万元一颗的种植牙，就是植入牙床骨组织，这会使得更换的牙齿更加坚固耐用，但是费用也更高。

同样的，大多数眼科疾病其实集中于眼镜的选择，过去在公立医院看病，眼镜都是要从眼镜店购买，逐渐，眼镜店开始聘请高级的眼科医生，本来是为了促进眼镜的销售，进一步发现，为什么只销售眼镜呢？这么高水平的医生为什么不能坐一些小型的手术呢？于是，如今很多私营眼科机构医生的水平已经超过了公立医院，而且还具备了比较强大的手术能力。

为什么会如此？未来还会不会继续朝私营的方向发展？一定会的，为什么我们有些疾病倾向于去公立医院，这里面有个熟练度的问题。医生必须在不停的实战中积累医疗经验，不然的话，一个医学院的医生往往会被书本知识误导，搞错一些特殊的病情。当私立医院在某个行当生意好起来之后，这部分业务不再回流公立医院，因为现实中已经锻炼了一批专业的高手，而且私立医院的激励更高、更直观。所以在已经形成气候的领域，眼科和牙科将进一步发展。

关于熟练的重要性，在美国有很多体现。美国的好医院诸如梅奥诊所，会提供一些免费的医疗机会给穷人，这些穷人不用花钱就能得到这么有名的医疗机构的救助，很多人以为这是个慈善行为，其实并不只是慈善。因为富人太少，而医生必须保持自己的医疗水平，所以平时这些医生需要用实践来锻炼自己，名为慈善，实则也有自我进步的意思。

关于试管婴儿和孕妇月子中心的情况又有所不同，个人认为这些形式的私人医疗机构还没有完全替代公立医院的需求，其需求是面向高端人群的，不同于眼科和牙科。因为公立医院类似的服务依然存在，特别是孕妇生产这方面，公立医院在应对突发情况方面显然见多识广，而私立医院的医生相对来说经验还是欠缺一点。

国内医疗机构慈善性质并不普遍，所以患者数量一般和医疗机构的成熟度成正比，也就是说患者越多的科室优势越大，并且会进一步集中，看牙齿都是私立诊所，集中度已经很高，未来眼科也是这个趋势。公立医院逐步会丧失一些优势，而另一些比如内科，私立医院是没有优势的。

另外，大家要注意很重要的一点，这些行业应该拒绝丑闻，不管是否出于练习的目的，国外的大型私立医院都会不停地做慈善，可以说私立医疗机构是讲求观感的，这是一个消费选择，而不是必需品。我们看到男科医院接近消声觅迹，还有肿瘤治疗机构，在魏则西事件之后，很多的相关行业都受到了冲击。所以说，不要忽视声誉的力量。

三、医疗器械研制公司

截至 2016 年，我国医疗器械生产公司总共 15343 家，家数最多的前两名是广东省 2315 家，江苏省 2187 家。地区分布并不平衡。从时间维度看，2013 年到 2016 年医疗器械生产企业家数分别为：15698 家、16169 家、14151 家、15343 家。我们发现医疗器械的生产公司最近几年反而呈现下降态势，原因多方面，主要来自于政策面的规范。在 2013 年之前国内医疗器械生产公司呈现出全行业无序状态。直到 2014 年颁布了《医疗器械注册管理办法》《体外诊断试剂管理办法》《医疗器械说明书和标签管理办法》《医疗器械生产监督管理办法》（GMP）《医疗器械经营监督管理办法》（GSP）。而 2016 年推出了《医疗器械临床试验质量管理办法》（GSP），综合来看，我国的 GSP\GMP\GSP 三个规范基本上都是在 2013—2016 年制定的，这为医疗器械行业之前宽松的丛林生态划上了句号。也就是说，如今医疗器械发展才刚开始。2017 年 4 月还颁布了《医疗器械标准管理办法》，未来很明显，医疗器械将逐渐体现出进一步集中，不规范的医疗器械生产厂商将被淘汰，而食物链顶端的医疗器械生产公司将逐步获得话语权，甚至负责医疗器械中国标准的制定。

2016 年我国出口医疗器械 1394.34 亿元，进口 1251.54 亿元，医疗器械生产公司总营收大约 4955 亿元，进出口差额结合营收得到国内医疗器械市场大约为 4812.2 亿元。器械生产公司内销比重 74% 左右，所以医疗器械依然是以内销为主。并且从现实来看，我国出口的医疗器械仍属于比较低端的领域。

由于 2013 年之前医疗器械行业基本上是战国时代，所以总体上的质量水平在国际上比较靠后，而研发费用状况和医药类的状况其实差不多。国内的研发投入相比于国际水平差了一个数量级。2016 年主营前 20 的医疗器械生产公司总研发投入 22.7 亿元，而强生医疗研发 2016 年是 15.48 亿美元，美敦力是 22 亿美元，可以说相较于医药界恒瑞 17 亿元研发 PK 辉瑞 78 亿美金研发的差距，更像是菜刀和导弹的差距。

“差距这么大还搞什么搞？”有投资者如是感慨。但是中国是典型的成长中市场，恰恰说明如今才是最有投资价值的领域之一。因为 2013 年之后进入了规范运营时代，进入了法制和标准时代，所以医疗器械的格局也逐渐体现出了集中化的景象，这个景象未来与医药领域是一致的。所以我们从如下几个方面总结了医疗器械三个角度的利好：

① 我国医疗器械生产公司的研发支出只占总营收的 2%~3%，而发达国家公司研发支出占营收的比例普遍超过 6%，平均在 7%~9%，所以，在提质增效中研发能力就资金比例来说还有很大的空间。

② 国家正在进一步从各个方面支持医疗器械生产公司，一方面政策严格筛查产品，优胜劣汰，淘汰低质量落后的产能；另一方面对于龙头公司则有一定的政策扶持，比如加快审批流程。

③ 医疗器械领域的专利壁垒其实不如医药高，如今无论是化学药还是生物药都遇到了一定的技术瓶颈和技术难题，常见活性物质和新的分子式发掘越来越困难。所以仿制成为主导，而医疗器械领域创新的思路是多样的，并不存在这种局限性，诸如心脏支架，从球囊到搭桥，继而到支架，然后未来再到可分解的支架，对冠状动脉粥样硬化的治疗可以是多种器械联合运用。所以医疗器械开拓上实质是难度小于医药的，当然总体上还是一种历史遗留的惯性，竞争才刚开始，所以不能简单的用过去看未来。

既然很多的医疗器械都是从零开始，那么就要找我国有基础的领域进行发展，大致上我国重点发展的医疗器械领域如下：医学影像设备、体外诊断产品、监护设备。下文我们会按照行业重点提及几个公司的名字，从我国医疗器械需求端，我们也可以看到至少有几个利好能够驱动全行业：① 民营医疗驱动。我们前面说了医疗服务里面的通策医疗既是医疗服务，也有大量医疗设备的研制和需求。② 老龄化的需求。这一点是肯定的。③ 基层机构壮大的需求。社区医院在一定程度上大面积铺开导致了基层医疗设备需求放量。④ 公立医院盈利模式的推动。公立医院未来将更加侧重于提供医疗服务赚取收入，而之前这部分收入经常是体现在药品加成上面。从现在的改革情况看，未来应该是器械和医药两条腿并行，减少医药加成，合理增加收费来弥补这一块医院的收入差额。

我们再来看几个医疗器械的细分领域：

① 体外诊断领域（IVD），国内发展最快的领域，2000 年后我国 IVD 市场规模增速远高于世界平均水平，年复合增长率达到 20%，2016 年 IVD 市场规模 450 亿元，人均 2 美元左右，然而发达国家的 IVD 人均约 28 美元，这个差距是巨大的，也代表着市场空间十分巨大。

如今国内 IVD 的公司比较多，H 股的中生北控，主板的安图、润达、塞力斯，深圳中小板的科华、达安，创业板的阳普、迪安、利德曼、三诺、博晖创新、迪瑞、九强、美康、迈克、万孚。各家的产品都有一定的差异，主攻方向都不相同。未来 IVD 的市场将进一步扩大，但是投资人要把握几个主流的方向，一个是老龄化，另一个是打破生育限制甚至鼓励生育的政策变化，最后一个是便利性比较高的 POCT 即时检测方向。围绕这三点展开的产品还有很长的路要走。另外在未上市公司有一家非常有名的生物芯片类公司博奥生物，投资人可以持续跟踪和关注。还有一家做监护仪器非常牛的公司迈瑞生物，博奥和迈瑞的行业级别，可以参考药明康德在 CRO 的地位。

② 介植入医疗器械，投资人没有具体产品概念的话，我们简单举两个产品的例子，一个是血管支架，另一个是骨科的钢板系统。可以明确说，大多数这两类植入的医疗器械都是比较高端的产品，是具备一定行业壁垒的。当然介植入的产品有很多，比如人工耳蜗、人工胰岛、人工角膜、人工心脏等，很多我们国内还没有太成熟的产品，但是这两个是有的，血管支架典型的就是乐普医

疗，而骨科相关的是凯利泰。

我们来了解一下什么是支架，这主要针对动脉狭窄，狭窄就容易堵，一般来说血管堵塞了有几种方法，用球囊支架放进去撑一下，如果不行，用个管子绕过这一段堵塞的血管，这就是搭桥，又或者用一个支架，把堵塞的地方撑开，就放在那里。当然了这些都不能替代药物，或者有人还要装心脏起搏器。心脏支架的创伤相比于搭桥要小一点，但是前几年有公众号说国外不用心脏支架云云，着实误导了很多人，最终被证明并不实际，但对于国内心脏支架的销售产生了一定影响。乐普医疗的主要营收就来自于心脏支架，还有一家蓝帆医疗通过复杂的收购，间接控制吉威医疗，其他有很多家都有心脏支架，只是份额各不相同。而 2012 年雅培研制出了可降解支架，逐渐成为了未来新的研究方向，国内在走临床的有上海微创、上海百心安和北京乐普。不过可降解支架最近又传出了一些问题，就是回缩较快，使得市场暂时出现了停滞和争论，不过未来这应该是一个不错的方向。

其他正在发展的这类产品，比如心脏起搏器、人工心脏、脑动脉支架、外周血领域，理论差不多，但是产品各不相同，基本上这个领域乐普医疗比较优秀，高端市场还有一个上海微创，构成了一定的竞争。乐普旗下的秦明医学，也就是乐普医电在心脏起搏器领域有所成就，其子公司上海形状记忆在封堵器领域也有建树。上海微创在外周血领域及脑动脉支架领域有所成就。所以在心血管方面乐普医疗有无可取代的优势，上海微创虽然技术全面，但是销售收入不够理想。

说了心血管，我们再来看骨科。2017 年骨科植入市场规模已经达到 218 亿元，骨科植入分创伤类、关节类和脊柱类，创伤类国内市场基本自给，而关节类和脊柱类基本靠进口，当然关节类和脊柱类并不是没有国产公司，凯利泰就是一家脊柱类的公司，还有微创，普华和顺和苏州欣荣博尔特，在这里又看见了微创在港股，但是新三板有个不错的微创心通，还有个关节类的威高股份在港股，如今 A 股骨科有价值的就只有凯利泰了。

③ 血液净化类，也就是透析。为什么要做血液透析呢？我们的肾脏是血液的过滤网，如果它正常，那么有害物质大分子和小分子全部到尿液排出，如果不正常，那么血液就会积聚有害物质伤害机体，所以我们需要人工净化血液，就有了血液透析。血液透析模式包括常规血透、高通量血透、血液滤过、血透滤过、血液灌流、连续性血液净化。血液透析的产品主要有透析器（膜）、透析机、水处理系统、透析液或粉、管路、动静脉内瘘及中心静脉留置导管。主流的产品是透析器和透析机，占 70% 以上，基本上是国外主导，透析液或粉、管路国内有一定份额，其中透析液受到供应半径影响，大头属于跨国公司百特国际。

另外能够生产透析机的国内公司正在增多，比如威高股份、宝莱特、新华医疗、山外山、奥凯隆都有这一类产品，但是在透析器上面，宝莱特和新华医疗是在研，威高股份有，而这里区别在于，透析器是透析机的核心部件，属于耗材。当然国外也有很多透析器生产，百特国际、贝朗医、美敦力等都有这个产品。未来在这个领域，应该主要是透析器的竞争，因为透析机成品是一个技术整合的仪器，就好像中兴通讯的手机依然受制于高通的芯片。

另外血液灌流领域的龙头是健帆生物，如今国内外都没有血液灌流的技术，这属于新兴的方法。其用灌流器替代了透析器，在大分子毒素清除上面效果不错，但是灌流器和透析器倒底哪一个更加契合市场，需要等待市场的检验。

④ 影像设备。我想影像设备的内容大家都是了解的，就不用解释了，X 射线（含平板 DR）、CT、MRI（核磁共振）、PET-CT，技术从低到高。需求也无需多说，我们直接看公司，在高端平板 DR 领域，代表公司是上海联影医疗；CT 方面是联影、东软、明峰等。根据曝光率我们看到了一家 A 股公司，东软；一家非上市公司，联影医疗。其他的都可以不做考虑。

医疗器械篇幅比较大，原因在于医疗器械的细分不同于其他类别的细分，是各个细分都有优势公司，而医药类大多数优势公司体现的是综合性技术开发优势。医疗器械的壁垒在于对细分领域深耕，可以说它们很难跨区域竞争。当然近几年它们都在尝试，但是总体上，在这个大类里面术业有专攻。

四、医药商贸和零售

“十个劫道的不如一个卖药的。”资本界也有个规律，哪里好赚钱，哪里就扎堆，所以医疗商贸，或者做渠道的一般来说在两票制的推进下并不是什么利好。

两票制的内容，总结一下就是一句广告词：“没有中间商赚差价。”当然理论上中间商还是赚了，因为没有实施一票制，至少增值税发票还是特意绕医药商贸公司转了一圈。但是我们也要看到，其实医药商贸领域的主要机会正在从TO B 转移到 TO C，更多的零售利好纷至沓来。

因为一个 HPV 生物疫苗，崛起了一家智飞生物，虽然我们看到了其大幅度增长的其他疫苗业务，但 HPV 疫苗是其主要的业绩增长点。2016 年智飞生物自主疫苗类产品占据了主营业务的 99%，而 2017 年其主营业务的 20% 来自疫苗代理，也就是代理 HPV 疫苗产生的收益，预计 2018 年将进一步提升这个比例，也许会接近或者超过一半的收入占比。HPV 的供不应求导致人们大量排队，所以影响智飞生物业绩的反而不是技术，而是 HPV 的产能。

同样的其他医药进口代理也迎来了一些春风，预计上海医药这种带商贸气质的标的将因此而受益。虽然我们并不看好保健品行业，近几年国外的保健品进入倒是十分好的势头，港股合生元收购了澳大利亚的 SWISSE 就带动了一波非常大的涨幅。如今合生元已经变为 H&H（健合）国际控股有限公司，乳业和保健品零售行业齐头并进。类似的模式汤臣倍健可能也会效仿，不过结果如何还有待观察。

还有一个点，对于医药零售业最要紧的是医药类的网络零售，如今这方面还是有限制的放开，并没有完全放开，所以，我们暂时还没有看到很明显的端倪，我们将这部分的内容延后到互联网医疗那里再去讨论。

五、生物制药和生物疫苗领域

如果仿制药领域是近年的主要方向，那么生物制品领域是未来数十年的主要发展方向。大分子药和小分子药研发红利已经持续了很久，市场已经缺乏这方面的探索动力，探索难度也在加大，而生物医药则不同，其本身依赖的是对人体的探索，其生成的物质主要是激发自身机体的某些功能。

什么才是生物制药呢？概念有很多，实质记住一句话，“利用生物学的研究成果来研发药品和疗法”。比如最普遍的生物制剂是疫苗，就是利用病毒或者细菌制作活疫苗或者死疫苗，用这些病原性微生物来激发身体自然的防护机制，再比如青蒿素就是生物原理，因为血液中的铁能够分解青蒿素的分子结构，形成游离碳，碳原子继而和疟原虫的某项蛋白质结合形成烷基化蛋白质，从而使得疟原虫丧失技能而死亡，复杂吧？所以在很多场合有人说青蒿素其实是属于生物医学。也有简单的，比如人血合成白蛋白，比如胰岛素，我们人类也可以分泌，但是有时候分泌会异常，那么就得在动物身上找到类似的腺体进行改造，比如牛结晶胰岛素，这样人体激素水平或者微量元素水平不济的时候，缺什么补什么。而T细胞疗法相关就是促进这些细胞分泌出干扰素，让癌细胞不舒坦，最后杀死癌细胞。

从总体上看，生物技术分为基因工程、细胞工程、酶工程和发酵工程。其中酶工程和发酵工程难度较小。

酶工程是从微生物或者细胞里面提取酶作为生物催化剂，提高微生物转化的效率，比如抗生素、维生素、甾体激素、氨基酸都是通过酶工程转化的。我们都知道抗生素来自于微生物细菌，青霉素来自青霉菌的生长，如果不用酶工程，我们就要等待其慢慢生长，这样太慢，所以早期青霉素是十分昂贵的，原因在于没有酶工程催化细胞快速生长。

发酵工程就比较好理解了，是通过微生物来生产一些治疗的药品，最近几年有人一直尝试用发酵工程制备酶抑制剂、免疫调节剂、抗氧化剂等，总体上酶工程和发酵工程是类似的。

基因工程则比较复杂，其具体有基因药物、基因疫苗、基因抗体、基因诊疗、基因进行药物筛选、基因菌种改良、转基因类药物。基因药物是通过细菌等表达人类一些基因片段来完成人类所需物质的生产，比如生长素抑制剂，如果用羊的下丘脑提取，那么需要 10 万只羊才可以提取 0.1mg，而基因工程只需要 10L 的大肠杆菌培养液，就能够生产。所以如今大量的蛋白质和肽类都是通过基因工程制备，比如干扰素、胰岛素、生长激素等。

基因疫苗道理也是类似，古老的方法是从人体中复制病毒然后制作疫苗，清朝乾隆灭天花就是这种方式，而基因工程可以将这些抗原，诸如乙肝的 HbsAg 基因克隆，通过基因工程得到大量的抗原量。

细胞工程则具体有三个技术：单克隆抗体技术、动物细胞培养、植物细胞培养生产次代谢产物。很明显这里最要紧的是单克隆抗体，单抗是将能在体外无限反制的恶性瘤细胞与能产生单一抗体的 B 淋巴细胞融合，是融合细胞具有两种亲本细胞特征的技术。恒瑞的 PD-1 抑制剂就是单抗技术。

我们为什么要介绍这些分类呢？因为后缀带生物字样的公司实在太多，大多数的技术并没有什么壁垒，这几项分类当中，酶工程和发酵工程产生很多产品，但是这些产品的技术难度和技术含量是有限的，诸如生产维生素 D3 的花园生物，其也是生物制品公司，但是维生素属于酶工程，那么我们参照这家公司的只能是原材料价格，而不是技术进步。同样的，如果抗生素的制备是通过酶工程，是不是大量的公司可以声称自己是生物制品公司，但是相对来说，技术含量却并不高。

所以大多数的技术型生物公司应该是基因工程和细胞工程类的公司，细胞工程里面的单抗自不必说，如今主流的研究方向、未来的前沿阵地、十大畅销药里面就有阿达木单抗、英夫利昔单抗、利妥昔单抗、贝伐珠单抗和曲妥珠单抗，未来癌症治疗的两个主要类别一个是替尼类的靶向药，另一个就是单抗类的生物靶向药。而疫苗制备和肽类药物相对来说也具备一定的门槛，但是门槛不是很高，关键还是看种类。

2000年全球十大畅销药物中，生物技术药物只有阿法依泊汀，而到了2015年，前十大畅销药物中有8个是生物制品，未来，生物药在一些领域取代化学药是总体趋势，所以现阶段恒瑞医药、正大天晴这类抗肿瘤药研发公司已经从化学药领域转向了生物医药领域，并且各大医药研制公司都在加大专利到期单抗类药物的研发，投入越来越多，关注越来越高。可以这么说，虽然生物技术已经存在了数十年，但是相比于如今穷途末路的化学药，还是新兴的朝阳行业。当然生物医药方面的活性物质发现难度也在加大，但获批新药的质量有所提高，对于现有活性物质的开发依然有较大空间。

我国在生物技术研发领域的情况和化学药物差不多，在尖端领域，生物技术研发成果比化学药更单薄。所以依然是仿制为主，好在大部分畅销药里面的生物药产品已经遭遇了专利悬崖，它们在最近几年基本上都面临专利到期。这样国内的公司就开始了新一轮赛跑。但是我们也发现生物药的研发难度并不比化学药小，即使是仿制。所以这部分内容和仿制药的内容高度重合，介于如今大型的医药研制公司都已经拥有了生物子公司，或者生物实验室，这部分不详细解说。

生物制品最需要关注的除了抗癌药，还有一个重要的领域就是疫苗，疫苗大多数为预防性疫苗，而如今有一些前沿领域已经挺进到了治疗性疫苗。不过现阶段我国还是预防性疫苗为主。疫苗分一类疫苗和二类疫苗，一类疫苗注射由国家支付，属于社会公共服务，二类疫苗属于自愿注射性质，所以在疫苗投资方面，我们要关注一类疫苗，然后再进取式观察二类疫苗。

一类疫苗是传统的“五苗七病”，如今品种已经有所扩展，但这是传统的一类疫苗，五种疫苗防止七种疾病，分别是卡介苗、脊髓灰质炎减毒活疫苗（小儿糖丸)、百白破三联混合制剂、麻疹疫苗和乙肝疫苗5种疫苗的基础免疫及加强免疫，这一类的需求是十分稳定的，国家会收储一定的疫苗，生产也基本上由国企垄断。

二类疫苗是指由公民自费并且自愿受种的其他疫苗。之前疫苗因为没有用冷链运输导致失效被曝光后，疫苗类公司长期低迷，原因在于二类疫苗并非强制性。当需求是可选择的，疫苗的销售只能依赖于事件推动。所以流感疫苗、甲型肝炎疫苗之类的，基本上都是跟着流行病走。每到疾病爆发，这些疫苗就十分畅销。另外，二类疫苗的消费者信仰也非常重要。我国很多时候即使流感来了，大家也不愿意去医院打一针，原因在于理念上还有所欠缺。未来我们看好的是一些职业化的需求，比如学校师生在流行病期间可能会要求强制注射。还有就是消费者意识的加强，在国外注射流行病疫苗非常普遍，每年的需求也很稳定。

所以，二类疫苗更加具备事件推动性质，比如流行病爆发。但是最近进口的HPV疫苗似乎要打破这种性质，原因在于其将有效期延伸为终身。HPV疫苗中文名人乳头瘤病毒疫苗，其可以使女性对人乳头瘤病毒，也就是HPV产生抗体，而研究表明HPV是多种妇女癌症，诸如宫颈癌和乳腺癌等的诱发因素。虽然打了HPV疫苗仅仅是降低概率，但是如今来看，女性都趋之若鹜。

对于HPV疫苗有些国家也是属于国家负担注射的，这也从侧面说明一个问题，一类疫苗和二类疫苗未来位置也会产生相对性变化，并不一定是永远的五苗，最终地位仍然会由疫苗的特性决定。不过HPV疫苗如今暂时还不可能成为免费品种，因为过于稀缺，国产仿制比如沃森、双鹭、康泰都在研发，但是结果尚不明确。这也比较可惜，因为这个药审的批挡在国外至少十年，而本来国内的疫苗公司研发要是跟得上，哪怕是二价苗，如今的供求关系也不会如此紧张。不过这方面智飞生物会很开心，这将是一个非常持续的增长点。

在生物制药领域另外还要提一下比较常见的胰岛素产品和人血白蛋白。胰岛素产品产销大致上是饱和的，但是有升级换代的需求，国外三代甘精胰岛素在2000年上市，赛诺菲和诺和诺德都有此类产品，而国内这么多年只有甘李药业研制成功。而二代胰岛素的研发更要追溯到1982年的礼来，但是国内第一家研制出二代胰岛素的是通化安泰克，看着是两家公司，其实是同一批人努力的结果。

▲ 甘李药业的名字是甘忠如和李一奎名字的组合，甘忠如是通化安泰克生物工程公司董事长，李一奎则是通化东宝董事长，他们共同搞出了二代和三代胰岛素，后来由于某些原因二者拆分，甘李药业获得三代胰岛素，通化东宝获得二代胰岛素。

另一家公司联邦制药（港股）通过中外合作也研发出了二代和三代产品。如今国内这个市场大头还是国外的医药巨头，而联邦制药、甘李药业和通化东宝拿走了剩余的份额。当然这个年份也比较久远，如今正大天晴和恒瑞医药也在通过其研发优势试图切入胰岛素市场。所以从投资人的角度看，现阶段A股值得投资这个方向的应该是通化东宝，但是可惜的是它和甘李药业有协议，且不能擅自进入三代胰岛素的生产。而甘李药业由于一些问题上市被搁置了，联邦在港股也是值得考虑的。未来行业如果有新进入者，投资人也完全可以关注。

另一个产品是人血白蛋白，这几年涨价得厉害，原因在于老龄化导致需求上升，血站改革又放开了血液价格，而人血白蛋白来自于血站抽取的血液，据了解，大多数血液都是有有效期的，所以有一些库存血站会变卖，然后相关公司提取人血白蛋白。

既然是人身上提取的，注定是短缺的，这方面有名的公司是华兰生物和上海莱士。当然也不能说这个完全属于壁垒性行业，这并不是公司壁垒的来源，但是它们最近几年的确是靠这个产品发了财。

六、关于传统中医药和保健品的一点愚见

既然说医药，能绕过去中医药的，尽量绕过去，但是不说，整个论述过程就显得不完整，所以我们对于这个“割袍断义”的话题也感觉很头疼，尽量客观公正地评论一下。

总体上，我们希望中医药走的一条路径是日本式的，用两个字可以概括为“验药”。我们都知道临床有三期，其主要目的是确定药物的安全性和有效性，但是对于中成药，很多产品打开说明书还是存在尚不明确的事项。这样对于患者的风险提示就不足，日本的做法是让汉方一个个去通过诸如美国 FDA 这样的检测，或者去欧洲做传统药的注册，也经历三期临床，并且和欧美国家进行疗效上的沟通。也就是说，日本的传统药通过临床并不讲求实际治愈性，而是讲缓解症状或者消除症状。这样做的好处有二：

其一，毒理性研究比较充分，对于汉方的副作用就可以通过临床实验列示出来，这样可以提高药物使用的安全性。

其二，针对症状进行申报，可以不必过分明确成分，因为部分汉方的起效机理并不明确。而对于症状缓解的需求，实质上全世界都是有的，诸如感冒喉咙痛、肚子痛，这些都可以通过传统药来缓解。

全球传统药市场并不是很大，大部分在中国，2016 年我国中药工业总产值达到了 8653.4 亿元，而这个数据 1996 年只有 235.4 亿元。2016 年我国中药对外贸易 46 亿美元，其中出口 34.26 亿美元，进口 11.74 亿美元，但是要关注的是出口中比例比较大的是提取物。但是我国的中医药从 2018 年开始取消了临床实验，很多人可能认为这是个不错的中医药利好。恰恰相反，这是个中医药繁荣的转折点，因为这说明疗效在未来不会再有官方背书。

我们思考这么一个问题，说明书上面写副作用的药和不写副作用的药，该选择哪个？短期来看我们似乎惧怕副作用的条目，但是长期来看，副作用的条目给人确定性，缺乏了这个叙述，对于患者则是一种不确定性。

有一些传统药领域的上市公司也做出了一些努力，去FDA走日本走过的验药路径，很可惜，虽然FDA对于植物药是有一些宽松规定，但是至今还没有见到很好的突破。即使是之前炒成网红药的京都念慈菴，也没有通过FDA的有效性检验。所以，在中医药方面投资人投资需要谨慎。

▲　2017冬季爆发的流感使得京都念慈菴成为网红，但是和一些传统网红药的结局一样，立马就有关于真相的描述，个人认为京都念慈菴能够缓解感冒症状这一点是毋庸置疑的，但是以缓解症状为目标通过FDA依然是非常必要的，因为消费者也需要安全性方面的验证。

再来看保健品领域，前面我们说到我国出口的大头是提取物，世界范围内对于保健品的需求在逐年增加，中国人海外购买保健品的数量也在增加，合生元并购了SWISSE之后股价出现大幅度上涨，而且从年报看，一系列保健品产业并购之后状况都很不错。汤臣倍健最近也在停牌谋求海外收购。为什么保健品要走这条路呢？这个应该和当年的乳业情况相同，部分间歇性没有规律的品牌声誉事件使得消费者的偏好发生了改变，他们可能认为国外监管更加严格，这方面和我们上文中医药的观点是契合的，只有加强政府信用背书，加强临床的观测才能够消除消费者的疑虑。所以最近几年保健品的销售增长是在进口领域。在如今网络环境下，一个个神药被拉下神坛，未来这种情况还会增加，而且相比于一些不确定的成分，成分确定的保健品将更加受欢迎。

打个比方说维生素补充剂和十全大补汤，我们未来应该更加倾向于维生素补充剂，因为年轻人大多数都受过比较好的教育，更乐意用元素和科学结论来构筑自己的健康。当然了这里面也包含着一种信仰。因为维生素 C 吃下去并不存在太好的立竿见影的效果，但是作为一个补充剂，至少维生素 C 是经历过对照组实验的，历史上海员们也曾经用它治疗败血症。大家都喜欢确定性。当然有很多老人还是买了很多类似十全大补汤的物品。随着媒体曝光的增多，相信未来所有人都会努力追求确定性，而忽视模糊疗效。

七、单品类创新药生产公司

很多人认为单品类的药物公司不是普遍现象，这里要纠正一个观念，未来 A 股融资将和世界同步，所以融资大概率是放开的，那么未来的医药类研制公司会走两条路。一条是大厂挤压小厂的路，原因很简单，比如说辉瑞已经 2000 亿美元以上的市值，一家 300 亿美元市值的公司如何和辉瑞竞争，如果它们研制同一种药，同一个方向，辉瑞投入必然要多得多，那么在一个细分的药物市场两家狭路相逢，必然是大的淘汰小的。

但如果小公司运气加能力，咸鱼翻身了呢？研制成功了一种畅销药，那么辉瑞、罗氏、诺华就会想办法垄断这家小公司的销售渠道，使得其不得不和大药企合作。或者更加简单明了的做法，大公司直接鲸吞掉这家小公司。

所以在华尔街上市的很多小医药公司，如今也放弃了积累技术成为大药企的可能性，它们属于风险投资人投资的目标，它们也在不停的研发，只是研发成功后就把专利和公司卖给大公司。所以在世界医药领域出现了一种状况，类似于“大而不倒”，在医药领域，很多时候要靠规模维持壁垒。

切换到国内，暂时上市后被收购的公司不多，因为在中国环境下，一旦上市都会被资本炒作，股价过高，导致药企没有并购二级市场公司的动力，再加上恒瑞医药总体上还不是太大，其他医药公司就更不用说了，而国外大型药企都盯着欧美的市场，还没有看到我们这里的单品药企。所以 A 股的单品类药物生产者，诸如贝达药业、我武生物和健帆生物都是在资本市场上市，然后投入资本或者融资开发第二个重磅药。

A 股的这一类标的和恒瑞医药、正大天晴及复星医药有明显的不同，因为它们单个产品支撑了整个公司，如果这个产品未来需求发生变化，或者竞争对手研发了非常强劲的替代品，其危机就会分分钟爆发。但是在这之前，如果能够找到二号利润增长点，生命就会延长，很有可能通过流水养研发，一步一步赶上大公司的研发节奏。

所以要努力加好运，一般投资人不应该过度参与到这些股票的投资上，我们适应的是稳中求进的投资，在稳定了现有预期的情况下，才会去关注这一类公司，况且，如今这类公司溢价普遍太高。

很明显这一类标的是高风险爱好者的菜，而不是普通投资人的菜，A 股如今也缺乏那种持续性烧钱的土壤。美国资本的耐心更加持久，没有利润的公司只要未来有好的可能性，美国的投资人就会参与。不仅仅是医疗行业，页岩油也是美国投资人用钱烧出来的，直到能够影响 OPEC 的石油定价。

除了自己研发的可能性，我们也发现这些单品类的公司由于研发上的畏难情绪，会逐渐改变策略，这方面信立泰算是过来人，其在心血管方面的药物是泰嘉，这个药支撑了信立泰大约 16 年的业绩，但是 2012 年之后仿制药增多，竞争加剧，于是信立泰直接走向了并购，先是从元森制药手中买到了比伐卢定（泰嘉宁），继而又收购了药物阿丽沙坦、复格列汀，甚至直接收购研发团队为己所用，如今的信立泰市值已经达到 450 亿元，市盈率也不是很高，俨然已经摆脱了小公司的命运。

一条路走通了，很多人会跟随脚步，贝达药业也开始了收购之路，但是它收购的是一个未完成的产品，CMO82 刚刚进入临床一期，路还长，但是门道是一样的，预计贝达药业未来的收购将比较频繁。

但是，信立泰收购比较成功，贝达药业是否能够复制不得而知，并购同样包含风险。比如蓝色光标，历史上并购产生的商誉几乎压制了公司的未来，而医药领域的收购往往溢价都是非常高的。当大家都想捡便宜的时候，往往找不到便宜且高质量的标的，买来的产品也许因为过于急躁、选择不谨慎而成为一种亏损。所以，依然需要高风险偏好的投资人来跟进这些投资，普通投资人投资这一类公司，比例不要超过 5%。

八、CRO 公司巡礼

CRO 公司就是医药研发合同外包服务机构，在这个领域的公司最近几年扩张比较快，用一张表能够直观感受一下。

表 9–1　CRO 企业产业链分析

<table>
<tr><td rowspan="10">CRO企业产业链分析</td><td rowspan="6">临床前CRO</td><td>药物分子砌块</td><td colspan="5">药石科技</td></tr>
<tr><td>化合物研究</td><td colspan="2">康龙化成</td><td></td><td></td><td rowspan="9">药明康德</td></tr>
<tr><td>安全性评估</td><td colspan="2">昭衍新药</td><td rowspan="2">睿智化学</td><td rowspan="2">美迪西</td></tr>
<tr><td>制药技术</td><td>康龙化成</td><td>华威医药</td></tr>
<tr><td>小分子 CMO</td><td>合金药业</td><td>凯莱英</td><td>博腾股份</td><td>九洲药业</td></tr>
<tr><td>大分子 CDMO</td><td colspan="4">睿智化学</td></tr>
<tr><td rowspan="4">临床CRO</td><td>临床研究</td><td></td><td></td><td colspan="2"></td></tr>
<tr><td>药品注册申请</td><td rowspan="2">泰格医药</td><td rowspan="2">方恩医药</td><td colspan="2" rowspan="2">博济医药</td></tr>
<tr><td>Ⅳ期临床试验</td></tr>
<tr><td>商业化 CMO</td><td colspan="4">博腾股份</td></tr>
</table>

一个小问题：我们把一分为三的药明康德重新记录为一家公司，实质上它是有业务区分的，但是在我们看来其优势还在于产业链条的完整，所以就将其一体化了。

总体上 CRO 公司临床前比临床后技术含量高，更好赚钱，因为临床的研究更加接地气，属于一线的工作，而临床前的 CRO 则属于脑力劳动，需要更多的专家和知识。上表只是静态表达，现阶段这些公司都没有踏实在自己的领域，都在寻求一体化一站式服务，业务都在纵向延伸，只是如今比较成功的还是药明康德。药石科技的分子砌块在国内比较稀缺，但是国际竞争还是比较激烈，属于最早期的模块化过程，市场份额不大，但是优势还是存在的。CMO 属于合同加工外包，主要是中间体和一些阶段性临床实验。

说完了行业结构，我们再来看 CRO 公司所要面临的行业利好状况，其实医药公司面对如此纷繁复杂的研发过程，往往是需要外包的，不能让实验室的专家去跑临床数据，而一些专业的药物设计公司做专业的事往往能够提高效率，增加药物研发进度。在世界范围内医药领域的发展都是这个趋势，专业性强的领域，需要专门的公司干专业的事情。然而除去这个主需求，还有另外一些特有需求。

一方面是仿制药的一致性评价，或者还有医疗器械的临床实验，都是我国规范过程中特有的，由于之前不够严格，如今要补课，要补充数据，补充研究，这些事谁去干，最佳的就是第三方的 CRO 公司。过程类似于注册会计师审计公司。国家目标是 2018 年年底前完成 289 个品种的一致性评价，很多人感觉是不可能完成的任务，但是明确一点，CRO 公司如今必定忙得不可开交了。

另一方面是中国医药行业即将进入全面技术比拼的时代，就像我们前面看到的信立泰，如果自己没有研发团队，买团队即可，买专利即可。那我们能不能通过购买 CRO 的服务来完成一款新药呢？答案是当然可以，虽然这个过程也存在很多风险，但是相较自己没有基础地乱撞，这种方式要便利和省事很多。

我国的医药公司未必可以在未来开放中依然占有一席之地，但是 CRO 接入国际市场远远早于医药领域的开放，所以 CRO 在我国是比较成熟的行业，未来如果万一创新上不如人意，遇到很多国外大型药企的专利壁垒和知识性垄断挤压，那么 CRO 将是一个不错的业务突破口，可以培养人才，打好我国医药工业的基础。

九、智慧医疗及互联网医疗

平安好医生在香港上市，在 IPO 之前舆论都很乐观，认为这代表了我国的新兴经济模式，就是互联网加医疗模式，然而我在实际体验了这个 APP 之后，结论是相反的，未来互联网诊疗必然是个非常好的市场，但是有人太乐观了，如今连萌芽期都算不上，很多的限制还在，不可能在此时获得资本市场的认可。

情况最后正如我们所见，原因很复杂，总结了几点供大家参考：

① 互联网医疗没有经历正规的医治流程。我们现在看病和以前老中医看病大不相同，老中医要凭本事，或者说是望闻问切，准不准不说，这看个人能力，也许有人准，也许就是忽悠人。然而在现代医学面前，看病其实是依赖设备做各种确定性的检查，无论是超声还是血检，又或者是 CT、磁共振，甚至 PET-CT，还有心电图、血压、体温、血糖等，医生从第一眼看到病人就开始归类，确定检查项目，检查后的图像指标经过病理室分析，基本上能够确定是怎么回事，医生以此为依据，开药给方案写医嘱。而互联网上看病，又能做什么呢？实质上什么也做不了，因为医生要根据描述确定情况，又回到了老中医时代，望闻问切，况且这个望闻问切还是隔着屏幕的，所以看病的偏差会比较大，在线医疗的效果不好，如果真要在网上就诊，还是需要去医院使用仪器检测固定项目。所以，平安好医生如今的主要业务还是在简便挂号上。

② 病人的医疗数据在医院之间还存在壁垒。如果可以用其他医院历史上诊疗的数据，也可以成为互联网医疗的参考项目，但是结果事与愿违，如今所有的医院都在建设医疗信息系统，几乎都有电子病历，但是很明显，病历在各医院之间是不通行的，即使是急诊，从一个医院转到另一个医院，已经做过的检

查再重复做一遍。因为这里有一个明确的责任划分问题，前一个医院医生的诊断就像一页废纸，一切在新的医院从零开始。对于互联网医疗平台，这是另外的一项限制。除了在线诊疗的依据变少，还有就是互联网医疗平台无法聚集有用的数据，获得大数据优势。

③ 深度下沉的社区医疗一定程度上比在线更加实用。因为处方药不是很好买，这样就注定这个互联网平台只能治疗一些简单的非处方药能够解决的疾病，或者就一些通用的健康知识进行沟通，有些知识服务甚至可以用百度解决，何必在线去麻烦别人。

平安好医生这一类的互联网医疗平台路还很遥远，也许科技再进一步发达，利用 MR 技术进行远程手术并不是天方夜谭，但是技术如何付诸实施如今看还有很大距离。另一方面，医疗信息化是真正推开了。但是其面对的问题也差不多，大多数的医疗信息系统提供商，比如卫宁健康的重点反而不在医疗系统数据上面，它们更多倾向于嵌入支付领域和云计算，所以其重点发展的是云医和云保险。当然其提出了很多关于 AI 的想法，但是受制于如今病人医疗数据所有权的问题，AI 应该不会深入到医疗领域，也不可能生产出像科幻片“大白”一样的机器人，故而想象力依然十分有限。

当然，我们看好它们的未来，很多东西是需要开放的，如今不开放，不代表未来不开放。

十、总结

A 股中大健康标的的数量应该没有人统计过，大致不会低于总标的数的 5%，如果把范围再扩大一点，把健康元素蓝天白云和养老设施都纳入，那就更加庞大了。所以在这么庞大的体系中做决策和选择，必须要了解一点：筛选才能出利润。

有时候网络上会开一些地图炮的争论，部分地区的人们有优越感，然后嘲笑另一个地区人们的陋习，然后将局部现象逐渐推向偏见的深渊。我们理解大健康整个行业也是类似，每一个地方都有好人和坏人，一些地区由于人口迁移，大部分的人口常年去一些发达省份谋生，所以本地留下一些老弱病残和问题少年。貌似这个地方要比另一个地方的人有劣势，其实是因为好资源和好人都被吸附走了。

大健康吸附了很多的资本，一些如今状况不佳的行业正在跨过边界进入大健康领域，我们看到江苏吴中和宜华健康这一类的标的都是横向跨行业走过来的，这样在大健康这个领域我们就要了解两点变化：其一资本的进入必然推高行业中标的价格，使得泡沫在一定程度上长期存在；其二进入者增多使得健康产业需要更加高的行业壁垒，筑起高墙，防止进入者太多导致产能过剩。

从上面的角度看我们的结论是，健康产业标的的选择会越来越重要，部分同质化的公司将面临很严重的洗牌和淘汰，而另一些高壁垒、研发能力强大的公司将越来越集中。这和地域间的不平衡道理是一样的，很多人看到了这个领域的成功，看不到这个领域的艰辛。

大健康的壁垒在哪里？实质上最终还是研发，只是现阶段，我国的创新药，特别是突破性创新药实在拿不出手，我们才在器械和医药上面寻求退而求其次的仿制仿造选项，但是无论是恒瑞医药，还是正大天晴、复星医药，它们最终都必须有拿得出手的突破式创新，不然生存依然是困难的。国际医药巨头地位已经十分稳固，如果不能撼动，那么就会被挤压，这个和芯片的道理类似。

尽量用我们的视角介绍行业的要点，很多观点并不算是真理，我们期待投资人能够更多自我思考，并且将思考付诸实践，而不是从字面上理解认为正确的观点。在投资领域，决策结果并不是最重要的，最重要的是投资逻辑，逻辑是否正确，决定了决策是否靠谱。很多的投资大师都善于思考和记录，善于询问“为什么”，而不会去询问“怎么办”。我们对股来伸手的投资人也很无奈，因为世事在变，一个时间点的判断不可能延伸到很远的将来。

第十章
医疗服务业公司的投资机会

接下来若干章节我们的内容将围绕公司展开，首先是医疗服务领域的公司，也就是医院和私营医疗机构。我们在概述中已经就其行业的概况进行了叙述，其主要实施的商业模式是连锁商业模式，这非常有生命力。它使得公司具有规模优势，并以此生发出价格竞争的能力，当然不是所有的连锁模式都是成功模式，在医疗服务领域，我们看好两家以连锁模式为主的公司，会在下文对这两家公司进行系统分析。

一、创新医疗连锁机构——爱尔眼科

1. 公司概况

爱尔眼科医院集团是全球规模领先的眼科医疗连锁机构。截至 2018 年，已在中国大陆 30 个省市区建立 240 余家专业眼科医院，覆盖全国医保人口超过 70%，年门诊量超过 650 万人。在美国、欧洲和中国香港也开设有 80 余家眼科医院。

爱尔眼科的主要业务为白内障手术、屈光手术（近视手术）、近视防控、青光眼、小儿眼病、眼底病、眼整形、泪道、角膜及眼表等眼部治疗服务，同时也有传统的视光服务。将这些服务合并归类之后，其业务主要是白内障手术、屈光手术、视光服务、眼前端手术和眼后端手术，这和普通的眼镜店模式有本质不同，其本身属于专科医院模式，一站式解决眼部问题。

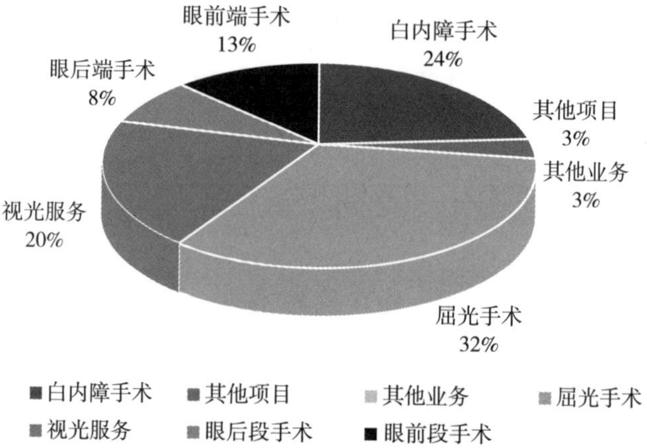

图 10–1　2017 年爱尔眼科业务收入占比分布图

从上图可以看出，爱尔眼科的主要贡献业务为屈光不正患者和白内障患者，其用户人群在年龄的两端，所以宏观面比较敏感的影响因素是人口老龄化以及青少年的视力健康状况。

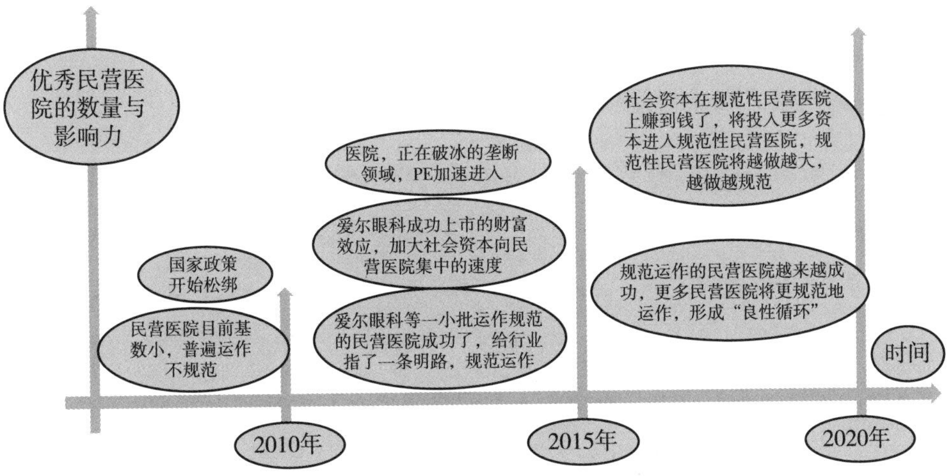

图 10–2　中国民营医院的“黄金 10 年”

爱尔眼科是民营控股、国内规模最大、医师数量最多的眼科医疗机构，为患者提供各种眼科疾病的诊断、治疗及医学验光配镜等医疗服务。爱尔眼科上市后近 10 年将连锁规模从 17 家发展至 200 余家（含并购基金）的同时，盈利能力保持在行业前列：2009—2017 年营业收入 CAGR（复合增长率）高达 33.08%，毛利 CAGR 高达 31.67%，销售毛利率和销售净利率在扩张期保持稳定，ROE 从 2009 年的 7.56% 逐年攀升至 2018 年的 20.14%。公司实际控制人是董事长陈邦先生。

2017 年全年营收 59.62 亿元，同比增长 49.06%；净利润 7.42 亿元，同比增长 33.31%；扣非净利润 7.75 亿元，同比增长 41.87%。2018 年一季度公司收入 17.47 亿元，增长 45.86%；归母净利润 2.17 亿元，增长 39.16%；扣非归母净利润 2.09 亿元，增长 38.34%；基本 EPS0.1365 元（对应当前股本摊薄后 0.1360 元）。一季度单季业绩主要由于美国和欧洲医院的并表以及核心业务的量价齐升驱动高增长。从外延和内生业绩拆分看，公司 2018 年一季度外延业绩贡献主要来自美国 AW Healthcare（4 月并表）和欧洲 CB（9 月并表），扣除境外收购财务费用后的外延并表净利润合计约 1500 万元，占主业净利比重约 7.2%。扣除外延并购，公司归母净利润的内生增长约 30%，扣非净利的内生增长约 28.4%。

2. 商业模式和市场空间

据有关部门统计，在青少年视力市场，我国视力不良率仅次于“近视第一大国日本”，居世界第二，总数第一。据卫生部、教育部联合调查，我国学生视力不良率小学生为 34.17%，初中生为 54.96%，高中生为 80.36%，大学生则高达 87.67%，全国近视患者约 4 亿，而大中小学生则占 1.5 亿。这是一个相当大的市场，而且在这个市场当中屈光手术的渗透率还不是很高。

在白内障方面，截至 2015 年末，全国 60 岁及以上老年人口 2.22 亿人，占比 16.1%。根据全国老龄工作委员会办公室发布的《中国人口老龄化发展趋势预测研究报告》，预计 2050 年我国 60 岁以上人口将达 4 亿以上。由此可以预见，白内障等年龄相关性眼病患者数量将呈现长期增长趋势。

另一方面，我国眼科疾病门诊患者数量已从 2012 年的 8740 万人增加至 2016 年的 1.09 亿人，复合年增长率为 5.8%。其中，私营专科医院眼科疾病的门诊患者数量已从 2012 年的 280 万人增加至 2016 年的 620 万人，复合年增长率达 22.4%，预计该数字将于 2021 年增加至 1420 万人。

爱尔眼科正是抓住了如此好的机遇，迅速扩张业务，引进技术，打造一流的医师团队，逐步成为私营眼科机构的领头羊。

公司的连锁经营模式已经从“三级连锁”进阶为“分级连锁”。公司连锁医院原先按照“三级连锁”模式布局，即将公司控股的连锁医院按区位、技术、战略及资源整合能力的不同分为三级，把临床和科研能力最强的上海爱尔作为一级医院，定位为技术中心和疑难眼病患者的会诊中心，并对二级医院进行技术支持；把具有一定规模和较强临床能力、位于省会城市的连锁医院作为二级医院，定位为开展全眼科服务和代表省级水平的疑难眼病会诊中心，并对三级医院提供技术支持；把建立在地市级城市的医院作为三级医院，侧重于眼视光及常见眼科疾病的诊疗服务，疑难眼病患者可输送到上级医院就诊。但是近年来随着网点的进一步增加，公司连锁模式中的网点结构更加多样化和复杂化，出现了新的“分级连锁”，网点渗透到医院的内部。利用中心地区的影响力带动网点下沉，加速服务覆盖基层，目前爱尔眼科三级医院占比高达 62.22%。

眼睛是人们接收和传递信息的重要器官，然而长期以来眼科通常得不到足够的重视、没有获得应有的发展。近年来，随着屈光不正和年龄相关性眼病患病率不断攀升，以及人们眼保健意识和就医观念的逐步增强，我国眼科医疗服务行业得到迅速发展。

在眼病诊治方面，与市场化程度高的行业相比，我国眼病诊疗市场开发度不高，市场渗透率有待提高。2015 年我国每百万人口白内障手术数平均约为 1500 例，仅为发达国家的 1/3。目前我国近视人口超过 4.5 亿，但准分子激光角膜屈光手术的手术量占比依然不高。我国眼科医疗行业在青光眼、眼底病、角膜病、斜弱视、医学验光配镜等诊疗方面仍处于同样的境况。

随着电脑的普及应用、社会人口老龄化加快等，各种眼病的患病率继续上升，致使患者对眼科医疗服务的需求增加。从潜在市场的需求变化来看，随着国民受教育程度的提高，人们的眼保健观念将逐渐加强，随着国民经济的发展、生活水平的提高和新医改的推进，人们的医疗支付能力将大幅提高，大量的潜在需求将转化为有效市场。我国未来眼科市场发展前景广阔，完全能够在现有规模的基础之上达到数倍增长，可以说眼科医疗服务为名副其实的“朝阳行业”。

眼科医疗存在一定的服务半径，受到地域空间上的限制。从全国范围看，眼科医疗的市场集中度（CR）较低。但近几年爱尔眼科的集中度正在大幅提升，并甩开竞争对手，下图可以明显看到爱尔眼科在私营眼科医院领域的行业地位。

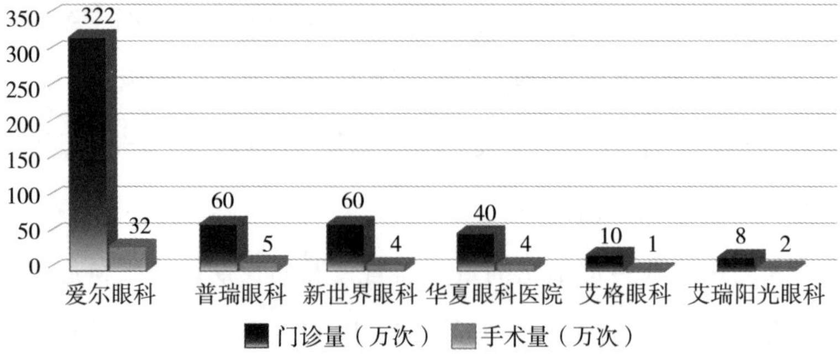

图 10–3　爱尔眼科业务同行业对比图

目前综合医院的眼科占据了较大的市场份额，但其市场份额呈逐步下降的趋势；眼科专科医院所占的份额相对较低，但其份额在逐年提高。爱尔眼科的竞争对手主要为各连锁医院所在地具有一定影响力的眼科医疗机构。

3. 特色

规模扩张和标准化联动带来新的竞争能力。爱尔眼科上市前完工的 7 家医院仍然体现出巨大的活力，这 7 家医院销售净利率远远高于其他网点，并成为公司稳定的经营流水提供者。对于新网点扩张，爱尔眼科通过中心点带动区域网点的模式，通过并购和合作，多种方式结合迅速扩张，网点呈现几何式增长。

在推进网点的同时，爱尔眼科推进网点的标准化制定和落实，这使得连锁模式成为可复制的盈利模式，增强新网点业绩的稳定性，同时巩固多区域市场。这样可以在短期内实现多个目标，比如增加面积（平均营业面积从 2012 年 5255 平方米增长至 2017 年 6573 平方米），增加人员（平均人员规模从 2013 年 130 人增长至 2017 年 174 人）及提高培训力度，增加先进设备。爱尔眼科 2012—2017 年单位面积净利润的 CAGR 为 3%，2009—2017 年人均产出的 CAGR 为 6.78%。

分级连锁和多轮驱动增强竞争力。分级连锁是在原来三级连锁的前提下，由于网点模式复杂化，因时制宜提出来的新发展模式，其方式就是中心点带动网点下沉，增加部分下级网点的自主能力，鼓励在某个新区域继续做深化，做强大。由于治疗半径的存在，这些网点的覆盖人口将越来越多，未来规模优势也会越来越明显。

多轮驱动就是通过产业基金主动并购，形成多点联动的态势，用自有资金撬动更多的资产，来为整个体系提供更多的扩张动力。2017 年产业基金旗下至少有 120 家医院，有 9 家医院进入上市体系，对 2017 年净利润增长部分贡献率达 30.45%。

国际化进一步增强技术优势。公司下属子公司爱尔（美国）国际控股有限责任公司完成对美国 AW Healthcare Management，LLC75% 股权收购，爱尔眼科国际（欧洲）有限公司完成对欧洲最大的眼科连锁机构 Cl í nica Baviera，S.A 86.83% 股份的要约收购，一举成为全球最大的连锁眼科医疗机构，形成跨越亚美欧的网络布局，践行“共享全球眼科智慧”的理念，加速临床、科研、人才资源全球一体化，搭建世界级眼科平台，推进全球发展的战略布局。同时，公司通过参与投资设立 Rimonci International Specialized Fund，L.P，投资、孵化全球领先的眼科及视觉科学领域的前沿创新项目，构建公司全球科技创新生态圈。

4. 合理估值

由于爱尔眼科依然在扩张期间，其网点覆盖将进一步向纵深发展，并且对于无壁垒的传统眼镜店模式进行挤出，过去 7 年间爱尔眼科符合增长率为 33%，2018 年一季度同比增长超过了 39%，考虑到其集中度的区域已经从国内逐渐延伸到全球眼科市场，所以预期其未来五年增长依然维持在 40% 左右，相对于 2017 年扣非后净利润为 0.51 元每股，2018—2020 年三年的每股收益为 0.71 元、1 元和 1.4 元，以股价 30 为参照市盈率，相对于 2018—2020 年三年为 42 倍、30 倍和 21.4 倍。从 2018 年 5 月看，还是有一定的高估。

5. 风险种种

医疗风险。医疗领域面对各种精细化、高技术含量的手术，十分依赖医生的技术，并且需要一定的沟通能力，医疗事故如果发生会连带影响公司的声誉，并导致进一步的连锁反应，近几年国内部分医疗机构由于社会事件出现了整体性的行业趋势转向。

整合网点和并购公司的风险。公司的规模已经提升至全球级别的眼科医院公司，业务越来越全面，规模越来越大，国内的网点也增加迅速，覆盖人口呈几何级别增长，但是同时带来的问题就是整合的难度和风险。如今公司传统的老医院依然贡献了大部分的现金流水，其他网点的增加也有条不紊，但是难保未来会出现整合不成功的案例。

二、传统医疗连锁机构——通策医疗

1. 公司概况

通策医疗投资股份有限公司（以下简称“通策医疗”）前身中燕纺织股份有限公司，系经北京市人民政府京政发（1995）121 号文批准，由北京中燕实业集团公司联合其他五家股东以发起设立方式设立的股份有限公司，公司总股本为 16032 万元。公司现注册地址是浙江省杭州市上城区庆春路 225 号 406 室，注册资本 16032 万元。公司经北京市人民政府京政函 [1996]33 号文批复同意向社会公开发行股票（A 股），由北京市证 监局京证监发（1996）3 号文批复，并经中国证券监督管理委员会批准，向社会公开发行 4032 万股社会公众股，并于同年 10 月 30 日在上海证券交易所挂牌上市交易，证券代码：600763。公司根据国内和国际市场需求、自身发展能力和业务需要，原名称中燕纺织股份有限公司已不符合目前的发展状况，2007 年 2 月 5 日更名为“通策医疗投资股份有限公司”。通策医疗投资股份有限公司是国内第一家以口腔医疗连锁经营为主要经营模式的上市公司。

通策医疗的前身是德隆系上市公司ST中燕，2005年底杭州宝群实业集团受让新疆屯河持有的29.69%股份，成为实际控制人。由于公司的债务问题一直无法解决，注入资产以前该公司已经没有任何实际的业务。2006年底公司股权分置改革时，宝群实业集团以现金人民币21268579元按照账面净值收购中燕股份的应收款项21268579元，同时将其全资拥有的杭州口腔医院有限公司100%的股权及现金2550万元赠与ST中燕。其他五家非流通股股东分别将其各自持有的非流通股数量的9%无偿转让给宝群实业公司，作为宝群实业代为执行对价安排的补偿，受让股份后，宝群实业集团持有的通策医疗公司股份数量由4760万股增至5167.7万股，占总股本的32.23%。通过股权分置改革以及资产注入，通策医疗成为一家完全以口腔医院及诊所为业务的医疗服务类上市公司。目前公司的实际控制人是以房地产起家的董事长吕建明，从公司的年报中可以发现公司的第二大股东占有20%的股份，同时在董事会中有多名来自二股东的董事和监事，因此也参与公司的战略决策。

2. 商业模式和成长空间

根据2017年发布的《第四次全国口腔健康流行病学调查》：

儿童方面。12岁儿童恒牙龋患率为34.5%，比十年前上升了7.8个百分点。5岁儿童乳牙龋患率为70.9%，比十年前上升了5.8个百分点。农村高于城市。儿童患龋情况已呈现上升态势。

老人方面。65—74岁老年人中，存留牙数为22.5颗，城市高于农村；全口无牙的比例为4.5%，农村高于城市；缺牙已修复治疗比例为63.2%，城市高于农村。与十年前相比，老年人存留牙数平均增加了1.5颗，全口无牙的比例下降了33.8%，修复比例上升了29.5%。医疗覆盖率正在上升，随着人口老龄化，必然导致总需求进一步上升。

中年人方面。35—44岁居民中，口腔内牙石检出率为96.7%，男性高于女性，农村高于城市，与十年前相比，变化不大；牙龈出血检出率为87.4%，男性高于女性，农村高于城市，与十年前相比，上升了 10.1 个百分点。所以中年人牙齿健康方面有所提升，市场趋于稳定。

牙科病的主要竞争在老年人和儿童两个方面，这和前面爱尔眼科的市场情况类似。2007—2017 年也是牙科诊所蓬勃发展的十年。随着老龄化的进一步加深，以及其他年龄段人群进一步重视口腔健康，市场将进一步扩张。2015 年口腔科门诊量 1.23 亿人次，是 2007 年的两倍，复合增长率 8.83%。未来将进一步稳步提升。而在牙科医生方面，我国每百万人有牙医 100 人左右，而发达国家有 500~1000 人，所以市场空间依然十分巨大，医疗资源总体上不足。

3. 特色

通策医疗发展模式的独特之处：① 公司通过收购当地具备相当品牌的口腔医院可以轻易获得大量的消费人群，同时弥补了民营医院难以获得医保定点的弱点，可以吸引大量的医保消费者，目前杭州口腔医院收入的一半来自于医保。② 收购的医院在当地具有很好的口碑，免除了公司花巨资打造品牌的费用。③ 双品牌战略使得公司在扩张过程中更加灵活，同时在各地医院中也筑起了品牌防火墙。

收购口腔医院模式：

杭州市口腔医院成立于 1952 年，是杭州的第二大口腔专科医院，同时也是杭州市的医保定点单位。2006 年以前已经有一个总院和两个分院，医院的医生大多是口腔科的博士和硕士，有丰富的实践经验。在杭州当地该医院拥有良好的口碑，同时也积累了大量的顾客。2006 年 6 月宝群实业集团通过竞拍的方式获得了杭州市口腔医院 100% 的股权，股权的转让人是杭州市国资委。同年，宝群实业将杭州市口腔医院 100% 的股权注入 ST 中燕。公司取得杭州市口腔医院的实际控制权以后，即开始了以医院为中心的对外扩张：2007 年 6 月，公司受让位于宁波口腔医院有限公司 70% 的股权，成为该医院的实际控制人；2007 年 7 月宣布成立杭州市口腔医院古翠门诊部，成立宁波口腔医院宁海门诊部。

这种扩张模式的一个特点是：收购的医院都是当地成熟的口腔专科医院，这些医院在当地已经有一定的口碑和顾客积累；收购以后，这些医院的名称都不改变，也就是说顾客对这些医院的认知还是与原来一样；在收购这些医院以后，在此基础上逐渐在当地开拓分院和小型的口腔门诊部。

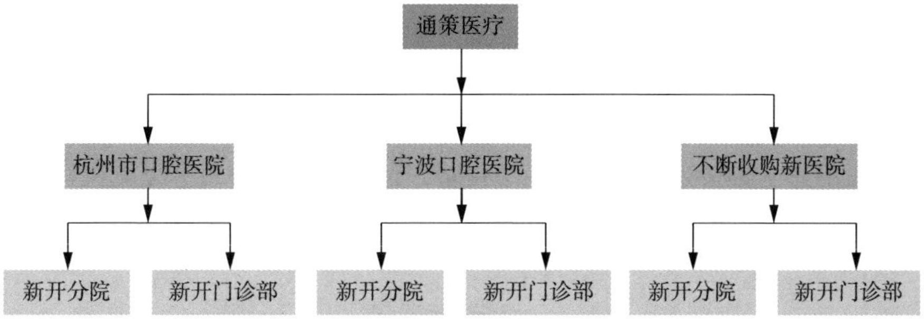

图 10–4　通策医疗医院收购模式扩张方式

资料来源：中信建投证券研究发展部。

这种模式扩张的优点在于：

第一，其扩张的成功率相当高，因为这些医院往往在当地已经拥有很高的名气，本来就是盈利很好的医院，加上公司对其进行民营化改制，会使公司的治理和经营更加完善。

第二，这些医院大多都是医保定点医院，据了解口腔医疗中医保报销的范围较小，这些服务项目并不能给公司带来很大的利润，但这些业务为公司带来了大量的客流和潜在客户。

该模式的缺点是：

第一，扩张的速度不快，因为这些医院大都是国有或者已经部分实现了民营化，收购这些医院往往需要进行相当长时间的谈判。

第二，不利于树立通策医疗的品牌。因为这些医院在被收购以后并没有改用通策医疗的品牌，而是继续沿用原有的医院名称，顾客就医时往往并不知道这家医院属于通策医疗控股。

独立扩张模式：

除了采用收购扩张的模式，通策医疗的管理层表示同时将采用新建的方式来进行扩张。目前这种扩张方法还在尝试阶段，但随着公司扩张速度不断增大，单纯依靠收购口腔专科医院的方式必然无法满足公司的需求，因此这是保证公司未来发展所必需的扩张模式，这种模式下的扩张速度将会大大超过收购扩张的方式。

目前公司的这种扩张方式还存在一定的不确定性，因为这种扩张模式的关键在于品牌以及围绕品牌形成的一整套管理、技术和人员的核心竞争优势，目前公司还不完全具备这样的核心竞争优势，但我们认为公司有可能在将来建立这样的核心竞争优势以及品牌效应。

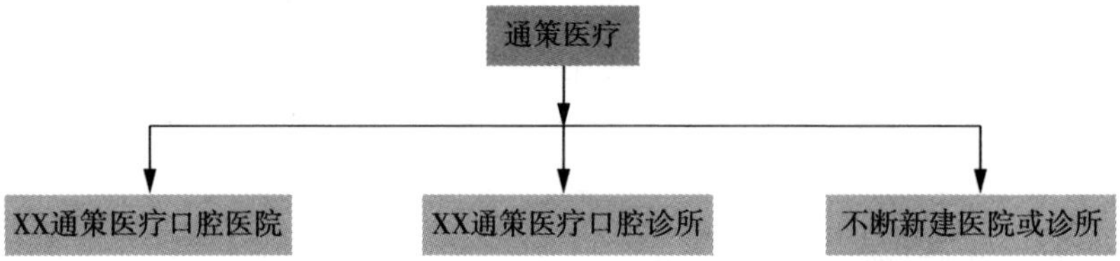

图 10–5　通策医疗自建医院模式扩张

资料来源：中信建投证券研究发展部。

公司的发展模式正在为将来的高速扩张做充分的准备，目前公司利用杭州市口腔医院这一成熟的平台作为对外扩张的基地，其作用包括对新口腔科医生的培训、派出医生去新收购的口腔科医院和对外输出成熟的医院管理体系等。同时公司也积极与浙江中医药大学合作，加强公司的研发实力，也可以为公司输送口腔科毕业生。

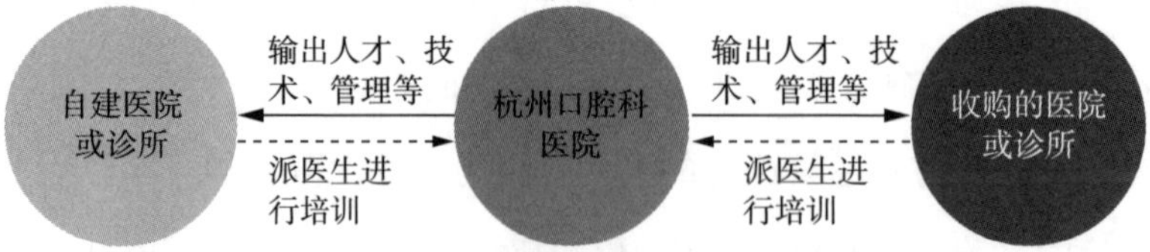

图 10–6　通策医疗业务扩张模式

资料来源：中信建投证券研究发展部。

我们认为按照管理层目前的意图，公司的扩张应该首先在浙江省内发展，随后发展至长三角地区以及全国一线城市，在此基础上再向全国扩张。

另一方面公司确立的主要通过收购、参与公立医院改革的方式进行集团式扩张的战略更符合行业目前的发展态势，成功的概率更大。在战术方面，通过与昆明市政府等多种渠道合作成立医疗 PE 基金，可以在控制风险的同时加快扩张步伐；而借助与政府的合作，也能更好地参与如昆明市的公共医疗领域发展，成功的概率较大。

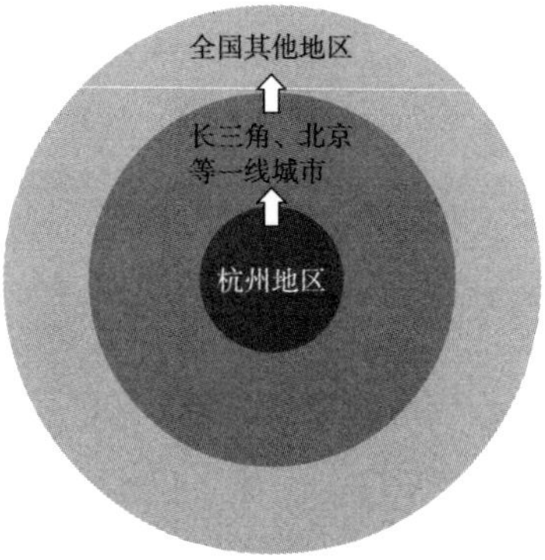

图 10–7　通策医疗可能的地域扩张模式

资料来源：中信建投证券研究发展部。

4. 合理估值

2017 年通策医疗扩张模式的优势开始显现，净利润同比提升 61%，一季度净利润继续上升，同比提升 44%，这说明公司近几年的扩张已经初见成效，预计未来三到五年公司增长率应该可以维持在 40% 左右（由于行业整体增速限制，故而将略低于现如今的增速）。其估值应该在 40 倍市盈率，相对于 2017 年的每股收益 0.66 元，对应 2018 年每股收益为 0.92 元。股价大致应该在 36.8 元附近。从 2018 年 5 月的股价参照，还是有些高估。

5. 风险种种

① 公司模式更多依赖于收购医院。② 受医疗政策影响较大。③ 公司模式对人才要求高，需要有良好的激励机制配合模式运行，公司内部机制尚未理顺，可能成为快速扩张的限制因素。④ 公司是典型的模式先行于盈利公司，高市盈率会维持较长时间，从而给高位介入的投资者带来一定的投资风险。

第十一章 医疗器械公司的投资机会

在前面章节我们已经大致了解了医疗器械领域的一些概况，本章我们来谈谈医疗器械的投资机会。

一、集中化医疗器械龙头——乐普医疗

1. 乐普医疗整体分析

医疗器械行业内的市值龙头正是乐普医疗，随着未来医疗器械的推进，我们认为整个医疗器械行业最终很可能复制仿制药的路径，出现产业集中度，从而逐步形成强者恒强的态势，所以乐普医疗十分值得关注，一方面其业务面对的正是老龄化，另一方面其在所经营的领域存在一定的壁垒和竞争力。

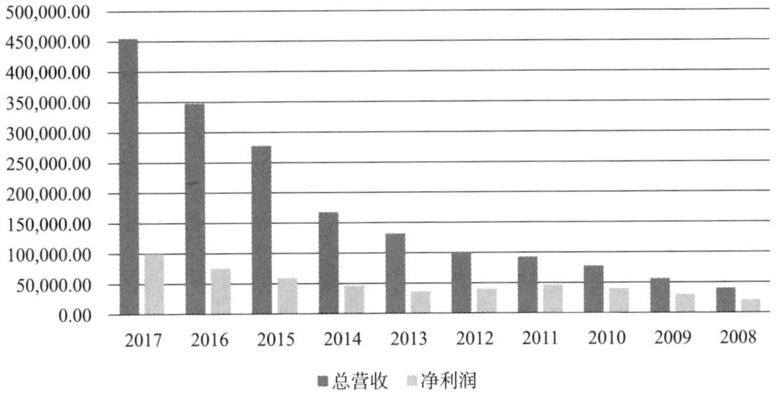

图 11-1　乐普医疗十年净利润和总营收

以上是乐普医疗 2008—2017 年的营收增长和净利润增长，可以明显看到，2013 年之后医疗器械行业整肃期间，其营收和利润呈现双增长局面，也就是说政策面的规范行为对其并没有太多影响，而其营收在 2014 年之后基本恒定在 30% 左右，净利润的抬升也在同比 20%~30%，但利润率有所下降。所以，我们定位观察乐普医疗的未来重点在于其业务的成长性，看有没有可能通过技术壁垒进一步提高利润率。

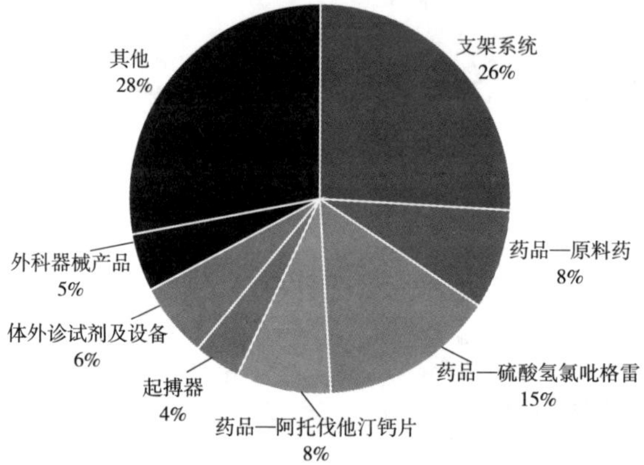

图 11-2　2017 年乐普医疗分项营业收入

数据来自 2017 年报。

从上图可以看出，乐普医疗的主要营收贡献品种集中在几类，一类是支架系统，一类是大单品硫酸氢氯吡格雷，一类是大单品阿托伐他汀钙片，这三个产品占据了营收 49% 的比例，所以可以从这个数据中得出几点结论：

乐普医疗正在逐渐多元化，多方面出击，其已经不仅仅局限于医疗器械领域，未来的增长点会增多，但是很明显多种类并不代表高净利率或者高毛利率，所以投资人需要关注重磅品类。

硫酸氢氯吡格雷是抗血栓药物，而阿托伐他汀钙片是降血脂的药物，结合其现阶段主力产品心脏支架和起搏器，我们发现其杂乱的外延式扩张并不是无迹可寻的，其将围绕心血管系统的疾病展开综合性治疗，从一个产品制造商逐渐转变为心血管疾病综合解决方案的提供者。

随着老龄化的推进，投资人并不担心市场需求，宏观面支持心血管类产品的需求进一步扩大，而且这种扩大会非常持久，但是投资人要考虑的是供给端的产品能不能增加市场渗透率。

2. 关于心脏支架系统的分析

血管介植入医疗器械主要包括管内支架、心脏起搏及心脏结构器械，其中血管支架经历了漫长的技术演变。

早期冠状动脉狭窄使用的是搭桥手术的方法，就是人工造血管绕过狭窄动脉，之后球囊支架问世，其进入冠状动脉之后用球囊撑开血管，创伤性比较小，但是 30%~50% 的患者会再一次狭窄，如今依然有广泛的临床运用，再后来是金属支架，是 20%~30% 的再狭窄率，由于留置体内，会出现亚急性血栓。之后药物洗脱支架问世，10% 的再狭窄率，药物作用血栓形成概率下降 1%~2%，但是一旦出现血栓，虽然概率很小，致死率却又是惊人的 45%。直到 2012 年雅培推出了 BVS 可降解支架，但可降解支架的技术尚不成熟。

图 11-3　血管支架技术的演变

在国内支架销售方面，国产品牌市场占有率约 80%，大部分是药物洗脱支架，不过和国外还有一些差距。在药物洗脱支架上也分两种，区别在于药物涂层，其中第一代的产品是雷帕霉素和紫杉醇，而第二代产品是依维莫司和佐他莫司。从技术上看，国外产品大多数属于第二代，而国内产品大部分还是属于第一代。这两代在效果上差距并不是太大，所以国内尚可接受，但同时也失去了反向进入国际市场的可能性。我们看到乐普医疗 2011 年上市的 NANO 支架虽然说是新一代产品，但是其也只是新一代的雷帕霉素，并非严格意义上的二代药物洗脱支架。

所以，乐普医疗如今在支架这一类产品中押宝在可降解药物支架，这种支架雅培在欧洲上市 7 年销售额 15 亿美元，平均每年超 2 亿美元，虽然后来因为技术问题而停售，但是如果乐普医疗能够克服这些困难，未来的市场必然是十分巨大的，对其业绩提升也很明显，因为其可以有条件返销欧洲。而对于 PLLA 聚乳酸制作的可降解支架，如今上海微创、上海百心安和乐普同步临床，但乐普进入更早。关于可降解支架技术的问题，主要是支撑力、支架杆宽及初步临床效果不佳，但这些问题相信是可以克服的，并可以借此弯道超车国外高端品牌，比如雅培、波科和美敦力。

3. 关于起搏器的分析

心脏起搏器市场是一个成熟的高端市场，国内起搏器市场基本上被美敦力、圣犹达、波科垄断，所以自主的起搏器大多数需要和国外合作，乐普医疗收购了国产起搏器的开山始祖秦明医学，如今的乐普医学电子仪器。但是在之前秦明医学仅仅生产单腔起搏器，这种起搏器在世界范围内技术比较落后，面临淘汰的难题，于是在 2016 年和西安交大一同开发了新的双腔起搏器。而其他国产在研和即将上市的国产双腔起搏器基本上是和国外合作开发，我们所知的有：杭州能可爱心和索林，创领心律和 NeuroLZ，微创和 LivaNova PL，先健科技和美敦力。也就是说如今真正自主开发掌握核心技术的只有乐普。这个好处显而易见，不用交专利费，有先发优势，而后发由于掌握技术，技术提升也将比较有优势。

和支架不同，起搏器的问题是进口价格过高导致了使用者比较少，对于适应症产品渗透率比较低，而国产的起搏器可以弥补这方面的不足，价格必然是这种产品渗透率的主导因素。预计未来在双腔起搏器上面乐普医疗将持续发力。

4. 关于仿制药

虽然我们在乐普医疗的药物清单里看到了重磅的生物药，比如 PD-1，在恒瑞的药物清单同样见过，但是实质上乐普医疗的主要医药产品还是围绕心血管系统。由于主力产品心脏支架实质上并不能摆脱服药，所以如果药物配合器械，就能够形成一套完整的心血管解决方案。我们看到乐普医疗在医疗器械方面已经具备了四大件：支架，起搏器、封堵器（乐普旗下上海形状记，国内垄断地位）、心脏瓣膜（北京思达），还欠缺人工心脏，但是配合药物整体上已经成为一套完整的生态链。那么我们再来看看其心血管药物方面。

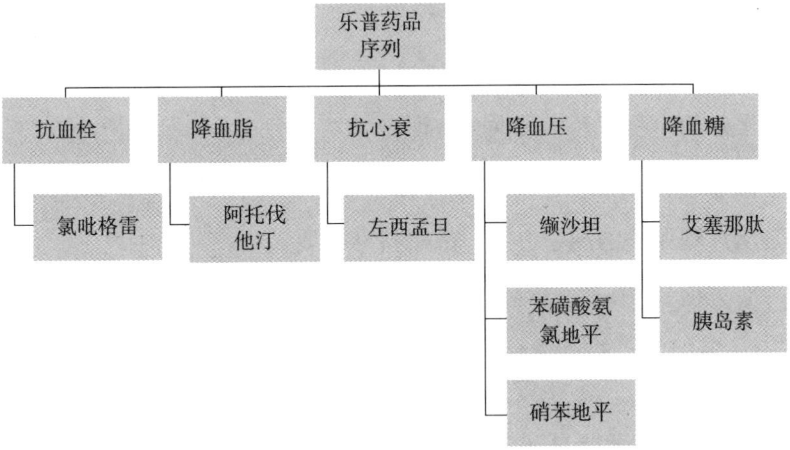

图 11-4　乐普药品序列

这个布局可以很明确地看出其仿制药研发的方向，主要竞争对手必然是信立泰之类的心血管疾病药物制造商，然而不同的是，虽然乐普医疗进入这一类心血管药物的时间比较晚，但其通过并购获得了不错的研发能力。其 2013 年并购的河南新帅克主要药物实质上和信立泰是打对台的，信立泰靠比较单一的并购仿制品种就能在这一领域赚得盆满钵满，那如今招兵买马的乐普未来的成长也就可想而知。

另外围绕着心血管，乐普还开展了 IDV 的研制，也就是即时检测设备的开发。所以从整个解决方案看，有介植入器械，有药物配合，有 IDV 检测，但这部分起步尚需时日，只占到总营收的 6% 左右。除了这些，乐普还有渠道建设。

5. 全产业链最后一环——渠道铺设

我们看到乐普的心血管疾病针对性很强，内容丰富，但是如何发挥全链条优势呢？需要最后一个环节，那就是医疗服务环节的布局，提高产品渗透能力。于是近几年乐普收购了很多面向病人终端的公司，比如金卫健、乐健医疗、伏加利、护生堂、普林基金、洛阳六院、合肥高新心血管医院。至此，整个链条的闭环得以实现。

6. 生物药的可能性

乐普医疗的生物制药大致两个方面：

一个方面是糖尿病的多肽治疗方案和胰岛素治疗方案，肽类是艾塞那肽，这正好是治疗糖尿病的两个方案，战略精准有效。

另一个方面是 PD-1，单抗，这是肿瘤药，还在临床，但是如果成功未来不可限量。

7. 主要风险和关注点

有好就有坏，任何公司概莫如是。乐普医疗如果按照现阶段预期的每年增长 30% 的业绩，妥妥能够和恒瑞、正大天晴开展同一个级别的战争，但是有几个风险也不容忽视。

行业聚焦不够，过于分散。虽然市值是医疗器械类第一，但是有心观察，发现其已经逐步向仿制药拐弯，若是认真做好一款医疗设备，直接替代进口，就已经是非常大的市场，而如今多路出击的确不利于出大单品。

在医疗行业内，资产负债率偏高，商誉偏高。资产负债率 50% 左右，商誉 22 亿左右，有息负债较多，这些迹象都要求公司增加现金流。

无论是器械还是药物现阶段还是以仿制为主，虽然仿制的方向非常好，但是如今的体量需要增加研发，进行创新。

8. 总结

乐普医疗总体上的优势就是心血管疾病的全产业链推进，这样其有可能向这些疾病的终端医院提供整套完整的解决方案，而现实中其下游的布局也是围绕着这一点展开的，随着老龄化进一步到来，整体性的治疗已经越来越关键，需求也越来越大，再加上一些疗法要下沉到基层，故而国产的替代产品尤为迫切。

在估值方面，2018 年一季度增长 30% 净利润，比 2017 年同比增长 26%，考虑到老龄化和行业整体竞争加剧，未来 30% 的增长率可以维持三到五年，所以预计其合理价位应该在 19 元附近，2018 年 5 月看估价还是有些高估，如果要接受高价格买入，则必须付出一定的持有时间。

二、POCT 推进者——万孚生物

1. 万孚生物业务概况

在体外诊断设备 IVD 中，核心的竞争在 POCT（即时检测），也就是指在患者身边即时检测，又叫做“床边检测”。其对于 IVD 其他类型的检测有一定的替代性，如果可以再简单而快捷地得出疾病结论，就不用去实验室转一圈。因为 POCT 效率高、便携等特点，未来在多种场景下将得到广泛运用。

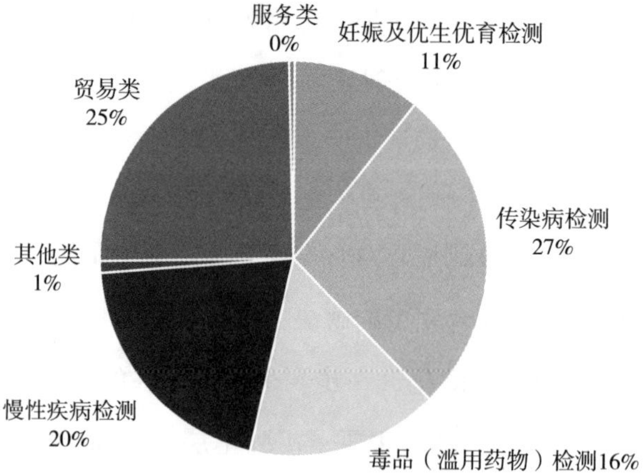

图 11–5　2017 年万孚生物单业务营收

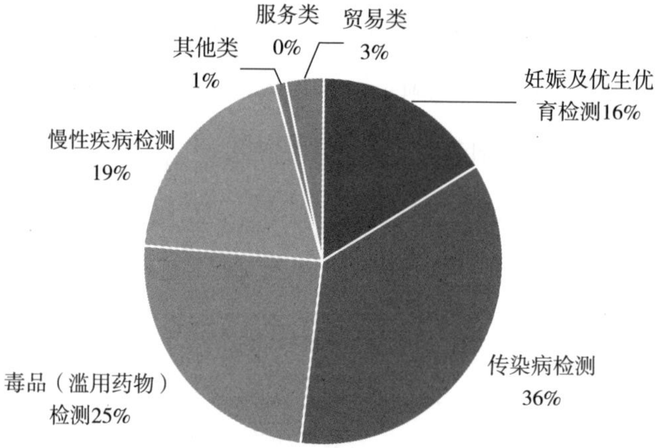

图 11–6　2016 年万孚生物单业务营收

2017 年万孚生物营收同比增长 109.28%，各项主要业务都有提升，贸易类增长特别明显。投资人从两年的业务占比也可以清晰地发现，其主营业务集中在四个领域，慢性疾病检测、妊娠及优生优育检测、毒品检测和传染病检测。如今聚焦的 POCT 领域大致上涵盖八个领域，分别是：血糖检测、妊娠检测、感染因子检测、心脏标志物检测、血气电解质检测、传染病检测、毒品检测、肿瘤检测。从产品的契合上看，万孚生物的产品实质上已经包含了七类产品，只有肿瘤类如今尚在起步阶段。现实是全世界肿瘤类的 POCT 也都是在起步阶段，所以万孚生物在 POCT 领域的产品线是非常齐备的，并不存在过度依赖单品的问题。

2. 关于宏观 POCT 趋势

根据市场调研公司 RNCOS 在 2015 年 5 月的报告，POCT 市场将在 2020 年达到 300 亿美元的市场规模。但是这个市场现如今主要集中在欧美，国内则主要集中在发达城市，虽然我国在 POCT 上起步最晚，但是在增长方面是众多医疗器械细分领域中最快的，2016 年我国的 POCT 市场规模达到 10 亿美元。在 2017 年的年报当中，万孚生物也披露其高增长主要来自于国内需求的爆发式增长。预计未来三到五年行业增速依然保持在 20%~30%。再往远期看，老龄化导致的糖尿病、冠心病、肝肾病等慢性病人数增加，除了医院诊疗，患者在家中自我便捷的使用试剂也将成为非常庞大的需求，故而其未来长期增长具备一定的确定性。

3. 关于万孚生物的妊娠检测

妊娠检测，一个普遍的概念是验孕棒，当然这只是这一类检测设备中比较传统的一项，另外还有优生优育方面的检测。2014 年全球妊娠类消费 4.16 亿美元，2018 年达到 4.78 亿美元。这个整体增长跨度不大。但是受益于我国二胎的放开，以及未来生育政策的全面放开，使用频率和检测项目会逐步增多，万孚生物在 2017 年就获得了接近 38% 的收入增幅。预计生育检测的 POCT 类别将进一步增加，而且基因检测类业务如今也集中在妊娠阶段，这些迹象都说明万孚生物未来这项业务将保持稳定增长。

4. 关于万孚生物的心血管类检测

心血管疾病的 POCT 尤其重要，由于心血管疾病比如急性心肌梗死需要及时发现及时施救，所以 POCT 能够在未来逐步向底层医疗机构甚至向家用延伸，2015 年心血管检测类产品市场规模大约 13.5 亿。大部分的产品依然来自进口，比如罗氏、美艾利尔、梅里埃，占据了 64% 的份额，国内最主要的心血管 POCT 出自三家公司，万孚生物、基蛋生物、瑞莱生物（润达医疗已经收购）。而这里面主角依然是万孚生物。预计未来这方面的市场将保持 30% 的增长，万孚生物 2016 年营收 1 亿多，到了 2017 年营收达到 2.3 亿，远远快于平均水平，并且开始挤占进口产品的市场份额。

5. 关于万孚生物的感染因子检测

感染因子检测主要针对抗生素的滥用，诸如感冒的触发点要么是病毒要么是细菌，如果定性是病毒引起的，就可以不用抗生素，以防止过量使用抗生素导致耐药性。另外抗生素也有一定的特异性，诸如阿奇霉素对于链球菌的治疗相对较好，而一般的头孢类广谱药抗菌性较好，了解这些在使用抗生素的时候也会增加选择依据。如今此类检测重点是 C 反应蛋白的定量快速检测，可以短时间区分病毒还是细菌。这方面国内除了万孚生物还有武汉明德、北京热景等，但是万孚生物依然最具有代表性。

6. 关于万孚生物的传染病检测

2014 年全球传染病 POCT 消费额 8.47 亿美元，预计 2018 年将达到 12.59 亿美元，2015 年我国传染病类 POCT 消费总额 5 亿。2017 年由于各种流行病的传播，包括美国的传染病传播，我国冬季的乙型流感，万孚生物在这一方面增长迅速，营收增长高达 57% 左右。在这个领域其竞争对手有杭州艾博、科华生物，但是总体上这个市场遵循一定的流行病驱动性。最近几年流行病的爆发频率上升，需求也会随之阶段性爆发。

7. 关于万孚生物的毒品检测

虽然这是万孚生物比较稳固的现金流业务，2017 年依然取得了 38% 的营收增长，其市场渗透力进一步扩大，品类进一步丰富。全球2014年毒品检测为5.64亿美元的销售，预计2018年将超过8亿。未来依然会保持20%左右的增长，国内万孚生物的主要竞争者是凯创、南通伊士等，但是领先者是万孚生物。

8. 关于万孚生物的多业务评判

我们依然缺乏一些具体年份的行业具体数据，但是大致上品类的优势是明显的，在POCT主要的类别中，除了血糖类，万孚生物基本上都有占据一定行业细分主导的产品。当然血糖类产品其也是有的，只是国内这个市场主要是三诺生物的天下，一家专一的主导血糖检测的公司。多行业的主导性给万孚生物带来的并不仅仅是产业的增加，还在商贸上获得了额外的收益。2016年贸易类业务营收大致1800万左右，2017年这一类业务为2.85亿左右，这是一个数量级的跨越。而贸易类业务正是万孚生物建设终端销售渠道打通零售环节所带来的意外之喜，从而保障了未来POCT的推广，并进一步获得更多的市场份额。如今国内POCT需求端尚在起步，各家依然还在跑马圈地中。

9. 总结

POCT检测将是IVD检测的进阶状态，无论是微流控还是POCT，其都主导检测设备的轻量化、家用化，让产品更加直观的运用，使得不懂医学专业知识的人也可以通过小小的试纸和医疗器械得出结论。从这一点说未来万孚生物保持30%以上增长是合理的。但是，在我国POCT普及依然还有很长的路要走，进口产品在很多领域依然主导着市场。万孚生物作为一家业务早已国际化的公司，更加具备产品口碑。2017年虽然欧美出口的份额有所下降，但是绝对金额对于欧洲上升了20%，对于美洲上升了71%（主要是因为美国流行病爆发）。其在美国拥有子公司和实验室，至2017年美国FDA认证69项，CE认证151项，加拿大MDALL认证3项，这些国家和地区对于产品管理都比较严格，这也使得未来医疗器械的政策性规范将进一步利好公司。

估值方面，2017 年一季度营收增加 100%，净利润增长 57%，未来预计增长率还会保持强劲，预计未来增长率在 50% 左右，大致合理区间在 70%~75%。

三、高毛利介植入专家——凯利泰

1. 凯利泰的整体业务概况

凯利泰成立于 2005 年，在 2012 年上市创业板，上市之初产品比较单一，后来通过并购逐渐完善产品线，如今产品主要有椎体成形微创介入手术、脊柱及创伤产品、药物洗脱冠脉支架。其业务占比如下：

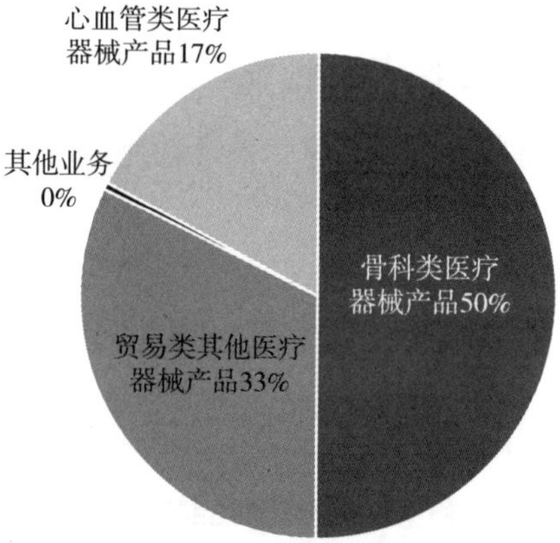

图 11-7　2017 主营业务收入占比

数据来自 2017 年报汇总。

我们看到，其主要的业务来自骨科类和心血管类两项，而骨科类又是这两类业务里面的主力业务。医疗器械整体上看，各细分行业里面毛利率最高的业务正是骨科植入类和心血管植入类，全行业的毛利率高达 75%~85%，再来看一下凯利泰的毛利率。

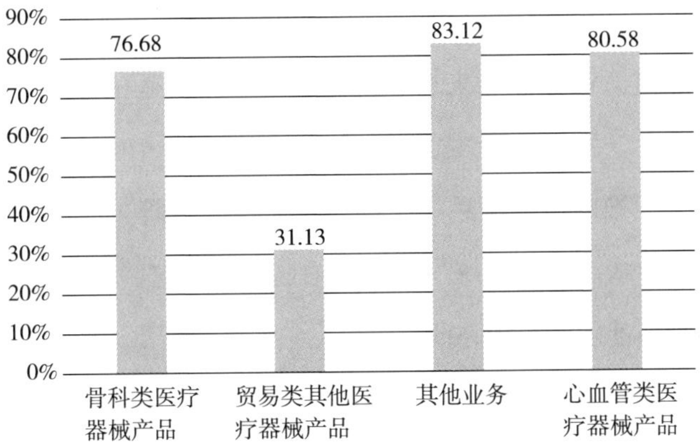

图 11-8 2017 年凯利泰各业务毛利率比较

数据来自 2017 年报汇总。

2. 关于凯利泰骨科介植入器械

从凯利泰的整体业务上看，其心血管药物洗脱支架实质上和骨科介植入器械是分离的，而心血管支架虽然可以在未来为凯利泰提供足够的现金流水，但是我们依然可以将凯利泰的主要业务看做是一个骨科介植入器械公司。

我国骨科介植入器械行业发展相当迅速，公司进入门槛高，行业整体渗透率和集中度比较低，国内骨科介植入器械年复合增长率大致在 15%，骨科植入类器械产业链又分为上游、中游和下游。上游是介植入材料，国际巨头在我国骨科介植入器械中占据大部分份额，而很多巨头已经开始自行研发植入的材料，以控制产业链条。国内在材料上优势不明显，故而国内公司大多数分布在中游器械制造和下游销售渠道上面。

中游器械制造又分为创伤、关节和脊柱三类产品。创伤类主要用于各种骨折损伤复位、固定和功能锻炼所涉及的内固定器械。关节类包括人工膝、髋关节。脊柱类包括椎间融合系统、椎球囊扩张导管、骨水泥等。如今国产产品基本上占据了创伤类产品的主导权，而关节类和脊柱类，门槛相对比较高，投入比较大，目前基本还是被进口产品主导，其中不乏强生、美敦力、史赛克、施乐辉等巨头。

凯利泰虽然主力业务依然来自于创伤类产品，但是在脊柱类产品中其产品线也相对比较齐全，我们看到其产品分布如下：

椎体成形：颈椎前路钉板系统、椎体扩张球囊导管、股膨胀器、可弯曲椎体成形器、液压骨水泥输送系统、骨水泥输送器、刮匙器等。

颈椎专用：颈椎前路钉板系统。

胸腰椎专用：刺突撑开器、脊椎内固定系统。

其代理的为 Mendec Spine Resin 骨水泥。

这些产品和设备主要是为了实施椎体成形术，椎体成形术又分为 PKP（球囊扩张椎体后凸成形术）和 PVP（经皮穿刺椎体成形术）。PKP 是在 PVP 基础上发展起来的。简单描述，PVP 是开微小创口，然后注入骨水泥固定，PKP 是通过球囊扩张和分次注入，降低负荷，并压实骨水泥。

凯利泰是国内最早获批生产 PKP 工具的公司之一。PKP 相比 PVP 有明显优势，诸如透视标记明显，顺应性强，抗高压。

另外在骨关节方面，凯利泰参股了经纬医疗，未来为了产业链很有可能进一步加码收购。

3. 凯利泰的竞争优势

由于国内骨科耗材方面公司普遍还是在零散阶段，所以凯利泰在市场份额上还没有什么优势，但是我们认为其优势可能来自以下几个方面：

PVP 和 PKP 手术工具齐备，适合针对手术整体推进治疗方案，其和意大利公司 TECRES S.P.A 合资设立上海意久泰医疗科技有限公司，进一步补足了产品线上的不足。

进行下游销售贸易子公司的建设，通过子公司易生科技并购了深策胜博，对方是一家医疗器械的销售公司，并增资控股另外两家流通领域的公司江苏润志泰、湖北瑞特。

收购美国的 Elliquence，LLC，这是一家专注于高频低温、解剖（单极）和凝血（单极和双极）技术开发和生产的美国公司，目前主要从事手术能量平台及高值耗材的研发、生产和销售。通过并购，一方面可以使公司更加贴近国际市场，另一方面可以进一步获得更多骨科设备，向骨科手术整体解决方案迈进。

4. 凯利泰的风险

由于凯利泰规模比较小，集中度不够，我们认为其也存在一定的风险：

业务集中度不够，其心血管支架方面的业务份额过小，无法对乐普医疗之类的国内巨头形成挑战，短期尚可，长期略显鸡肋。

公司发展以并购为主，有一定的研发能力，但是部分产品技术方面对意大利的 TECRES S.P.A 有所依赖。而且照目前情况看，其还将进一步采取并购策略，这样会使商誉过高，并购标的也有不达预期的风险。

骨科产品品系完整，但是相比国外巨头，无论是品质还是品牌都不够响亮，特别是在骨科植入物材料方面的研究，还有欠缺，当然这部分材料研究一直就是我们普遍的难点。

5. 总结

由于骨科是风口行业，未来老龄化骨质疏松导致的骨折将逐步增加，而国外耗材价格高昂，在国产替代上，骨科行业将在很长一段时间保持较快增长。而国内的一些竞争对手由于合作链条不完整，产品品系不完整，无法形成整套的治疗方案，或者说零散的产品将最终受制于终端的需求。所以凯利泰作为骨科先行者有一定的先发优势，并且在未来将进一步扩大这种优势。

估值方面，2017 年扣非净利润同比增长 19%，而 2018 年一季度净利润增长 27%，结合骨科增长率 15% 的比例，又结合考虑其在行业内的地位并不是太高，所以未来三五年的增长率是 25% 左右，大致估算其股价合理价格在 7.8 附近。从 2018 年 5 月的股价对照，还有一定的高估空间，要等待业绩跟上股价。

四、港股的医疗器械金股——威高股份

港股本来不在我们推荐范围，我们之前谈论过中国生物制药，关联的是正大天晴，但是我们没有深入探讨，对于威高股份，不讨论是很可惜的，其在医疗器械领域有几个比较牛的公司，但是都没有上市，各位可以有个印象，比如迈瑞、博奥生物，都是相当出色的股票，接下来的角色就是这个威高股份。我们在研究国内公司的时候，在多个领域涉及的 A 股标的最终面对的竞争对手都是威高，比如在研究宝莱特的时候就发现其血透业务不及威高，在研究骨科凯利泰和大博医疗的时候发现威高也很有行业地位。所以我们将向投资人介绍这一个港股标的。

1. 威高股份概况

威高集团是综合性公司，规模比较大，但是威高股份实质上是威高集团旗下的山东威高集团医用高分子制品股份有限公司。主要生产基地在山东威海，主要业务是三个方面：

一次性使用医疗耗材及原料，其中包括输液（血）器、注射器、血袋与血液成份分离耗材、采血系列耗材、用于药品包装的预充式注射器及医用针制品，主要包括静脉针、注射针、留置针、采血针、异形针等系列制品等。

骨科材料及工具，主要包括钢板、螺钉等创伤治疗耗材、脊柱系列耗材及人工关节系列耗材、血液净化耗材及设备。

血液净化系列耗材及设备，主要包括穿刺针、血液净化装置之体外循环管路、透析器等有关耗材。

我们要说明的是在报表中血透业务已经基本上无法体现了，因为其对旗下威海威高血液净化制品有限公司进行了一轮增资，股份被稀释，从控股公司变为了联营公司，以后的收益类将体现在投资收益相关的科目，不再并表计算。

但这并不影响其在该业务的影响力。

2017 年威高股份净利润 17.3 亿，扣非净利润 13.4 亿，这里差额 3.9 亿是因为威高血液净化增资导致的变更。有大量的投资收益，由于其基本属性没有改变。我们依然在后面谈论这个业务，但是数据必然相对匮乏。

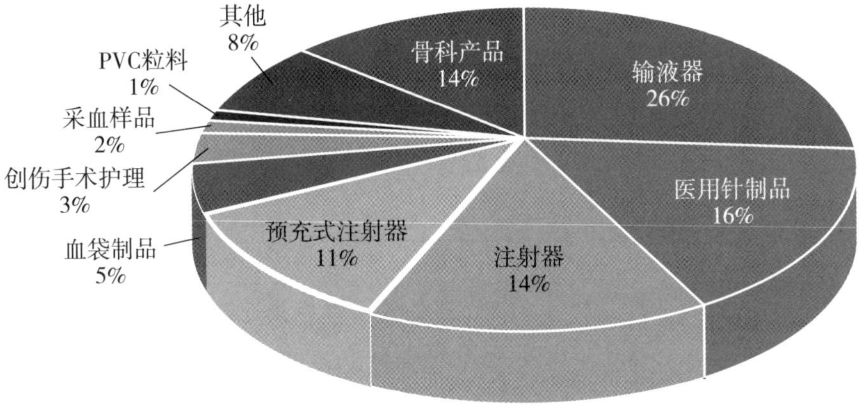

图 11-9　2017 年各项业务营收

从上图可以看出其主力业务还在一次性医用耗材上面，骨科占比并不是很高，然而实质上骨科营收超过 8 亿，因为国内的骨科相关公司规模都比较小，这已经是一个比较可观的数字。

2. 一次性医用耗材

一次性医用耗材是威高股份的核心业务，其在全国有非常丰富的销售网点。根据报表的描述，其网络包括分布各地区的 32 个销售办事处、32 个客户服务中心和 235 个拥有销售代表的城市覆盖。有业务往来的医疗机构达到 5117 家。所以在一次性医用耗材上面，威高股份集中度非常高，并且具备一定的稳定性。在研发和销售推广双动力影响下，威高股份 2017 年几乎所有的细分产品营收都得到了增长，增长最快的是 PVC 粒料和采血产品。其普通的主力产品医用针制品和注射器分别增长 13.7% 和 13.5%，基本保持同步。我们认为也许这和产品配套有关系，而最大的份额输液器仅仅增长 6%。可见这些传统和普通的业务似乎已经进入了成熟期，成为一个稳健的现金流业务，为威高股份的其他领域输送资金。

而预充式注射器 2017 年的增长为 19.9%，在一次性医用耗材中，这种注射器值得投资人关注。最近几年大量的液体新药广泛运用预充式注射器，说白了就是将药直接装在注射器里面，让普通人可以不用为使用量发愁，所以在生物制剂定量给药方面，这种方法很受欢迎，并逐步成为市场的主流，比如胰岛素的给药。预计随着国内大量新药的上市会提升其在这方面的业务量。这个业务威高始于 2004 年，解决方案已经相当成熟，客户也非常稳定，国内竞争对手稀少。

3. 血液透析的关注点

虽然已经改变为联营公司，无法将血液透析类业务并入，但是实质上这部分业务依然没有太多的变化。在 2016 年血液透析单项的营收为 10 亿左右，预计未来将以投资收益的方式继续增厚利润，所以关注这个联营公司依然有意义。

透析耗材器械里面主要的产品有透析器、透析机、透析管路，其中技术难度最大的是透析器，就是用半透膜的原理过滤血液中有毒的大分子和小分子。而透析机的原理是用血液监护警报系统将病人的血液传送到透析器，然后再用透析液供给系统将血液送回到病人体内。

可以看到，透析机的半透膜是透析的重点，其定位是耗材，基本上被国外公司技术垄断，而威高股份则是少数几家有透析器产品的公司，其技术应该部分来自于日机装株式会社。所以这一次定增的主要对象就是日机装，变为联营公司之后日机装的话语权将上升，并且投入更多的技术。

预计血透业务未来还将跨越式发展，所以虽然不在报表上体现，依然可以认为是未来大规模回收的业务。

4 骨科全类别

无论是创伤类，还是脊柱类和关节类，威高股份的产品比较完善，基本上都有。而相比于A股的大博医疗及凯利泰，其骨科业务更加成熟，高端如脊柱类和关节类产品的销量更大。大博医疗虽然有赶超的迹象，但是其业务主力在创伤类。国内创伤类本身占比比较高，而技术含量较低，相比威高股份的脊柱类和关节类更容易建立壁垒。

5. 其他业务

威高股份除了一次性耗材、血透和骨科，还有一些有成长性的业务，比如牙种植、监护仪、一次性的心外科体外循环系统、微创手术机器人，这些业务都比较细分，依托其强大的销售网络，未来的威高必然在这部分业务上更加集中。2018年1月23日，威高股份宣布以8.5亿美元（约合人民币56亿元）完成了对美国老牌医疗器械公司Argon Medical Devices Holdings，Inc的收购。Argon的产品和威高有一定的互补性，未来协同的空间很大。

6. 风险

威高股份的主力业务过于传统，未来增长率比较有限，比如针和针管是相当稳定的需求耗材，没有任何迹象表明这一类的需求会萎缩。

所以威高股份的成长需要看其成长性业务部分，诸如血透、骨科、微创机器人、洗脱支架等，还要看其新的并购是否顺利。但是总体上威高的估值并不是很高，至少在2018年6月上旬看其估值还是非常合理的。

其2017年净利润0.38元，未来增长率在15%左右，对应股价6.56元左右，如今正在估值附近波动，建议关注。

五、具有国际竞争力的领军器械企业——迈瑞医疗

迈瑞医疗成立于1991年，是国内规模最大的医疗器械龙头企业。公司产品

线主要包括生命信息与支持、体外诊断、医学影像三大板块，此外也在积极布局内镜等外科产品。公司三大产品线齐头并进共同发展，均取得了国际、国内领先的市场地位，丰富的产品为医疗机构带来全方位的科室解决方案。

迈瑞最初从国内市场起步，并于2000年起将业务拓展到了国际市场。经过7年发展后公司海外收入大约占到总收入的一半，随着近年国内医械市场的崛起，公司的国内收入再次超过海外，且占比持续扩大。2015年，Qmed根据标普旗下的S&PCapitalIQ数据库列出的2015年全球医疗器械百强排行中，公司是50强中唯一上榜的中国企业。

1. 行业迅速增长，龙头企业独具优势

2018年中国医疗器械市场整体规模5304亿元，继续保持快速增长。在政策持续推动、国内器械企业技术突破的双重因素作用下，国产医疗器械正在以更快的速度取得市场。

医疗器械行业向智能化、综合服务化发展已成为趋势，迈瑞医疗作为国内规模最大的医械平台型公司具有明显的发展优势。平台型企业可提供丰富的产品选择，有利于实现打包供应，也为多个智能化设备间的信息互通共用打下基础。另一方面，平台型龙头公司业务体量大具有规模效应，能在较低成本下运营专门的综合服务团队。

2. 运营全球化，格局出众

经过近20年的努力，迈瑞已经实现多维度的全球化运营，包括了销售和市场开拓的全球化、研发的全球化以及并购的全球化，为公司未来进一步向国际医械巨头发展打下基础。

2018年迈瑞的产品在全球190余个国家和地区销售，实现海外收入近60亿元。纵观国内的医疗器械公司，能在低值耗材之外领域实现全球规模销售的屈指可数，而能在准入门槛高、市场复杂度高、客户要求高的北美和欧洲主流

医院占据一席之地的更是罕有，显示出迈瑞出众的公司格局。

生命信息与支持：监护仪与二线品种共同拉动增长。今明两年是国内二级医院扩建的高潮，即将开标的项目超过1000家，三级医院持续受政策因素驱动，仍处于设备升级、新增的进程中，公司作为监护领域产品布局最全面、品牌认知度最高的国产龙头，有望在二三级医院增量市场优先受益。其中，呼吸机、输注泵、麻醉剂、除颤仪等产品处于快速增长期，增速均超过监护仪，市场份额逐步提高（尤其是呼吸和输注泵业务）。上述业务目前全球占有率依然较低，未来通过深耕国际高端客户群、抓住国内市场ICU建设加速机遇，有望维持快速增长。

体外诊断：发光与血球增长迅速，重磅流水线产品M6000于2019年正式发布，其整合了生化、免疫、血液、凝血四大自主检测系统，实现全流程数据交互式管理，缩短报告TAT时间，标志着公司在新型实验室的探索上又迈出坚实的一步。一条大型流水线可完成检验科70%甚至更多的检验工作量，随着公司流水线投放上量，配套试剂的销售有望得到显著拉动。

影像板块：基层采购阶段性放缓，长期市场需求仍然强劲，高端产品不断上市打开板块成长空间。公司高端产品系列保持高速增长：Re系列在国内的增速接近50%，收入占整个超声业务的比例超过30%。X-InsightDC-90中高端彩超延续了Resona系列产品的卓越性能，是公司为应对高端技术普及而推出的全新系列。此外，公司还推出了中高端台式彩超X-InsightDC-80版、新低端便携彩超Z50/Z60及新黑白超DP50专家版、低端台式彩超DC-30V2.0版等新品，为后续开启新一轮放量奠定了基础。

第十二章
仿制药公司的投资机会

我们前面很多的内容都围绕着仿制药的标的展开，还介绍了很多单品药物，在研究仿制药的时候我们发现大多数看好的标的都倾向于多品类、复杂品类，如果在解读标的的时候过多讨论单个品种，必然过于冗长，毕竟不是全方位的研究报告，所以我们在谈论仿制药公司的时候会回避一些药物单品过多介绍。但这并不是说单品类的研究和发现是不重要的，公司业绩依然是由一个个单品组成，如果能够预估出单品的市场，则能够让公司的未来更加精准。关于恒瑞的一些单品前面章节的分析可以作为参照。本章也换一个角度，先讲全行业的内容，然后再探讨具体公司。由于仿制药公司之间有很多共性，这样的安排可以避免一些重复。

一、医药研制的国际化视角

专利药的保护期限一般是 20 年，而各个国家制度又略有不同，专利药从研发到量产大致遵循双十原则，也就是 10 亿美元和 10 年研发，而更普遍的统计说明单个药品平均研发应该是 7 亿美元，从研发到量产大约需要 10 到 15 年，由于这中间存在大量失败案例，所以平均的成本和时间投入应该还不止如此。所以仿制药对于医药公司是有性价比的，这一点对于中外公司都一样，有调查表明仿制药上市之后6个月药价将下降70%。而且仿制药不论是研发还是临床都要比专利药更加简化（因为很多数据专利药现成存在），成本和风险低很多。

而在国际上仿制药的研发已经进入了瓶颈阶段，2015年全球仿制药规模达到1930亿美元，最大需求市场北美和欧洲如今的仿制药增长已经在个位数，并且还将进一步下挫，市场趋向饱和，基本进入了成熟期。但是从内部结构上看，欧美市场也出现了高度集中化的状况，少数仿制药巨头已经产生了规模效应，比如仿制药第一位的以色列Teva，2015年的仿制药业务营收95.46亿美元，净利润26.82亿美元，占全世界总额的5%。现如今的各大医药巨头，在研发乏力的情况下就会试图进入仿制药抢占市场份额，而Teva这种仿制药起家的公司则反向进入创新药领域，同是在2015年，Teva的创新药业务营收达到101.54亿美元。

从国际上仿制药的发展我们可以看到几个明显的迹象：

全世界的医药公司都是集中化的，因为研发费用来自于营收的扩张，如果没有现金收入来支撑研发，那么公司将很快丧失竞争优势。所以不管是仿制药还是专利药，最终都是规模取胜，这一点毋庸置疑。

创新药制造公司和仿制药制造公司并不存在天然的隔断，只有研发实力的隔断，未来数年虽然有大量的专利药集中到期，但是这并不完全是仿制药公司的利好，如果创新药公司由于创新能力下滑试图进入仿制药领域，会加剧仿制药领域的竞争。

和国际巨头合作是比较快捷的进阶路径，比如Teva和我国最有名的四大仿制药恒瑞医药、人福医药、华海医药和齐鲁制药都有业务往来。

二、我国仿制药现状

我国仿制药水平相对来说比较落后，也许和印度的仿制药工业都相距甚远，而且重复仿制严重，扎堆式的研发导致了部分单品竞争激烈，所以在仿制药领域各大公司需要争抢先入为主的首仿药，比如信立泰的泰嘉在内外壁垒的情况下让红火业绩维持了 16 年，前面我们也谈论过二代三代胰岛素的情况，通化东宝和甘李药业也靠首仿成功赚得盆满钵满。

从总体上看，以下公司首仿能力比较强：正大天晴、豪森药业、恒瑞药业、齐鲁制药、石药集团、科伦药业、海正药业、先声药业、南京华威（百花村）、汉康医药（海特生物拟收购）、奥赛康。所以从这个角度看，仿制药的选择大致上不应该脱离上面几个标的涵盖的范围。当然这仅仅是仿制药，并非创新药公司。

另外，国内市场虽然技术上相对来说比较落后，但是市场增长却远远高于世界平均水平，大致上仿制药的增长达到 20% 左右，再叠加国产仿制药对于进口药品种的替代，再叠加未来大量的进口药专利到期，预计这个增长率还会维持至少三到五年的时间。从最近几年患者偏好可以看出，患者对于靶向药，比如单抗等先进前沿疗法的接受度在提高，接受创新的能力也强。所以在中国的仿制药公司中，研发的重点在生物药的仿制，而龙头的仿制药公司最近几年增长率都非常可观，上规模的仿制药公司大致上的年利润增长在 20%~30%，随着一些政策利好和老龄化的到来，预计这个增长率在未来几年还会进一步抬高。

三、政策对于仿制药的影响

对于仿制药领域的政策主要是审评加速和仿制药一致性评价。

2015 年 8 月药物和器械一致性评价作为一项改革重点任务，2016 年 5 月发布了《关于落实（国务院办公厅关于开展仿制药质量和疗效一致性评价的意见）的公告》。从国际上看，大多数国家都曾走过这一条路，都是从低端仿制到高端仿制，然后再进阶到创新药，比如日本。故而仿制药一致性评价有利于提高仿制药质量，保证用药的安全性，提升整个产业的竞争力。从实质上说这属于医药类公司的供给侧改革，一致性评价必将导致一些过剩而重复的仿制药生产产能被压缩，一些低端仿制、粗制滥造的医药公司退出市场，在此基础上，提升产品国际竞争力，进而抢占国际市场。为了鼓励公司早日进行一致性评价，总局还制定了两个策略：一个是 2018 年年底完成 289 个品种的一致性评价，这是一个目标性的策略；另一个是总局表示，自第一家公司品种通过一致性评价后，三年后不再受理同一品种的一致性评价申请，也就是说一旦有一个产品通过了，那么未来三年其他公司就必须赛跑，不然将永远退出市场。

仿制药一致性评价的对象是化学药物新注册分类实施前批准上市的仿制药，包括国产仿制药、进口仿制药和原研药地产化（地产化是指不同地区产业化，比如国外原研药厂在国内建立分厂销售的原研药）。

仿制药一致性评价的时间点是 2017 年 10 月 1 日，这个日期之前批准上市的，列入国家基本药品目录中的化学药品、仿制药品、口服固体制剂，原则上在 2018 年年底完成一致性评价。

其中化学药品和口服固体制剂公司自行组织一致性评价，自第一家品种通过一致性评价三年后，不再受理其他药品生产公司生产相同品种的一致性评价申请。

我们再来看加快评审部分的政策支持。

2017 年 6 月 19 日，CFDA 加入了 ICH（国际人用药品注册技术协调会），即将全面和国际接轨，这样审批的时间差将逐步消失。很久以前，我们经常延迟通过部分国际品种的注册来等待中国自主研发，但是对应的我国公司去国际上注册也受到一定的限制，如今双向壁垒打破，审批开始放量，部分药品 3 个月内就得以注册。这对于如今仿制和研发力度较大的几家制药公司构成利好，也是 2018 年上半年部分医药股崛起的主要原因。从历史上看，CFDA 曾一度积压了数万件药品申请，如今药品注册堰塞湖已经接近清除，大量的新药将在最近几年爆发式出现。

四、仿制药的受益者——华海药业

市场对很多公司的分析都细致入微，但是对于华海药业的解剖确实简单了，可以一目了然，请看下表：

表 12-1 华海药业分析一览

序号	受理号	品种名称	公司	原批准文号
1	CXHB1700043	硫酸氢氯吡格雷片	深圳信立泰药业股份有限公司	国药准字 H20120035
2	CYHB1703361	盐酸帕罗西汀片	浙江华海药业股份有限公司	国药准字 H20031106
3	CYHB1703987	头孢呋辛酯片	国药集团致君（深圳）制药有限公司	国药准字 H20000400
4	CYHB1704624	利培酮片	浙江华海药业股份有限公司	国药准字 H20052330
5	CYHB1704856	吉非替尼片	齐鲁制药（海南）有限公司	国药准字 H20163465
6	CYHB1703363	福辛普利钠片	浙江华海药业股份有限公司	国药准字 H20064148
7	CYHB1704627	厄贝沙坦氢氯噻嗪片	浙江华海药业股份有限公司	国药准字 H20058709
8	CYHB1704044	瑞舒伐他汀钙片	南京正大天晴制药有限公司	国药准字 H20080670
9	CYHB1703366	厄贝沙坦片	浙江华海药业股份有限公司	国药准字 H20030016
10	CYHB1704195	厄贝沙坦片	海正辉瑞制药有限公司	国药准字 H20000516
11	CYHB1704196	厄贝沙坦片	海正辉瑞制药有限公司	国药准字 H20040996
12	CYHB1704197	厄贝沙坦片	海正辉瑞制药有限公司	国药准字 H20040997
13	CYHB1704618	赖诺普利片	浙江华海药业股份有限公司	国药准字 H20094032
14	CYHB1704619	赖诺普利片	浙江华海药业股份有限公司	国药准字 H20094033

续表

序号	受理号	品种名称	公司	原批准文号
15	CYHB1750001	富马酸替诺福韦二吡呋酯片	成都倍特药业有限公司	国药准字H20163436
16	CYHB1704621	氯沙坦钾片	浙江华海药业股份有限公司	H20070264
17	CYHB1704622	氯沙坦钾片	浙江华海药业股份有限公司	H20143030

第一批药物里面华海药业就占据 9 个席位，我们从这个结果可以看出几个方面的信息：一是华海药业的仿制药和原研药比较接近，而且提交也是最快的，这样就会给竞争对手一定的压力，竞争性赛跑上获得了先发优势。

第一批里通过较多仿制药的原因也比较简单，一方面华海一直努力进行 ANDA 的申报，然后将出口产品转内销，根据 1984 年通过的《Hatch-Waxman》法案，美国仿制药申请 ANDA（Abbreviated New Drug Application）不需要递交临床前及临床数据来证明安全性和有效性，但必须科学地证明仿制药和原研药是生物等效的，而我国的一致性评价有两点：有参比制剂的进行生物等效性实验，没有参比制剂的开展临床有效性试验。所以仿制药实质上是国际性趋同，大多数仿制药一致性评价的实质性工作是生物等效性试验，若是之前华海药业很多药剂已经通过了 FDA 的申报，获得了生物等效性认可，那么一致性评价就仅仅是重复这个过程。

所以 ANDA 申报的结果就是，在仿制药一致性评价上面，快速通过药物获得了先发优势，从而快速淘汰国内竞争者，因为三年后将无法再进行同类申报。

另一方面在国外有销售而国内没有销售的品种可以在国内重新申报，之前通过的司缬沙坦片就是这一类产品，原本销往美国，国内没有销售，如今在加快审评和一致性评价推动下，其加快了出口转内销，像司缬沙坦片这样的类型制剂，华海药业有 10 个。

不过华海药业依然存在缺陷，其产品并没有专注在某个领域，针对性过于分散，创新力依然不足，虽然仿制药国际化带来了良好的研发习惯和高效的仿制药产出，但是在创新药研发上面显得不足。不过也要看到华海药业这一类药企走的路径有鲜明的时代特征，日本和欧洲很多医疗后起之秀公司都是走这条路径，在一定程度上，恒瑞医药和华海药业是相同的进化方式，只是阶段不同。他们都是从原料药起家，继而基础药物仿制，然后高端药物仿制并且追求首仿。再后来开展 me-too 药研发，甚至进一步挑战专利，最后实现真正的创新。

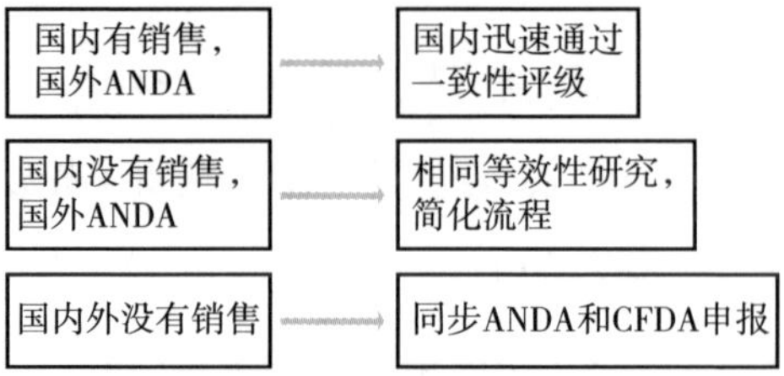

图 12-1　仿制药研发战略

从估值方面看，2017 年扣非同比增长 32% 左右，由于行业大致增长率在 20% 增速，而其研发上又并非强势股，所以预计未来的增长率维持在 25% 左右，建议参考股价为 18 元左右。

五、医药大时代的受益者——恒瑞医药

我们前面已经谈论了很多恒瑞医药，恒瑞医药如今在国内已经是医药创新的龙头，其模式也是最接近国际医药巨头的。其产品品类也非常广阔，以至于大多数的宏观变化可能都难以撼动其医药界一哥的地位。

报表分析者喜欢恒瑞医药，因为其报表里面几乎没有金融负债，2017 年资产负债表负债率为 11.62%，基本上负债都是应付账款等经营产生的负债。虽然格力也没有金融负债，用大量的经营负债无息增加公司现金流，但是其资产负债率是 70%。这简直差了一个数量级，也就是说恒瑞医药并不存在资金困难的

问题，未来犯愁的是有钱没处花，于是必然会有并购，必然会吃掉国内外有创新能力的研发团队。

报表分析者喜欢恒瑞还因为其 2017 年的研发费用 17.58 亿全部费用化，和有些公司努力资本化形成了鲜明对比，这表明其不但没有负债压力，连账面上的彩带也没兴趣放，财务报表由于谨慎而成为十足的干货。

事件驱动型的投机者则喜欢恒瑞医药的多种类药物，几乎每隔一两周都会有新产品获得批文，而且随着审批的放松，恒瑞实验室的研发周转速度加快，研发循环越来越快之后，未来还可以出售一定的研发成果获利。

成长型投资者喜欢恒瑞未来强劲的创新能力，仿制药里面两家巨头，恒瑞医药和江苏豪森属于关联公司，然而恒瑞实验室如今的研发能力竟然可以支撑两家巨头齐头并进。而且从投入的资金量级来看，很有可能未来打破欧美医药壁垒和垄断，而国际巨头对标的估值高达 2000 亿美元，相对于恒瑞医药万亿市值的未来，如今高达 3000 亿的市值依然有空间。

唯一不开心的应该是价值型投资者，因为价格已经连续数年上涨，几乎没有回头，当然估值是个大问题，但是，并不存在很便宜的可能性。只是很可惜，恒瑞已经没有增长百倍千倍的能力了。

对于恒瑞的药品，重磅太多，关键领域在肿瘤、造影剂和麻醉制剂。这几年最狂飙突进的是其肿瘤领域的靶向药或生物药，未来肿瘤将针对不同的特异性产生不同的药物，在医保谈判逐步落地的情况下，老药品阿帕替尼出现了放量，通过研发未来还有更多的靶点药问世，而从审批通过到量产推广尚需时日，所以未来数年恒瑞医药将进入增长快速道，很可能突破现有 20% 左右的增长率。

估值方面，虽然恒瑞医药如今的增长率在 22% 左右，预计未来还有抬升，可能到达 30%。即使如此目前的股价也是偏高，参考合理估值大约是 22.62 元。但是介于其良好的成长性，以及几乎为零的有息负债，给其提高一倍的估值也是合理，大概 45 元，只是参照的估值结果依然低于市价，也许可以考虑定投的方式。

六、综合看医药行业

对于医药股，很多政策一直困扰投资人，比如降费，比如进口，比如类似供给侧改革的仿制药一致性评价。也并不是所有的公司都能够在未来一帆风顺。可惜的是，由于过去一段时间医药股被广泛重视，使得大部分有实力、综合研发能力很强的公司市值大幅度膨胀。对于投资人来说，目标标的的市值接近行业领头羊则说明天花板正在形成。

但是投资人也要看到，不是什么国家都有如此庞大的人口，尤其是如此庞大的中老年人口，通过国内市场的消化，很可能公司会具备更强的盈利能力，如果将时间拉得再长久一点，谁说罗氏、辉瑞、诺华这样的公司就一定是这个行业公司的天花板呢？一切都未有定数，搞不好恒瑞真的能够成为另一个市值神话。阿里巴巴可以超越亚马逊，腾讯可以超越脸书。为什么恒瑞不能？

第十三章
生物疫苗公司的投资机会

疫苗这个行业已经存在多年，但是大家突然发现在这两年，疫苗火了！尤其是作为上市疫苗龙头的三大代表：智飞生物、沃森生物、康泰生物。市值涨幅均为1~2倍，甚至更多，分别站上了500亿、300亿及200亿市值，为什么会如此风起云涌？背后存在着怎样的产业逻辑？让我们一起进行深度剖析！

我们近期对疫苗行业进行了深度产业调研，认为疫苗行业已经进入了重磅品种集中上市的新时代，行业处于历史性重大拐点，不可不察。何为重磅大品种？随便举几个例子，辉瑞的肺炎结合疫苗（2016年全球销售额57亿美金）、默沙东的人乳头瘤病毒疫苗（2016年全球销售额22亿美金），赛诺菲的DTaP-IPV-Hib五联疫苗（2016年全球销售额18亿美金），这些产品比起重磅的化药品种毫不逊色！辉瑞的13价肺炎疫苗，作为全球疫苗之王，2016年已经跻身到全球重磅销售前十大品种之一！回头看我国，这些品种有一些已经在国内上市，有一些可以预见将在两年内上市。不同于美欧，我国拥有很大的人口基数，在消费升级的巨大助力下，这些品种有望最大程度上受益并在最短的时间放量，为其所属公司带来巨大的利润弹性！这就是我们说的拐点！也是我们说的公司的巨大变化，此前国内疫苗板块不被市场重视，因为大多数品种是低价的一类苗和同质化严重的二类苗，竞争激烈，公司盈利有限，但近几年随着重磅疫苗产品的上市，公司将会打开巨大的成长空间，天花板极高！

从二级市场投资角度，让我们更为细化地梳理一下我国更容易产生疫苗大品种的逻辑：

首先，疫苗有独特的市场环境。整体竞争格局来看，国内疫苗生产公司不过 40 家出头，其中依靠单一品种的公司较多，产品同质化严重，具有实力和能力进行大品种研发的公司并不多，所以大产品的上市一定处在非常好的竞争格局当中。好的竞争格局叠加巨大的人口红利（毕竟疫苗受益人群是全人群，这个药品的受益人群和适应症人群不同，这不只是几倍的受益倍数，可能是几十倍、几百倍），大品种更容易应运而生！

其次，政策环境有助于疫苗快速放量做大做强！疫苗相比一般药品，受招标（基本都是一年招一次标，新品种有补标机会）、降价（价格稳定，尤其是大品种，生产厂家少降价压力小）以及医保控费（疫苗价格较低，二类苗无医保概念，更受益于消费升级）等影响较小，渠道环节便利易于进入疾控中心及乡镇社区医院（不像药品那样进医院还需要通过药事会等）也为大品种的上市垫定了非常好的基础。

最后，EV71（手足口病疫苗）可以认为是打响疫苗新时代来临的第一枪，三家公司在不完整的第二个销售年度市场销售额预计在 25 亿之上（按照批签发量保守估计），这是对我们大品种大逻辑的一个初步验证，疫苗大产品的市场规模和放量速度将会颠覆投资者对一般药品销售放量幅度和时间周期的认识。这点很重要，这不仅是品种业绩上的超预期，更多的是认知上的超预期，我们认为这将带来市场对于疫苗行业二级市场投资的狂热！

接下来，让我们庖丁解牛，仔细看一看疫苗行业！

一、回首疫苗行业发展之路：预防医学的峥嵘之路

1. 什么是疫苗

疫苗是一种生物制剂，用于触发对于特定选择疾病的免疫反应。“疫苗”一

词来源于 Edward Jenner 使用牛痘（在拉丁文中“vacca”是指牛）人工培育用于预防天花。

疫苗保留了病原菌刺激动物体免疫系统的特性。当动物体接触到这种不具伤害力的病原菌后，免疫系统便会产生一定的保护物质，如免疫激素、活性生理物质、特殊抗体等；当动物再次接触到这种病原菌时，动物体的免疫系统便会依循其原有的记忆，制造更多的保护物质来阻止病原菌的伤害。

简单说，疫苗功能就是让免疫系统在被其他对人体有害物质进攻之前，提前练兵，使人体获得更强的防御功能，更多的是一种预防机制，但随着时间推移，亦出现了治疗性疫苗。

2. 疫苗怎么分类的

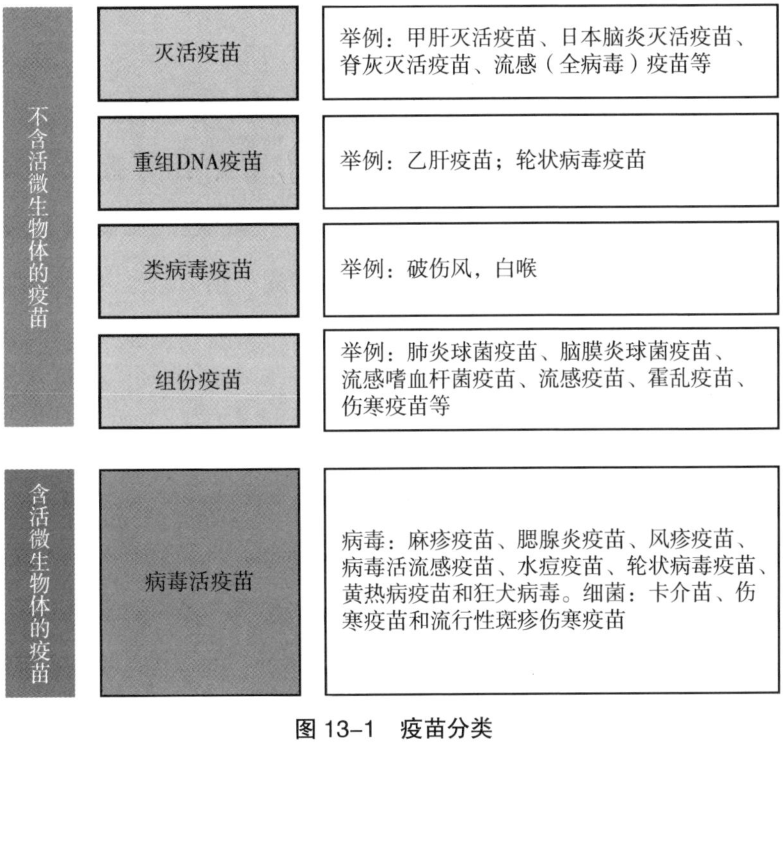

图 13-1　疫苗分类

疫苗有多种分类方法。从功能角度，疫苗分为预防性疫苗和治疗性疫苗（主要讨论预防性疫苗）；从制备工艺角度，疫苗分为不含活微生物体的疫苗和含活微生物载体的疫苗。不含微生物体的疫苗又可分为灭活疫苗、重组 DNA 疫苗等。

3. 简读疫苗发展史，多联多价疫苗、新型疫苗越来越受重视

大量的致命性疾病由于疫苗的发展而彻底被消除，因此疫苗被称为 20 世纪公共卫生领域最重大的成就之一，是各国重点扶持行业。

从疫苗的发展历史来看：18 世纪，诞生第一个天花疫苗；19 世纪基础理论搭建，随着巴斯德提出传染病细菌学说，陆续发明了霍乱、狂犬等疫苗，同时利用物理、化学或生物学的方法来减弱微生物毒力，获得减毒疫苗，为免疫学开辟了广阔前景；20 世纪，随着免疫学和微生物学的发展，许多学者开始致力于灭活疫苗的研究，大批灭活疫苗相继问世（伤寒等三个灭活疫苗归为 19 世纪），20 世纪后期由于组织培养工作的开展以及免疫化学和免疫生物学的开展，更多的疫苗、提纯疫苗以及基因工程疫苗开始用于人类；进入 21 世纪，随着疫苗研发技术的进步，人们不断研发各类新型疫苗，即使有新型传染病的爆发，人们也能在很短时间内研发出相应的疫苗。近些年，随着患者需求顺应性提高及消费需求提升，多联多价疫苗和新型疫苗越来越受到大家的重视。

4. 我国疫苗规划进程

新中国成立以前，人群免疫预防工作极为落后，天花等传染病严重威胁我国人民的身体健康，当时白喉、百日咳、麻疹和脊髓灰质炎四种传染病每年发病总数达千万级，是儿童死亡的主要原因。20 世纪 50 年代，全国多次开展秋季普种牛痘运动，使天花发病地区逐年缩小，发病率明显降低。不仅如此，部分城市还开展了卡介苗、白喉类毒素预防接种活动；60 年代，我国又陆续研制

成功一些常用的儿童疫苗，在全国开展卡介苗、脊髓灰质炎疫苗、麻疹疫苗和百白破混合制剂的接种工作；70 年代初，开始免费接种破伤风类毒素疫苗，并且每年冬春季在全国范围开展疫苗突击接种活动。

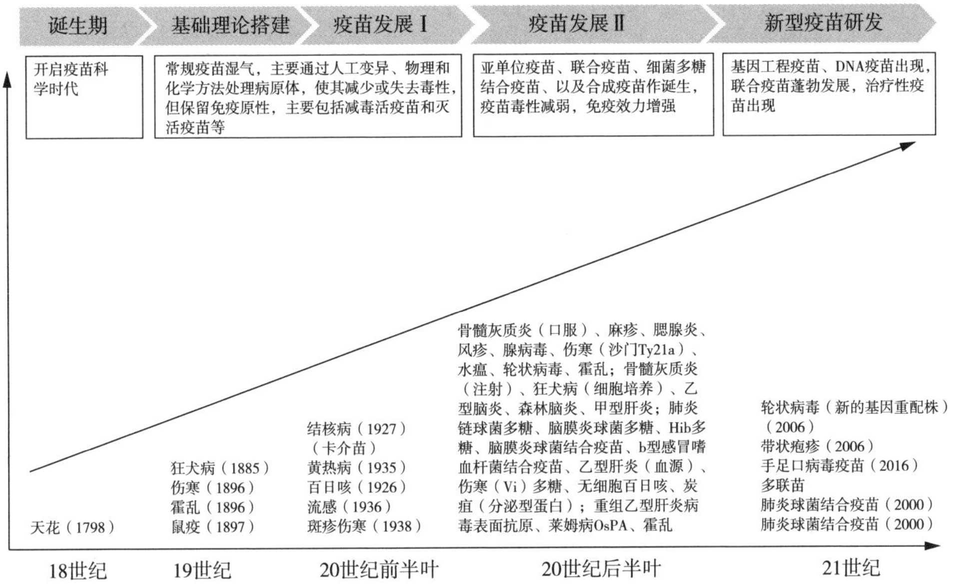

图 13–2 疫苗演进历史

1978 年以后，我国正式实施计划免疫，到 1995 年底，儿童的“四苗”，即卡介苗、脊髓灰质炎、百白破、麻疹的疫苗接种率均在 80% 以上。2008 年我国发布《扩大国家免疫规划实施方案》，该方案规定在原有乙肝、卡介苗、无细胞百白破疫苗、白喉疫苗、脊灰疫苗以及麻疹疫苗的基础上，全国范围内加种麻腮风疫苗、流脑疫苗、乙脑疫苗以及甲肝疫苗等，各地区还可根据自身情况接种其他疫苗。通过免疫规划推广，纳入国家免疫规划体系的疫苗由原来的 6 种增加到 14 种，可以预防的传染病从乙肝、结核病等 7 种增加到了 15 种。

表 13–1 国家免疫规划进程

	工作内容	主要疫苗及成绩
计划免疫前期（1950—1977）	—50 年代，全国开展普种牛痘 —1963 年卫生部首次发布《预防接种工作实施办法》，逐步在全国开展卡介苗、脊髓灰质炎活疫苗、白破混合制剂和麻疹疫苗的预防接种工作 —70 年代，每年利用冬春季节在全国范围推行突击接种	主要疫苗：牛痘、卡介苗、脊髓灰质炎活疫苗、百白破混合制剂、麻疹疫苗 —建立预防为主的基层卫生组织 —六十年代初期，基本消灭天花（1961 年） —研制成功脊髓灰质炎疫苗和麻疹疫苗
计划免疫时期（1978—2000）	—1978 年卫生部提出了计划免疫的概念，建设冷链。免疫工作在组织建设、管理、目标制订与实施、疫服务形式等方面的不断完善与发展。工作逐步走向正规，免疫服务内容不断扩大 —1995 年开始参与到新生儿破伤风的控制工作中，运送、接种 TT，开展新生儿破伤风监测	四苗防六病：卡介苗、脊髓灰质炎疫苗、百白破疫苗、麻疹疫苗 —先后于 1988.1990、1995 年实现以省、县、乡为单位儿童免疫接种率达到 85% 的目标，实现世界卫生组织普及儿童免疫规划目标 —1994 年 D510 月以来未发现本土脊髓灰质炎野病毒引起的临床麻痹病例 —2000 年，经世界卫生组织确认，中国达到了无脊髓灰质炎区目标
规划免疫时期（2001—2007）	—2003 年将乙肝疫苗纳入儿童免疫规划实行免费接种 —2005 年《疫苗流通和预防接种管理条例》确定了政府对预防接种工作的保障机制；明确了卫生行政部门以及医疗卫生机构的职责；规范了接种单位的接种行为。 —《国民经济与社会发展第十一个五年规划纲要》提出“儿童计划免疫接种率达到 90% 以上”	六苗防七病：卡介苗、脊髓灰质炎疫苗、百白破疫苗、麻疹疫苗、白破疫苗、乙肝疫苗 —继续保持无脊灰状态（加强西藏工作） —乙肝疫苗纳入计划免疫（GAVI 项目） —加速麻疹控制步伐（加强监测、鲁豫皖和贵州项目） —安全注射引入计划免疫（自毁性注射器使用及回收）
扩大国家规划免疫时期（2008 年至今）	在现行使用的国家免疫规划疫苗基础上将甲肝、流脑、乙脑等 15 种可以通过接种疫苗有效预防的传染病纳入国家免疫规划，对适龄儿童实行预防接种	14 苗 15 病：卡介苗、脊髓灰质炎疫苗、无细胞百白破疫苗、白破疫苗、麻疹疫苗、乙肝疫苗、麻腮风疫苗、乙脑疫苗、A 群流脑疫苗、A+C 群流脑疫苗、甲肝疫苗、出血热疫苗、炭疽疫苗、钩体疫苗

我国的疫苗主要可以分为一类疫苗和二类疫苗两种。其中一类疫苗为国家规定强制接种的疫苗品种，由医保支付。国家推出了免疫规划，强制要求公民

接种 14 种疫苗以预防 15 种疾病；一类苗毛利水平较低，也是之前我国疫苗行业多数公司的主要品种所在。二类苗由受众者自费承担，自愿免疫接种，毛利水平较高，尤其是一些重磅品种，竞争格局较好，毛利更高，一般容易出大品种。

表 13-2 一类苗与二类苗区别

	一类苗	二类苗
支付方	由政府免费提供	受种者承担费用
监管规定	强制性接种	自愿免疫接种
定价	长期以来由发改委限价，价格较低，2015 年 6 月取消价格管制	由公司与疾控中心等招投标确定
采购模式	由政府通过招标采购	省级招标平台
毛利水平	低	高
竞争格局	相对垄断	高度竞争
品种（2008 年）	14 苗 15 病：卡介苗；脊髓灰质炎疫苗；无细胞百白破疫苗；白破疫苗；麻疹疫苗；乙肝疫苗；麻腮风疫苗；乙脑疫苗；A 群流脑疫苗；A+C 群流脑疫苗；甲肝疫苗；出血热疫苗；炭疽疫苗；钩体疫苗	除一类苗

二、疫苗市场：全球四强争霸，国内产业升级

1. 全球疫苗市场近年复合增长率 5%，4 强争霸集中度高

近年来全球疫苗市场逐渐增加，2015 年市场规模约为 276 亿美元，在所有治疗领域中居第 6 位，市场占比 3.4%。根据 Evaluatepharma 数据预测，2015—2022 年全球疫苗市场复合增长率为 5%，略低于全球处方药的市场复合增长率 6%。

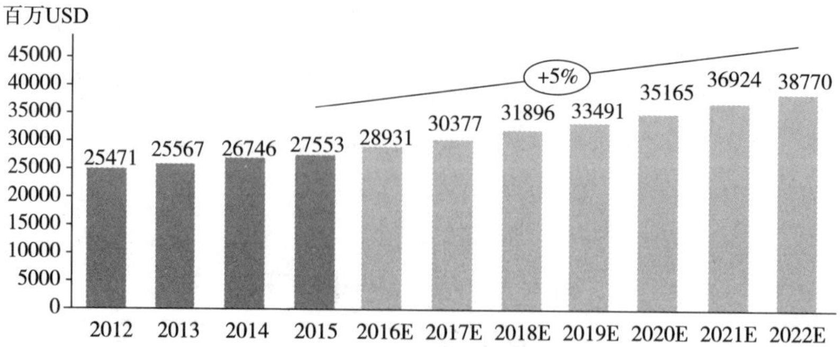

图 13-3　全球疫苗市场规模

资料来源：EvaluatePharm

全球疫苗市场高度集中，默沙东、GSK、辉瑞和赛诺菲市场规模约 245 亿美元，市场占比达 89%。主要产品皆为重磅品种，特点主要集中在新型疫苗领域和多联多价疫苗品种。

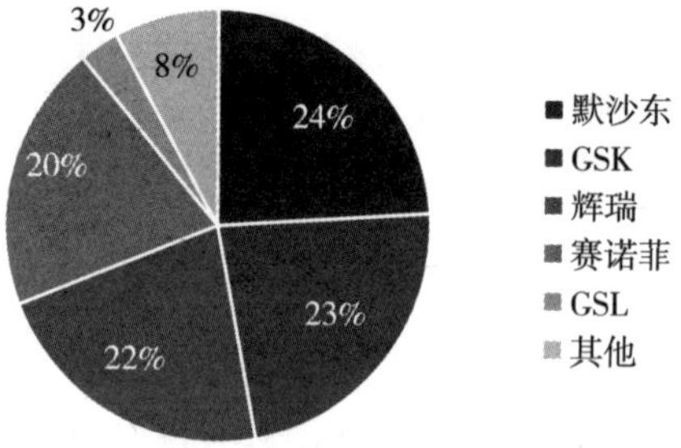

图 13-4　全球疫苗市场格局高度集中

资料来源：HSMAP、EP

表 13-3　2016 年世界主要疫苗公司主要产品及销售额

公司	主要产品及销售额
MSD	Gardasil（HPV 疫苗，21.73 亿美元）、Pneumovax（23 价肺炎球菌疫苗，6.41 亿美元）、ProQuad/M-M-R II/Varivax（麻腮风、水痘系列疫苗，16.4）、RotaTeq（轮状病毒疫苗，6.52 亿美元）、Zostavax（疱疹疫苗，6.85 亿美元）
GSK	Boostrix（百白破，4.7 亿英镑）、Infanrix/Pediarix（百白破 + 乙肝，7.69 亿英镑）、Fluarix+Flulaval（流感裂解疫苗，4.14 亿英镑）、Rotarix（轮状病毒，）、ENGERIX B（乙肝表面抗原疫苗）、Cervarix（HPV 疫苗，0.81 亿英镑）、Menveo（脑膜炎疫苗，2.02 亿英镑）、Mosquirix（首个疟疾疫苗）

续表

公司	主要产品及销售额
辉瑞	Prevnar（肺炎球菌结合疫苗，57.18 亿美元）
赛诺菲	Vaxigrip+Fluzone（流感病毒裂解疫苗，15.21 亿欧元）、Tripacel（5 价百日咳疫苗）、Menactra/ 优博等（脑膜炎球菌、肺炎球菌系列疫苗，6.33 亿美元）、Pentavac（百白破 +Hib）

资料来源：HSMAP、EP

2. 国内疫苗市场：产业升级开启，大品种大时代

（1）近年批签发总量逐渐降低，国内疫苗时代逐渐迎来产业升级

作为我国疫苗行业唯一的宏观数据，批签发数据代表了国内疫苗公司的生产能力，但大于疫苗公司的实际销售能力。我国自 2008 年以来实行 14 苗防 15 病的免疫规划以来，大量的二类苗纳入到一类苗中使用，根据近年的批签发量变化情况，国内疫苗市场总体呈现萎缩状态，批签发的数据在逐渐降低，即使扣除乙肝疫苗 5ug 规格和存量市场逐渐消耗的影响，也不能说这是一个朝阳市场。当然这些都是表面数据，从细微的结构变化来看，毛利率较高的二类苗近年在数量和占比上都有所提高，特别是随着一些大品种的上市销售，疫苗行业将会再次火热起来，也正如一直降低的批签发数据似乎预示拐点即将出现一样。

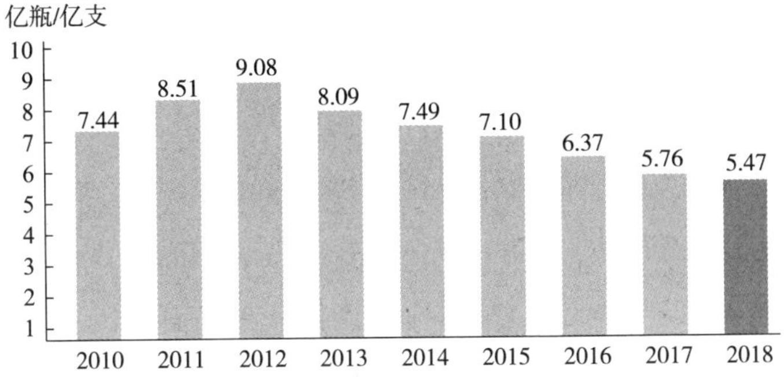

图 13–5　国内疫苗行业批签发数据总览

资料来源：中检院。

从批签发数量角度分析具有一定的逻辑性，但也有很大的局限性。单一的数量计算，容易受价格和毛利较低的一类苗的影响，而价格和毛利高很多的二类苗才是这个市场真正的主导，对市场的整体规模影响很大。根据批签发量计算，截至2016年国内疫苗市场总体规模徘徊在150亿元~200亿元，一直未能突破200亿元大关，2016年的山东疫苗事件更是给国内疫苗流通领域重重一击，好在作为行业净化中的重要一环，流通环节"一票制"之后，疫苗生产公司普遍受益，毛利率和净利率都有所提升，再加上国家对疫苗运输提出更高的要求，大的生产公司竞争优势将会更加明显，也为创新重磅品种的快速放量提供了孵育温床。

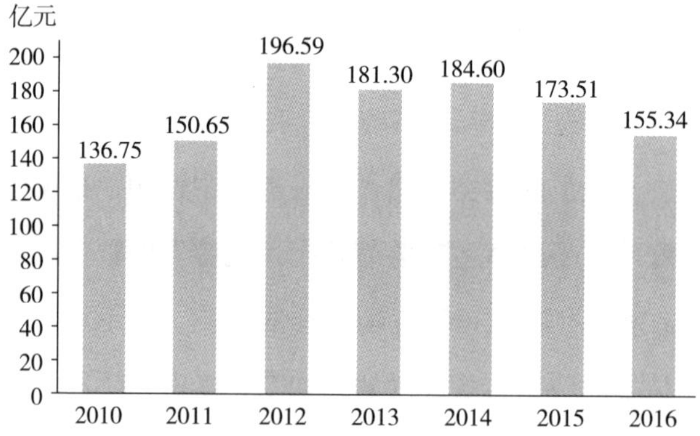

图 13–6　国内疫苗批签发产值计算

资料来源：中检院，结合疫苗各品种出厂价推算。

（2）受疫苗事件影响，2016年二类苗批签发量下降，长期看二类苗爆发和持续性占比提升

从一类苗和二类苗占比来看，一类苗和二类苗占比均有所波动，但长期来看相对稳定，一类苗批签发量占比在70%左右，二类苗占比约为30%；2013—2015年二类苗占比逐渐增加，总体上看二类苗批签发呈上升趋势，符合疫苗消费升级的属性，但受到山东疫苗事件影响，2016年占比降至30%。2016年主要是突发事件致民众对于二类苗信心短期缺失，是一种过失影响，后续跟进2017

年二类苗的恢复情况，证明了我们的观点。在此我们详细论述一下我国一类苗和二类苗的情况。

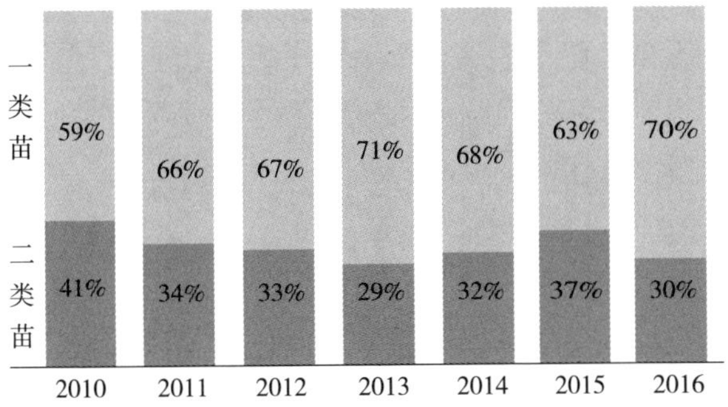

图 13–7　一类苗二类苗批签发量占比统计

资料来源：中检院。

①一类苗：覆盖广、低毛利

一类苗由政府承担费用，由财政拨款集中招标采购。一类疫苗公司的市场空间和利润水平都会受到客观条件的制约和价格调控的影响，除甲流等突发疫情外，业绩保持相对平稳，从而保证了相关公司的业绩不会受到经济周期波动而明显波动。

一类苗市场目前相对饱和，同时随着免疫接种的持续推进，许多疫苗的接种覆盖率达到 95% 以上，随着存量市场逐渐消化，乙脑和脊髓灰质炎等疫苗的批签发逐渐下降，近年一类苗批签发量呈下降趋势。2015 年批签发量为 3.62 亿，相比 2013 年下降接近 40%。

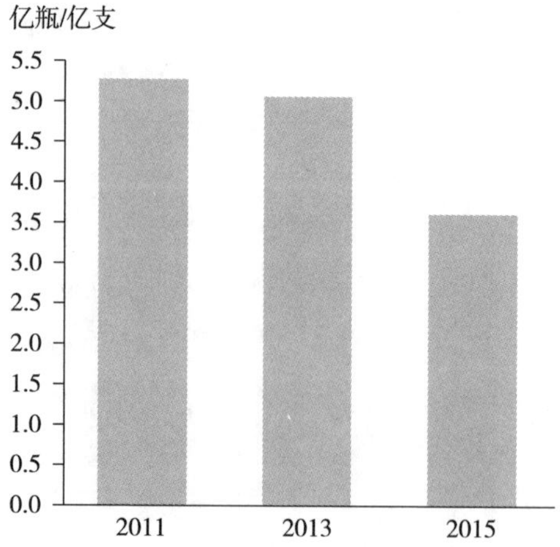

图 13–8　一类苗批签发量统计

资料来源：中检院。

一类苗从格局看，作为国家免疫系统的重要组成部分，主要被中生集团以及昆明所为主的国企垄断；近年来随着一些优秀民营公司的发展，民营公司占比逐渐加大，而由于一类苗低毛利的性质，外企占比很小。

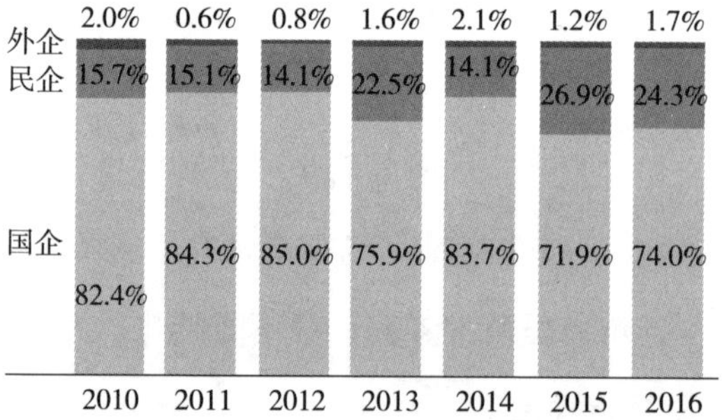

图 13–9　一类苗公司性质及占比情况

资料来源：中检院。

② 二类苗：高毛利、市场化竞争程度高

二类苗接种费用由受种者承担，毛利高、市场化竞争程度高。多联多价、独家品种受到市场青睐，类似 EV71 病毒疫苗，新型独家疫苗上市后可以迅速放量，占领市场。山东疫苗事件之前，国内各级疾控机构、接种单位、疫苗批发公司均可直接从疫苗生产商购买疫苗，山东疫苗事件后，二类苗需通过省级招标平台进行采购，且2016年批签发量大幅下降。

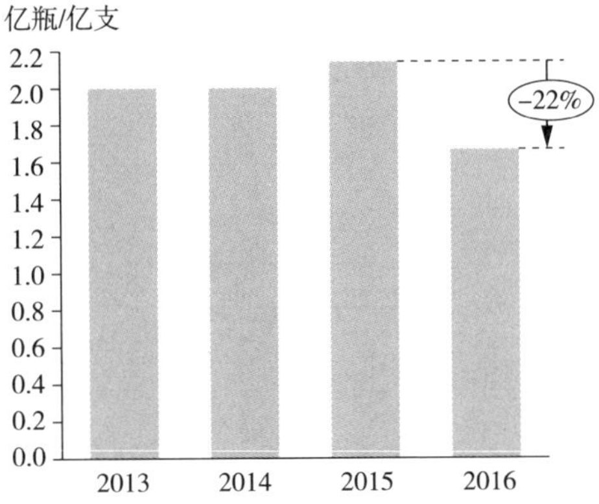

图13–10 二类苗批签发量统计

资料来源：中检院。

从二类苗公司组成格局来看，由于水痘和狂犬等疫苗大品种基本由民营疫苗公司生产，因此二类苗以民营公司为主，占比保持在60%左右；以中生集团和昆明所为主的国企占比在30%左右；外企由于品种相对较少，市场占比在10%左右，未来由于重磅品种GSK的二价HPV和默沙东的四价HPV上市销售，外企的占比份额将会获得较大提高。

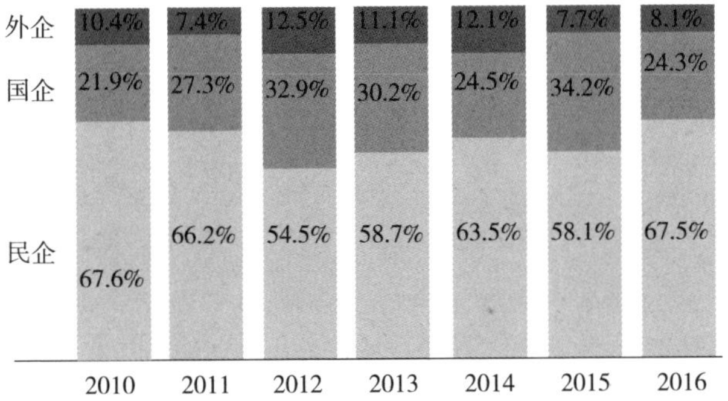

图13–11 二类苗公司性质及占比情况

资料来源：中检院。

疫苗产值对比：二类苗稳步上升，近两年有望迎来大爆发。

由于批签发反应的是数量变化，无法引入价格体系因素的影响；通过引入相应的价格参数（以中标价作为最后确定价格），计算疫苗某一时期的产值，更能反应疫苗行业的趋势变化。根据疫苗产值数据推测，国内疫苗市场约在 150 亿元 ~200 亿元。

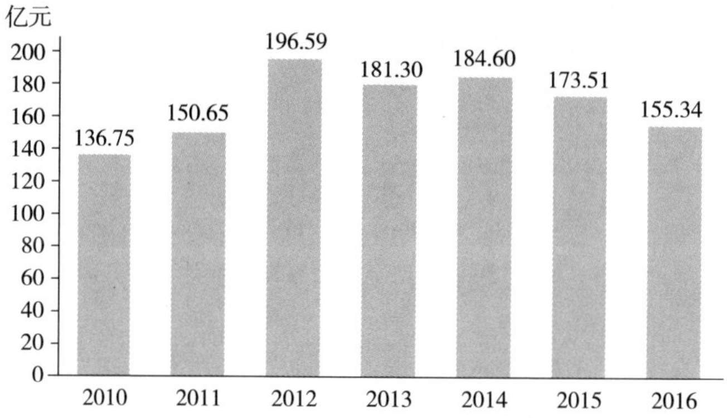

图 13–12 国内疫苗市场产值统计情况

资料来源：中检院。

对于一类疫苗，早期价格受发改委限定，2015 年 6 月后虽然价格管制放开，但基本无明显变化；而二类苗方面，山东疫苗事件后，通过省级招标平台采购，招标价即为疫苗出厂价，为排除出厂价变化带来的干扰，我们将二类苗价格设置为招标价格（以广东省 2017 年成交品种目录为价格参考）。一类苗由于政府招标采购，需求相对稳定，二类苗由于市场化竞争更能反应行业发展变化。从二类苗产值变化可以看出，2013—2015 年二类苗市场产值维持稳定，2016 年由于受山东疫苗事件影响，出现较大下降。2016 年以来，重磅大品种陆续获批上市，预计整个二类苗产值也将迎来爆发式增长。

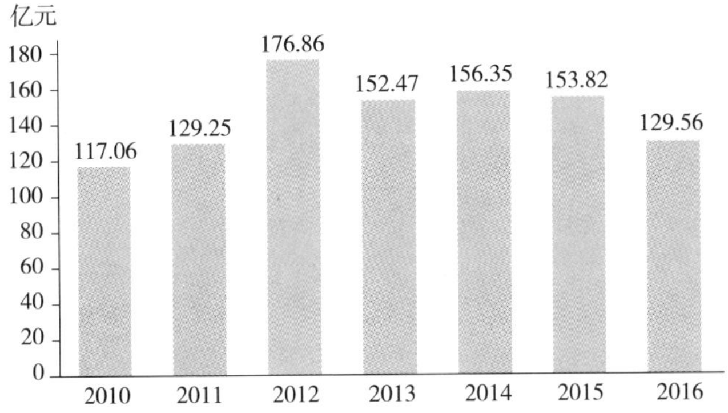

图 13–13　二类苗产值统计情况

资料来源：中检院。

（3）疫苗新政下疫苗流通渠道的变化：多票制变成一票制

前文我们提及了 2016 年疫苗事件，下面再详细说说其对行业的影响。

2016 年 3 月“山东疫苗事件爆发”，大量未经冷链运输的疫苗流入市场。国务院高度重视，要求食药监总局、卫生计生委、公安部要切实加强协同配合，彻查“问题疫苗”的流向和使用情况，同时，抓紧完善监管制度，落实疫苗生产、流通、接种等各环节监管责任。4 月 23 日，国务院关于修改《疫苗流通和预防接种管理条例》的决定发布，根据决定内容，疫苗经销商被排除在整个产业链之外（只允许配送职能），同时二类苗采购必须经过省级招标平台，生产公司直接或者委托具有冷链运输条件的配送商进行配送，疫苗的生产、储存、配送、使用等过程建立追溯体系。

疫苗新政颁布后，二类苗流通行业受到重挫，行业销售体系被打破，生产公司只能通过省级交易平台将疫苗销售给县疾控中心，同时需要直接或者委托配送，配送环节要求全程冷链运输；2016 年下半年在省级招采尚未建立完善以及冷链运输条件尚未配备的情况下，大多数二类苗的销售基本处于停滞状态。但是随着各省招标平台的建立完善，2017 年二类苗流通渠道已经全部恢复。

由于清理了中间渠道商，多票制变成了一票制，销售能力强的公司有望更加受益，渠道利润将内化，这个变化在近年持续体现。

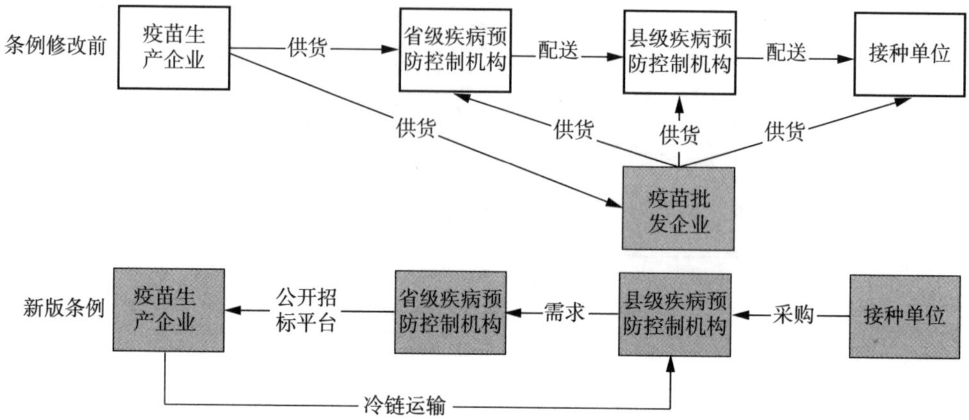

图 13-14　新政改革下疫苗流通方式转为“一票制”

资料来源：疫苗流通和预防接种管理条例。

三、创新大品种风起云涌，疫苗大产品大时代来临

我们反复强调，疫苗行业已经进入到了大品种大时代！而且大品种上市后对于公司的贡献将是极其巨大的，是颠覆认知的！这是疫苗行业这两年最大的变化！

从整个国际市场来看，不乏疫苗大品种的诞生，更是有全球销售额达到 57 亿美元的疫苗之王，13 价肺炎结合疫苗。根据 13 价肺炎结合疫苗上市后的情况，我们可以看出放量迅速，并且全面替代之前的 7 价品种，在整个辉瑞的销售贡献占比也逐渐提高，支撑了公司近年的业绩。2009 年辉瑞收入 500.09 亿美元，7 价肺炎疫苗收入 2.87 亿元，占比 0.6%，13 价肺炎上市后公司疫苗板块迅速放量，整个疫苗板块收入 36.69 亿元，同比增长近 12 倍，其中 13 价肺炎疫苗 2010 年收入 24.16 亿美元。到 2016 年，公司疫苗板块收入 58.32 亿元，13 价肺炎疫苗收入 57.18 亿元，占公司营业收入 11%。2010—2016 年，疫苗板块

复合增长率达到了164%，而2016年整个公司收入端对比2010年下降21%。疫苗板块13价肺炎大品种的高增速高成长，对公司的业绩支撑作用巨大。

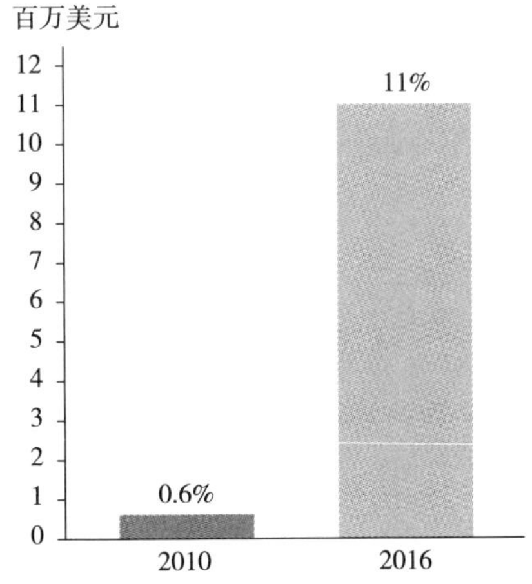

图 13–15　辉瑞疫苗板块占比

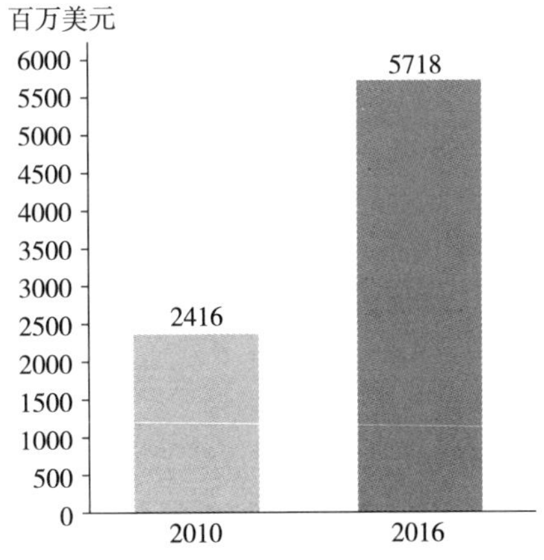

图 13–16　辉瑞 13 价肺炎收入变化情况

资料来源：辉瑞年报。

而从国内市场来看，“产品为王”新时代的第一枪由EV71疫苗打响，以未名医药的参股子公司北京科兴为例，北京科兴2016年上半年受疫苗事件影响，亏损3400万，EV71疫苗于2016年6月份开始上市销售，短期放量非常迅速，最终当年实现净利润8229万元，也就是说EV71疫苗上市销售后第一个不到半年的时间就为公司带来1个多亿的净利润，扭转公司业绩。而根据我们的调研情况，EV71疫苗今年销售情况更加超越预期，全年有望实现4个亿左右的净利润。

当前疫苗市场的竞争环境下，是品种为王的时代，好品种的上市销售可以为公司带来巨大的业绩回报，短期的业绩爆发增量，更是其他药品产品所无法比拟的，我们认为以下两个趋势将是大环境下的淘金机会：① 多联多价疫苗。多联多价疫苗符合免疫经济学发展，是未来疫苗的发展趋势，在减少接种次数的同时降低了患者痛苦，减少了不良反应的发生率。如智飞的AC–Hib三联苗、康泰的DTap–Hib四联苗等。② 生产厂家少，市场潜在需求大，消费者呼吁多年新型疫苗。如 HPV 疫苗，国内市场呼吁多年，无形中降低了公司的消费者教育成本，为将来销售放量打开上升空间；13 价肺炎疫苗，全球最大疫苗品种，国内市场需求巨大，是目前唯一可以预防两岁以下婴幼儿肺炎球菌感染的疫苗品种。沃森生物已经申报生产，进度大幅领先其他竞争对手。在关注两条主线的情况下，建议关注以下品种的销售情况以及相关公司标的。我们将分别举例讨论说明。

1. 三联苗（AC-Hib）：国内多联苗放量代表，高成长带来高业绩增量

智飞生物独家产品三联苗 AC 群脑膜炎球菌 b 型流感嗜血杆菌联合疫苗（AC-Hib）于 2014 年 12 月 30 日获得药品批文，在接种总价格与单联苗相差不大的基础上，减少了接种次数，减少了副反应的发生机率，符合未来疫苗多联多价的发展方向，具有明显的产品和患者依从性优势，同时填补了国内流脑和流感嗜血杆菌联合疫苗的空白，可同时预防 A 群、C 群流脑细菌以及 b 型流感嗜血杆菌引起的脑膜炎、肺炎、败血症等感染性疾病，接种对象为 2 月龄至 71 月龄婴幼儿和儿童。

独家产品未来竞争格局良好。三联苗作为公司独家产品，除了在便利性、安全性等方面具有独家优势外，国内竞争格局上，也具备明显的先发优势，国内目前在研的 AC-Hib 公司还有 3 家，其中罗益生物申报生产，成都欧林获批临床。

表 13-4　三联苗各公司在研情况统计

药品名称	受理号	公司名称	申请阶段	承办日期	办理状态
AC 群脑膜炎球菌多糖 -b 型流感嗜血杆菌结合疫苗	CXSS1300019	罗益（无锡）生物制药有限公司	申请生产	2013/10/29	在审批
A 群 C 群脑膜炎球菌 -b 型流感嗜血杆菌（结合）联合疫苗	CXSL1400145	成都欧林生物科技股份有限公司	申请临床	2015/3/4	批准临床

续表

药品名称	受理号	公司名称	申请阶段	承办日期	办理状态
冻干 A、C 群脑膜炎球菌 –b 型流感嗜血杆菌（结合）联合疫苗	CXSL1300032	武汉生物制品研究所有限责任公司	申请临床	2013/6/27	不批准
吸附无细胞百白破 /b 型流感嗜血杆菌 –A、C 群脑膜炎球菌联合疫苗	CXSL1400114	武汉生物制品研究所有限责任公司	申请临床	2015/2/13	制证完毕—已发批件
ACYW135 群脑膜炎球菌—b 型流感嗜血杆菌多糖结合疫苗	CXSL1300009	玉溪沃森生物技术有限公司	申请临床	2013/3/14	不批准

疫苗流通领域恢复，三联苗放量爆发带来业绩高增量。2016 年由于受到山东疫苗事件影响销量较低，2017 年随着销售渠道的恢复，同时配合公司强大的销售能力和广泛的地方县疾控覆盖能力，三联苗产品迅速放量，2017 年上半年公司三联苗销售约 170 万支，对应中标单价约为 220 元 / 支，贡献销售额 3.74 亿元，大大增厚公司业绩，上半年公司收入同比增长 142%，归母净利润增长 1327%。2017 年全年销量在 400 万支左右，作为公司的主打产品，2018 年销售量达到 600 万支，未来有望打造 20 亿级别品种。

2. 肠道病毒（EV71）疫苗：三足鼎立，疫苗大品种新时代的第一枪

肠道病毒 71 型（Enterovirus type 71，EV71）是人类肠道病毒的一种。EV71 感染可引起多种疾病，其中以手足口病（Hand，Foot and Mouth Disease，HFMD）最为常见。该病急性起病，一般症状较轻，以发热及手、足、口等部位斑丘疹或疱疹为主要特征。可伴有咳嗽、流涕、食欲不振等症状。多在一周内痊愈，预后良好。症状典型的 HFMD 一般发生在较大婴幼儿，2 岁及以下儿童非典型皮疹较常见。少数病例（尤其是小于 3 岁者）病情进展迅速，在发病 1~5 天出现脑膜炎、脑炎、脑脊髓炎、肺水肿、循环障碍等，极少数病例病情危重，可

致死亡，存活病例可留有后遗症。

2008—2015 年，我国共报告 HFMD 约 1380 万例，重症病例约 13 万例，死亡 3300 多人，给我国儿童生命健康带来严重威胁。

HFMD 主要发生在 5 岁以下儿童，占总病例数的 90%。其中 1 岁组发病水平最高，年发病率可达 3000/10 万以上；2 岁组次之，其发病率约 2500/10 万；发病率随年龄增长而下降，5 岁组发病率约为 500/10 万。6 月龄以下婴儿因母传抗体保护和暴露机会较少，其发病水平相对较低。

表 13–5　HFMD 各年龄组发病率统计

发病人群	发病率
5 岁组	500/10 万
2 岁组	2500/10 万
1 岁组	3000/10 万

资料来源：《EV71 疫苗使用指南》。

目前全球已有 5 家公司或机构研发的 EV71 疫苗处于临床试验或者上市阶段，新加坡 1 家疫苗完成 I 期临床试验，台湾地区研发的疫苗进入 II 期临床试验。中国医学科学院医学生物学研究所（昆明所）、北京科兴以及武汉所（北京所技术转让）研发的 EV71 疫苗均已获得上市批文。昆明所和北京科兴的 EV71 疫苗已于 2015 年 12 月获得疫苗批文，并分别与 2016 年 3 月和 7 月上市销售。武汉所的 EV71 疫苗也于 2016 年年底获批，2017 年 3 月已有批签发数据。

表 13–6　EV71 疫苗生产品情况

备注	生产厂家	疫苗价格	适用人群及针数
肠道病毒 71 型灭活疫苗（Vero 细胞）	北京科兴	预充 188 元 / 支，普通 168 元 / 支	6 月龄至 3 岁，2 次
肠道病毒 71 型灭活疫苗(人二倍体细胞）	昆明所	预充 188 元 / 支，普通 168 元 / 支	6 月龄至 5 岁，2 次
肠道病毒 71 型灭活疫苗（Vero 细胞）	武汉所	普通 168 元 / 支	6 月龄至 3 岁，2 次

资料来源：网络资料整理。

根据国内批签发数据统计，2016 年昆明所和北京科兴批签发量分别为 415 万支和 460 万支，2017 年随着武汉所的加入批签发量整体呈上升趋势，昆明所的批签发量已基本同去年相当，而二三季度作为销售旺季，我们认为武汉所和北京科兴的批签发量也将进一步增加，同时因为批签发数据与实际销售数据相比的滞后性，根据我们的调研情况，北京科兴 EV71 疫苗的销售情况非常良好，实际销售情况是批签发数据不能反映的。

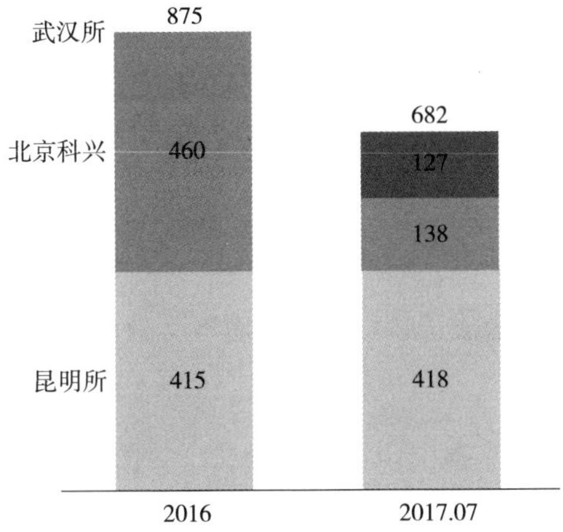

图 13–17　EV71 疫苗批签发统计情况（万瓶 / 万支）

资料来源：中检院。

根据草根调研数据，2017 年 EV71 疫苗终端销售有望突破 25 亿，成为疫苗重磅大品种新时代的第一枪。我们预计此品种未来有望成长为 40 亿 ~50 亿级别品种。

3.HPV 疫苗：百亿级别品种，市场呼吁多年，消费者教育成本显著降低

宫颈癌是目前唯一病因明确，可早发现、早预防的癌症。世界卫生组织及国际癌症研究中心确认高危型 HPV 病毒持续感染是宫颈癌发生的主要病因。而据一项由中国癌症基金会领导，覆盖中国 7 个地区的 19 家医院 1244 名子宫颈

癌和高度病变病例的多中心研究调查结果显示：我国妇女 83% 子宫颈浸润癌由 HPV16.18 型引起；84% 的子宫颈鳞癌由 HPV16.18 型引起，且未发现子宫颈癌的优势 HPV 型有地区差异。国外的研究数据也显示，欧洲 71.5% 的宫颈癌和癌前病变由 HPV16.18 型引起。

国内市场空白，消费者呼吁多年，终获批准。全球第一个 HPV 疫苗 Gardasil 由默克研制，于 2006 年获得 FDA 批准，可预防四种高危 HPV 病毒；第二个 HPV 疫苗 Cervarix 由 GSK 研制，于 2009 年获批，可预防两种高危 HPV 病毒；2014 年新获批的 9 价成为全球第三个 HPV 疫苗。其中 Gardasil 和 Cerbarix 获批以来都已实现全球 100 多个国家的销售，而中国市场一直处于空白阶段，直到 2016 年 7 月 Cervarix 才获得 CFDA 批准，而在 2017 年 5 月默沙东的四价 Gardasil 也获得 CFDA 批准，国内持续多年的 HPV 疫苗空白期已经结束。多年的市场呼吁也形成了良好的消费者教育效应，为产品上市后的迅速放量垫定了良好的基础。

HPV 产品重磅，大品种国内市场空间巨大。Gardasil/Gardasil9 近年销售情况良好，2016 年全球销售额为 21.72 亿美元；Cervaix 受到来自 Gardasil 的冲击，尤其是美国市场无法开拓的情况下，表现持续低迷，2016 年销售额为 1.1 亿美元，但从整体来看 HPV 仍然是当之无愧的重磅品种。同时，国内市场空间巨大，假设以刚获批默沙东的 4 价 Garadasil 为例，其适应人群为 20~45 岁的女性，根据国家统计局 2015 年数据，我们预计 20~45 岁年龄段女性人数约为 2.8 亿，目前香港佳达修三针价格在 2500 元左右，国内潜在市场规模巨大，假设未来疫苗接种率能够达到 20%，则潜在市场规模在 1400 亿元左右。

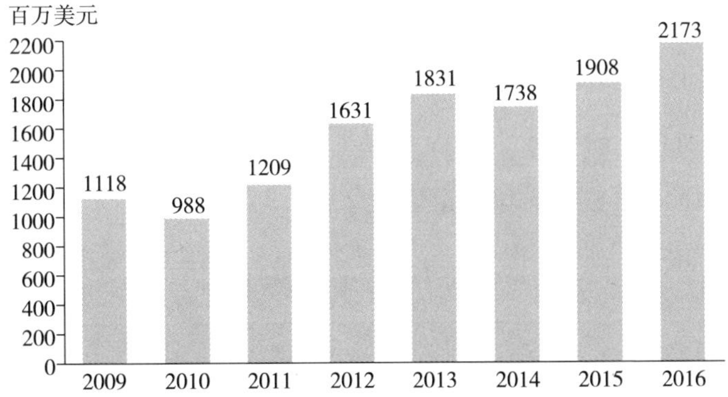

图 13–18　Gardasil 2009—2016 年销售情况

资料来源：公司财报。

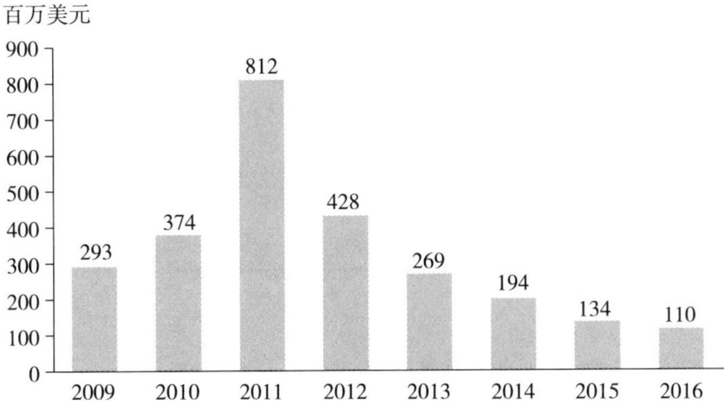

图 13–19　Cervaix 2009—2016 年销售情况

资料来源：公司财报。

国内疫苗厂家纷纷布局，智飞沃森处于领跑阶段。① 智飞与默沙东合作多年，是默沙东多年的销售合作伙伴，曾代理默沙东的甲肝疫苗和 23 价肺炎多糖疫苗（已签署新的代理协议）。公司早在 2012 年就与默沙东签订上市后四价 HPV 的独家代理协议，合作期限为“3+2”，包括 3 个销售年度和 2 个延续年度，后续在 2017 年再次签订独家代理协议，提高了基础采购额要求，同时扩大了销售年限，表明双方对于 4 家 HPV 销售趋势的认可。目前 4 价 HPV 已经上市，几乎全部省份陆续中标，多地处于缺货状态，截至 2018 年 1 月份累计批签发量达 100 万支，2018 年公司销售有望突破 150 万人份以上（一人份 3 针，约共计 2400 元），销售金额突破 35 亿元以上。② 沃森生物 2 价 HPV 临床进度领先，有望国产最早上市。沃森生物 2 价 HPV 疫苗目前处于临床 III 期后期、妇科随访、病例收集阶段，公司将于 2019 年实现上市销售，未来配合实杰（体外）的销售推广能力，HPV 疫苗有望放量增长。

表 13–7　HPV 在研情况统计

在研类型	在研情况
HPV 二价（16/18）	厦门万泰（临床 III 期）、珠海健康元（申报临床批件） 江苏瑞科（申报临床批件）
	HPV 二价（6/11）：江苏瑞科（申报临床批件） 厦门万泰（临床批件）
HPV 二价（6/11）	江苏瑞科（申报临床批件）、厦门万泰（临床批件）
HPV 四价（6/11/16/18）	默沙东（获批生产）、上海博唯（临床 I 期）、成都所（临床 I 期）
HPV 四价（16/18/52/58）	上海所（申报临床批件）
HPV（九价）	默沙东（申报临床批件）、上海博唯（申报临床批件）、 沃森生物（申报临床批件）、厦门万泰（申报临床批件）

4. 23 价潜力仍在，13 价肺炎沃森生物一枝独秀

肺炎链球菌是造成肺炎、菌血症、鼻窦炎和急性中耳炎的最常见的病因，尽管所有的年龄群体都可能感染肺炎球菌，但是感染率最高的群体是幼龄儿童和老年群体。此外，常年患有慢性病和免疫缺陷病的人群也有较高的风险感染肺炎球菌。在全球范围内，据 WHO 报道，超过 120 万的儿童每年因为肺炎疾病死亡。其中，90% 的死亡病例发生在发展中国家，但发达国家也时有发生。例如，美国 CDC 报道称，仅美国每年有 1.7 万例 5 岁以下的儿童感染肺炎球菌类疾病，其中造成约 700 例流脑和 200 例死亡。

辉瑞研发的 7 价 Prevnar 于 2000 年获得 FDA 批准销售，主要针对美国流行性最高的 7 种肺炎球菌血清型（可引起 80% 以上婴儿肺炎疾病）。2010 年，辉瑞的第二个肺炎疫苗——13 价 Prevnar 获得了 FDA 的上市批准，能够预防 13 种

血清型的肺炎球菌造成的疾病。在 Prevnar 在美国推行开后，显著降低了疫苗型侵入性肺炎双球菌肺炎（vaccine-type，VT IPD）的发病率，从 1998 年 80/ 十万的发病率降低至 2012 年的 3/ 十万的发病率。2014 年，FDA 批准 Prevnar-13 的接种人群扩大至 50 岁及其以上的人群。

国内目前主要有三种肺炎疫苗：7 价肺炎球菌结合疫苗（2014 年断货后，未获再注册）、13 价肺炎球菌结合疫苗以及 23 价肺炎球菌多糖疫苗。

23 价肺炎多糖疫苗潜力仍在，沃森加入竞争格局。23 价肺炎多糖疫苗主要针对 2 岁以上儿童以及高危人群，60 岁老人建议接种，目前生产厂家包括成都所、默沙东以及沃森生物。从国内 23 价肺炎多糖疫苗批签发数据来看，整体呈逐渐向下趋势，但我们认为主要原因是赛诺菲 2015 年后无批签发数据以及 2016 年疫苗事件的影响，鉴于国内潜在的肺炎预防感染市场，同时伴随销售能力较强的沃森生物的 23 价肺炎上市销售，未来整体批签量将逐渐提升，23 价肺炎多糖至少是 10 亿级别规模市场。

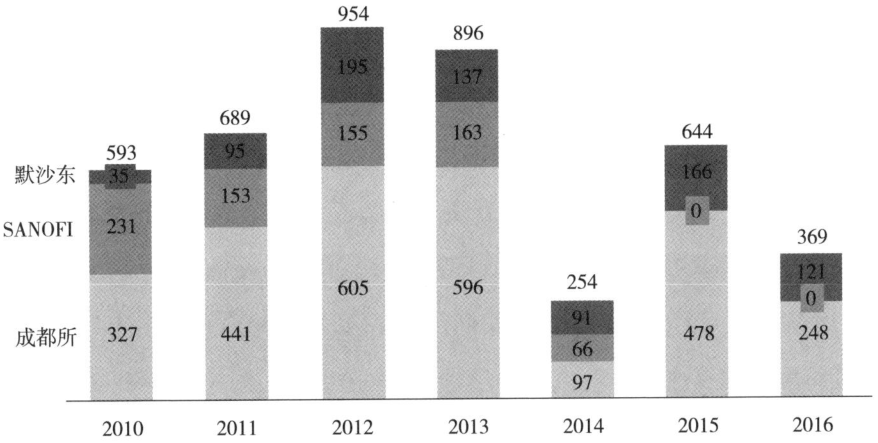

图 13-20　23 价肺炎多糖疫苗批签发统计情况（万瓶 / 万支）

资料来源：中检所。

13价肺炎国内上市，沃森报批进度一枝独秀。2015年4月辉瑞的7价肺炎由于未获得CFDA的再注册认证，国内2岁以下儿童肺炎疫苗进入断货期，直到2016年11月CFDA批准辉瑞的13价肺炎结合疫苗国内注册申请，2017年13价肺炎结合疫苗实现上市销售。作为全球最大的疫苗销售品种，其研发难度较大，国内公司涉足较少，沃森生物目前已经申报生产，我们预计大概率会获得优先审评，并于2019年初实现销售上市，未来将与辉瑞分享国内市场，而沃森有望凭借实杰（体外）的销售平台占据较大市场份额，长期看是百亿级别品种。

表13–8　13价肺炎在研情况

在研类型	在研情况
沃森生物	已经申报生产
北京科兴	临床进行中
民海生物	临床进行中
成都安特金	申报临床批件

资料来源：药智网。

13价肺炎结合疫苗是全球唯一一个可以覆盖从婴幼儿到成年期的肺炎疫苗，其2016年全球销量达到57亿美元，是疫苗领域最大的销售品种。国内2岁以下儿童的肺炎预防疫苗一直处于空白期，市场潜在需求巨大，对比EV71（肠道病毒疫苗）上市后的情况，我们预计13价肺炎结合疫苗上市后，沃森生物业绩将取得爆发性成长。

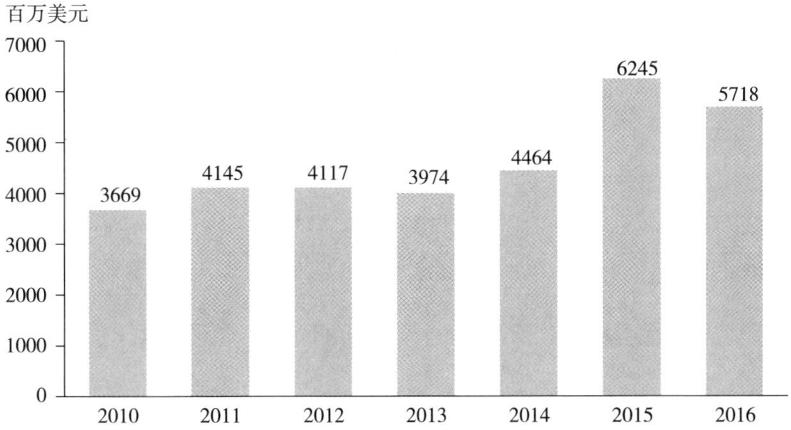

图 13–21　13 价肺炎疫苗全球销售情况

资料来源：公司财报。

四、重点公司概览和对比

1. 智飞生物：自营代理齐发力，业绩迎来爆发期

（1）疫苗行业深耕多年，布局生物制药领域

公司于 2002 年进入疫苗行业，2010 年 9 月成为在创业板上市的第一家民营疫苗公司。凭借行业多年的资源储备，逐渐发展成为一家疫苗研发实力强、生产规模大、配送链条广的生物制品高科技公司。

目前旗下拥有 5 家全资子公司，1 家控股子公司以及 1 家参股子公司，董事长蒋仁生先生及其一致行动人持有公司股份比例为 60.36%。

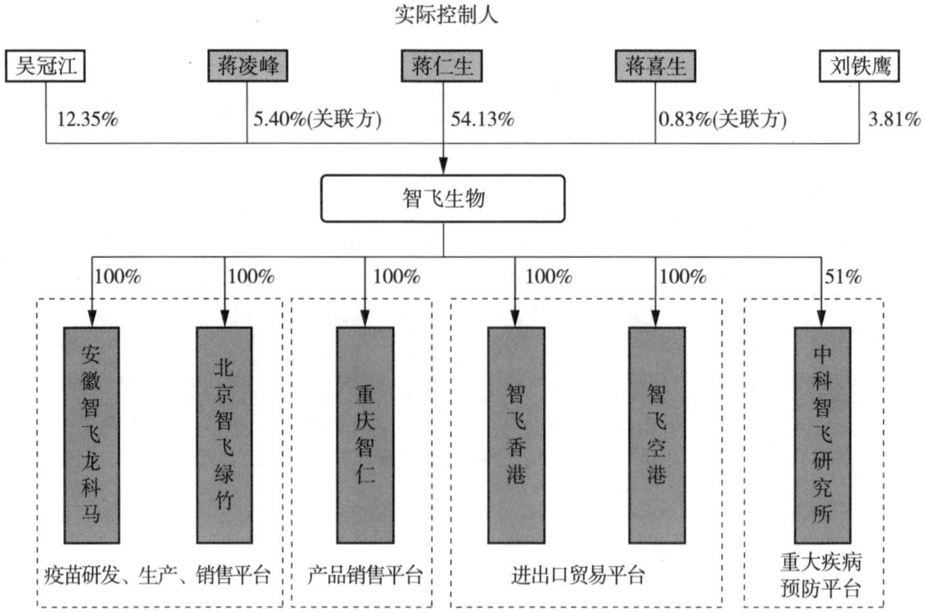

图 13-22　智飞生物股权结构及子公司一览

资料来源：公司年报。

公司 5 家全资子公司中，智飞绿竹和智飞龙科马是公司目前疫苗产业的核心。智飞绿竹主要从事以预防脑膜炎、肺炎为主的细菌性疫苗产品的研发、生产和销售，主要产品包括 Hib 疫苗、AC-Hib 疫苗等；智飞龙科马主要从事防治结核类生物制品以及预防狂犬病毒、流感病毒等病毒类疫苗的研发、生产和销售，在研重磅品种包括预防性微卡、成人结核疫苗等；而重庆智仁、智飞香港和智飞空港主要经营生物制品的推广销售以及贸易等相关业务。

2007—2015 年，公司营业收入稳步上升。2016 年由于受到山东疫苗案影响，公司营业收入和归母净利润均大幅下滑，仅实现营收 4.5 亿，同比下降 37.43%，归母净利润 3252 万，同比下降 83.53%。2016 年 4 月国务院颁布疫苗流通新政，成为行业规范化拐点，2017 年疫苗行业基本恢复，公司业绩大幅提振。2017 年前三季度，收入端实现 7.69 亿元，同比增长 181.46%；归母净利润达 2.85 亿元，同比上升 4118.66%；扣非归母净利润实现 2.79 亿元，同比增长

7951.12%。

智飞生物经过多年发展，“销售 + 研发 + 布局”优势明显，综合实力强劲。2017 年是公司业绩爆发的元年，各业务线持续向好，重磅产品三联苗 AC–Hib、四价 HPV 疫苗、五价轮状病毒疫苗、预防性微卡及诊断试剂，都将逐渐放量，业绩长期增速看好。

（2）自主创新核心产品放量，管线重磅品种丰富，业绩长期增速看好

流通格局变化，多产品市场推广，公司行业竞争力提高。2016 年疫苗事件后，流通格局发生重大变化，疫苗生产公司面对销售模式转变，会大量增加自身的渠道推广投入和销售费用，配送环节相关成本也有所增加，行业洗牌许多小的生产市场份额被大大削弱，而智飞由于自身大部分地区就采用直销队伍经营，直接掌握终端销售资源，销售模式上并不需要发生很多变化，因此省级招标平台建立后，公司在行业中的竞争能力有所提高。另外 2017 年公司同默沙东重新签署 23 价肺炎和甲肝疫苗代理合同，四价 HPV 疫苗开始销售，多产品市场推广也在公司的市场份额占领、渠道开拓方面有所帮助。

核心产品 AC–Hib 将持续放量。疫苗事件后，多联苗替代单苗的发展趋势、每年新生儿增加以及居民接种意识提高的符合效应下，三联苗 AC–Hib 迎来爆发，放量明显，2017 年全年销量在 400 万支左右，2018 年销量预计将达到 600 万支，对应单价 220 元 / 支，2018 年三联苗收入将达到 13 亿元，未来三联苗销售峰值预计在 1000 万支以上。

研发管线丰富，未来几年提供持续发展动力。公司成立初期代理产品（主要是国内产品）收入比重较大，通过代理模式产生利润支配公司发展、强化销售渠道建设的同时，不断加大研发投入，建立自身研发体系，逐渐由单一的营销体系优势公司发展成为目前的“营销 + 研发”双轮驱动公司，目前的研发管线中集中了包括预防性微卡、EC 诊断试剂、冻干重组结合疫苗、23 价肺炎多糖疫苗、15 价肺炎结合疫苗、人二倍体狂犬、EV71 疫苗等重磅品种，未来几年将会逐渐上市销售，提供持续发展动力。

（3）代理产品空间巨大，重磅陆续上市

独家代理 HPV 疫苗，同默沙东分享国内千亿市场。多重利好助力四价 HPV 疫苗 2018 年大卖！

①快速获得批签发，促进招投标工作进行。公司获得首批四价 HPV 疫苗批签发合格证，正值各省 2018 年招投标时间，大大促进招投标工作的进行，目前已在 15 个省份中标，其他省份工作持续推进！

②同美年健康合作，共同开拓国内成人疫苗市场。公司同美年健康签署战略合作协议共同开拓国内成人疫苗市场，资源协同发展，利用美年健康的流量和导流优势，大大促进国内 HPV 疫苗的销售推广，同时未来将利用健康大数据，精准把握疫苗市场动向，研发、生产、销售各个环节，公司竞争力将大大提高！

③重新签署代理合同，彰显公司销售信心。签署补充协议，对四价 HPV 的采购年限和数量做了进一步明确：2017—2021 年 6 月基础采购额（最低采购额）分别为 5.42 亿元、13.72 亿元、17.84 亿元、22.30 亿元以及 26.17 亿元，自生效日至 2021 年 6 月 30 日止。相比 2012 年签署的“3+2”代理合同采购金额上有了明显的增加，并且延长了明确的采购年限，表明公司对未来的 HPV 销售情况有良好预期，彰显销售信心。

④基础采购额提供安全边际。由于 2017 年底获得批签发资格，2017 年的基础采购额和 2018 年的基础采购额可并做一年，大概率将于 2018 年内完成，以总基础采购额 19.14 亿元（5.42+13.72）计算，终端销售额约在 30.62 亿元左右，为明年的销售预测提供了一定的安全边际。相应的 2019 年和 2020 年根据基础采购额的终端市场预测约为 28.54 亿元以及 35.68 亿元。

⑤销售队伍继续扩建。疫苗事件后，对公司的终端覆盖能力也提出了更高的要求，公司目前正在积极扩建队伍，提高对终端接种点的覆盖率和把控度，

未来对 HPV 疫苗的销售推广将打造一支专业的学术推广队伍。

独家代理五价轮状病毒疫苗。默沙东的五价轮状疫苗已于 2017 年 2 月进入优先审评程序，近期获批是大概率事件，预计上市时间在 2018 年中旬左右。默沙东的五价轮状病毒减毒活疫苗，相比兰州所的单价轮状保护效果更加显著，预计五价轮状上市后，叠加智飞生物强大的销售能力，将迅速抢占单价轮状疫苗的市场，未来市场空间我们预计应当在 10 亿级别规模。

（4）重磅产品 EC 诊断试剂以及预防性微卡临近申报

国内结核病预防形式严峻，公司打造结核病整体诊治闭环体系，研发的 EC 诊断试剂成本大大降低，未来将可用于大规模筛查；预防性微卡是全球唯一进入临床 III 期的结核疫苗，弥补了成人结合疫苗的市场空白，潜在市场规模巨大。两个产品都将于近期申报生产，上市时间预计在 2019 年初。

（5）拓展其他生物医药领域

参股设立智睿投资，对有发展前景的生物技术和产品进行研发培育，未来待相关技术或产品研发成熟，将择机注入上市公司。智睿投资目前已在细胞免疫治疗、糖尿病、单克隆抗体等多个领域开始布局，2018 年 CAR-T 产品有望申报临床。

近几年，智飞可以说无论是自主创新品种还是代理品种都进入了大品种陆续获批，并上市爆发式增长的时代，这也是投资智飞最好的时候。

2. 沃森生物："创新＋国际化视野＋产业化能力"构成了公司三大核心竞争力

云南沃森生物技术股份有限公司创立于 2001 年，主要覆盖疫苗、单抗药物和血液制品的创新驱动型生物药公司。公司于 2010 年 11 月在中国深圳证券交易所创业板上市。

（1）超强创新能力打造5大全球重磅炸弹级创新药

公司自创立以来，以研发为船，创新为帆，建立了传统疫苗、新型疫苗、单抗药物的大生物药研发技术平台。研发管线中：23价肺炎多糖疫苗已上市销售（国产第二家），2018年全年销售带来业绩大幅提升，未来国内市场起码在10亿规模以上；13价肺炎全球第二家，辉瑞2016年全球销售57亿美元，国内市场潜在规模巨大，2018年底到2019年初有望上市销售，公司业绩将在2019年开始爆发性成长；另外单抗平台中的赫赛汀、类克类似物临床III期入组阶段，两个产品均在全球十大重磅药物之列，有望于2020年上市，公司业绩将持续高速增长。

表13–9　沃森生物五大产品情况

产品图片	产品名称及简介	2016年销售额
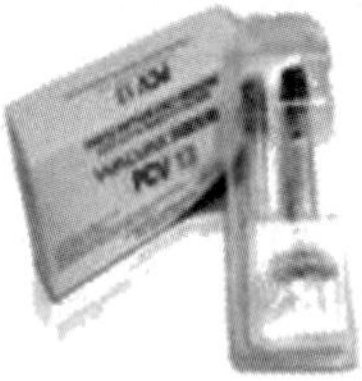	13价肺炎结合疫苗 预防肺炎 全球第二家，中国第一家	57亿美元
	二价HPV宫颈癌疫苗 预防宫颈癌 全球第三家，中国第一家	22亿美元
	赫赛汀 治疗乳腺癌 全国首家	68亿美元

续表

产品图片	产品名称及简介	2016 年销售额
	类克 治疗关节炎 国内首家	87 亿美元
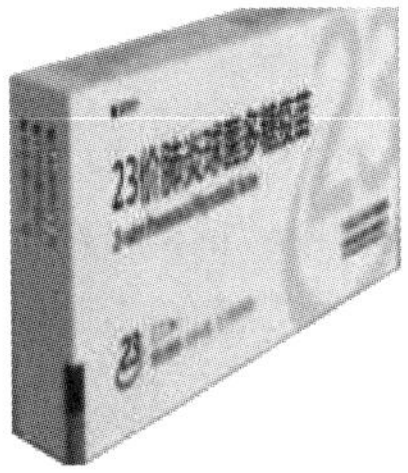	23 价肺炎多糖疫苗	7.5 亿美元

资料来源：公司公告。

表 13–10　沃森生物在研产品列表

品种名称	作用与用途	进展情况
二价 HPV 疫苗	预防 HPV16.18 感染引起的宫颈癌	完成Ⅲ期临床研究全程接种，进入妇科随访收集病例阶段
曲妥珠单抗生物类似药	用于治疗 HER2 高表达的乳腺癌，可拓展用于治疗胃癌	Ⅲ期临床研究
英夫利昔单抗生物类似药	用于治疗类风湿性关节炎等自身免疫性疾病	Ⅲ期临床研究
吸附无细胞百白破 +b 型流感嗜血杆菌联合疫苗	预防百日咳、白喉、破伤风及由 b 型流感嗜血杆菌引起的脑膜炎、肺炎、败血症、蜂窝组织炎、关节炎、会厌炎等感染性疾病	临床研究阶段
ACYW135 群脑膜炎球菌多糖结合疫苗	预防 A 群、C 群、Y 群和 W135 群脑膜炎球菌引起的流行性脑脊髓膜炎	临床研究阶段
治疗性 HPV16 疫苗	用于治疗 HPV16 感染引起的癌前病变及宫颈癌	临床研究阶段

续表

品种名称	作用与用途	进展情况
利妥昔单抗生物类似药	用于 B 细胞型霍奇金淋巴瘤，慢性淋巴细胞白血病	临床研究阶段
贝伐珠单抗生物类似药	治疗实体瘤。适应症包括：结直肠癌、非小细胞肺癌、肾脏癌、卵巢癌、神经胶母细胞瘤等	临床研究阶段
抗 PD-1 人源化单抗	各种血癌及黑色素瘤、非小细胞肺癌、肾癌等多种实体瘤	临床研究阶段
重组抗 IL-6 人源化单克隆抗体	用于治疗自身免疫性疾病和肿瘤	临床研究阶段
4 价流感病毒裂解疫苗	预防由 2 种 A 型流感病毒株和 2 种 B 型流感病毒株引起的流行性感冒	技术审评阶段
九价 HPV 疫苗	用于预防由 HPV6.11.16.18.31.33.45.52.58 型感染	技术审评阶段
新型重组抗 HER2 全人源单克隆抗体	治疗既往未曾接受抗 HER2 治疗或化疗的 HER2 阳性转移性乳腺癌	申请临床获得受理
注射用 GB251	治疗之前接受过曲妥珠单抗单药治疗或 / 和紫杉类联合治疗的 HER2- 阳性转移性乳腺癌	申请临床获得受理

资料来源：公司公告。

注：沃森生物在 2018 年 6 月出售参股的嘉和生物股权，持股比例降低至 13.59%，嘉和生物主要从事上表中单抗药物的研发和产业化。

（2）国际化视野下，国际市场空间将进一步助力公司业绩高速增长

作为具有国际视野的疫苗标杆公司，控股子公司上海泽润早在 2015 年就与盖茨基金会签署了《低成本 HPV 疫苗开发和世界卫生组织预认证》协议，获得盖茨基金会 500 万美元的项目基金支持，保证尽快通过世界卫生组织预认证，未来将向盖茨基金会以及 GAVI 组织供应疫苗。同时 13 价疫苗的相关合作也在紧张协商当中。未来沃森生物的重磅产品在供应国内的基础上，进一步开拓国际市场，鉴于国际市场数千万剂的缺口，将进一步助力公司未来业绩增长。

（3）产业化能力提升公司竞争壁垒

对于一个生物制药公司核心竞争力的考量，我们认为分为以下几个节点：产品立项到拿到临床批件的时间（临床前研发能力考量）、临床批件到临床总结报告的时间（研发能力、临床专业性以及公司执行力）、临床总结到生产批件的获得、生产批件到批签发的获得，而这后两个方面恰恰决定了一个公司的产业化能力。沃森同盖茨基金会签署合作协议，为国际市场提供疫苗帮助，恰恰考验的也是公司在产业化方面的能力。公司目前在具备研发实力和执行力的同时，产业化的突出优势也进一步提升了公司的市场竞争力和竞争壁垒。尤其在上市许可人制度全力推行的当下，代工生产受制于他人必然提高公司的生产成本，在此方面的提前准备也为未来发展垫定了良好基础。

（4）基本面持续改善，2019 年公司业绩有望迎来大爆发

2016 年疫苗事件后，公司内部进行了一系列改革，将山东实杰置出上市公司体外（销售推广能力仍维系），出售血制品资产，聚焦疫苗、单抗业务，引入云南工投助力未来发展，2017 年开始走出低谷，各方面持续向好，2018 年随着 23 价肺炎多糖的销售，全年销售业绩将大幅提高，2019 年将迎来“疫苗销售之王”13 价肺炎结合疫苗和市场潜力空间巨大的二价 HPV 疫苗，公司业绩将在 2019 年开始爆发性增长。

总的来说，随着 13 价肺炎疫苗的上市，沃森也将开启大品种上市并爆炸式放量的新时代，公司重磅品种储备丰富，在未来将陆续落地，打开公司巨大成长空间。

3. 康泰生物：在研产品丰富，未来市场潜力巨大

2017 年康泰生物成功 A 股上市，我国疫苗上市公司又添一枚大将。康泰生物早期主要产品为乙肝疫苗。随着公司对研发逐步投入，产品线得以丰富。现在的在售疫苗产品主要包括乙肝、Hib、麻风二联和无细胞百白破 Hib 四联疫苗四种。

公司注重研发，在研产品储备丰富。其中 23 价肺炎球菌多糖疫苗、冻干人

用狂犬病疫苗、ACYW135 群脑膜炎球菌多糖疫苗等 5 个品种已经申请药品注册批件，ACYW135 群脑膜炎球菌结合疫苗和甲型肝炎灭活疫苗完成 III 期临床试验。随着这些产品的上市销售，公司的业绩将会迈上新的台阶。

表 13–11　康泰生物在研产品列表

药品名称	作用与用途	进展情况
23 价肺炎球菌多糖疫苗	预防肺炎	申请药品注册批件
冻干人用狂犬病疫苗（MRC–5 细胞）	预防狂犬病	申请药品注册批件
ACYW135 群脑膜炎球菌多糖疫苗	预防 A、C、Y 及 W135 群奈瑟氏脑膜炎球菌引起的流行性脑脊髓膜炎	申请药品注册批件
吸附无细胞百白破联合疫苗	预防百日咳、白喉、破伤风	申请药品注册批件
冻干 b 型流感嗜血杆菌结合疫苗	预防由 b 型流感嗜血杆菌引起的侵袭性疾病	申请药品注册批件
ACYW135 群脑膜炎球菌结合疫苗	预防 A、C、Y 及 W135 群奈瑟氏脑膜炎球菌引起的流行性脑脊髓膜炎	完成Ⅲ期临床
完成Ⅲ期临床	预防甲型肝炎	完成Ⅲ期临床
60μg 重组乙型肝炎疫苗（酿酒酵母）（免疫调节剂）	预防乙型肝炎，适用于对乙型肝炎疫苗常规免疫无应答的乙型肝炎易感者	已撤回，数据自查阶段
重组乙型肝炎疫苗（汉逊酵母）	预防乙型肝炎	取得临床研究批件
13 价肺炎球菌结合疫苗	预防肺炎	取得临床研究批件
口服重组 B 亚单位双加 O1/O139 霍乱疫苗	预防霍乱	取得临床研究批件
冻干水痘减毒活疫苗	预防水痘	取得临床研究批件
冻干人用狂犬病疫苗（人二倍体细胞）	预防狂犬病	取得临床研究批件
吸附无细胞百白破冻干 b 型流感嗜血杆菌联合疫苗	预防百日咳、白喉、破伤风，和 A、C、Y 及 W135 群奈瑟氏脑膜炎球菌引起的流行性脑脊髓膜炎	取得临床研究批件
Sabin 株脊髓灰质炎灭活疫苗（Vero 细胞）	预防脊髓灰质炎	取得临床研究批件
吸附无细胞百白破（组分）联合疫苗	预防百日咳、白喉、破伤风	经申请临床研究

资料来源：公司公告。

康泰生物的核心竞争力在于其产品线是最为丰富也是最具竞争力的，2018年，由于巴斯德的五联苗批签发断货问题，我们预计康泰生物的四联苗有望大幅放量，销售有望超过350万支，同时公司的23价肺炎疫苗和人二倍体狂犬疫苗有望在2018年上市，为公司2019年的增长提供巨大的驱动力，未来公司每年有望有1~2个重磅新产品获批放量，公司已经进入到了新产品上市放量并大幅贡献业绩的新时代，也是投资该公司最好的时代。

第十四章
医药科技的前沿

如今跨国投资逐渐便利，很多人开始关注一些在美国股市或者欧洲股市上市的比较小型、科技前沿的公司。未来在我国医疗全行业的发展中，必不可少的扩张方式里面，一些公司会选择并购这条路，所以或多或少的，医疗上面的前沿科技最终会逐步影响到国内市场。在此我们首先要阐明一点，对于医疗高科技小公司的投资，属于高风险的投资。乐观看，有充分的理由看好这些小公司，因为有时候一家小公司成功的回报不只是千倍。悲观看，医疗医药科技的周期非常长，小公司要经常面对失败的可能性，一旦失败，那么公司归零也是很正常的事情，这又是非常大的风险投资。但是不管投资与否，了解科技前沿对于投资科技类股票的意义不言而喻，如果一个科技进入到了成熟期，那么爆发的时候至少要知道是怎么回事。

诸如云计算，基本上如今没有软件公司不上云的，大家都是在推出自己的云产品，比如迅雷有云下载，用友有云软件，360 有云查杀。不同的软件不同的功能都在挖掘云的可能性，然后向前推进整个行业的发展。大概十年前，如果我们搞不清楚云是什么，那么当这股云浪潮来的时候，就无所适从，不知道关键点是在服务器还是在各种结合云技术的软件上面。所以，要了解未来的可能性，因为我们不知道它什么时候能够变成钱。

一、基因编辑技术

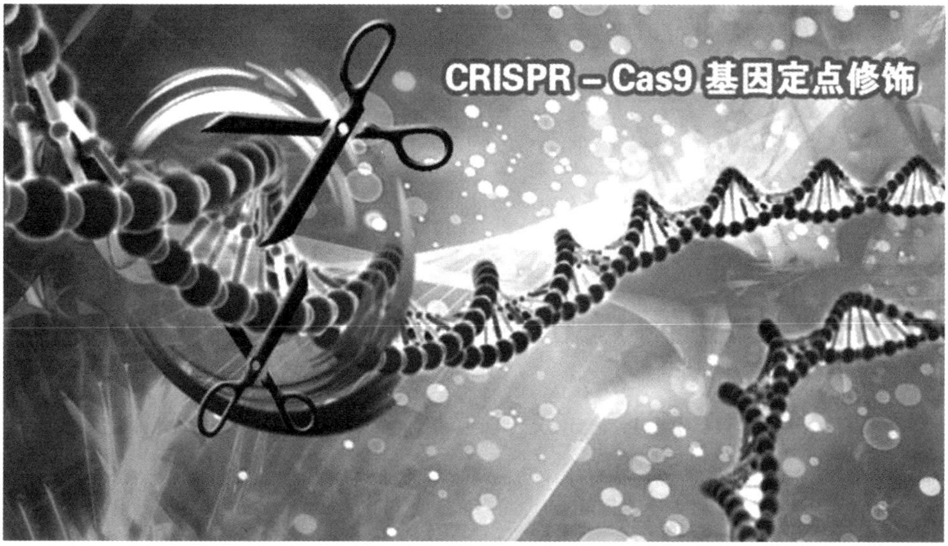

我们所说的基因编辑技术，基本上就是代指 CRISPR / Cas9，而实质上这属于第三代基因编辑技术，由于其简便易行，故而引发了非常多关注。如今的基因编辑成就已经不仅仅只有这么一个技术，已经开始非常深入地开展到各种动植物的基因改良当中。当我们还在争论转基因的时候，其实转基因已经进入淘汰周期，而基因编辑的时代已经来临。

我们首先要搞清楚什么是基因编辑技术。现代科学有很多种方向，但是在生物和基因方面，大致上就是一个方向，精准改造，比如靶向治疗，针对各种不同的癌症特异性设计药物。基因编辑技术也概莫能外，历史上我们曾用多种方法去改造生命体的基因。

基因是什么？中学生物课的内容指出，人体 23 对染色体，人体的 60 兆个细胞就是靠这些染色体里的“图纸信息”打印出来的，这 23 对染色体中的 23 条来自父亲，另外 23 条来自母亲。具体到每一条染色体，则是呈现双螺旋结构的 DNA（脱氧核糖核酸），DNA 由腺嘌呤（A）、胸腺嘧啶（T）、鸟嘌呤（G）、胞嘧啶（C）四种碱基排列组成。A 和 T 配对，G 和 C 配对，形成双链。而这些碱基的排列顺序所蕴含的信息就是基因。人类拥有大概 20000 个基因，这些碱基的排列顺序有 20000 种可能性。

基因的作用就是打印蛋白质，病毒就是很简单的一个 DNA 或者 RNA 和一些蛋白质的结合体，大多数生命体都是由蛋白质组成，所以几乎所有的生命都是由 DNA 决定的，这就是“基因同源”。人和树木的 DNA 其实差距并不是很大。之所以树木是树木人是人，是因为我们部分基因发生了突变，这就要说到一个理论，就是进化论了。就好像打印机随机的产生了一些误差，DNA 在打印过程中图纸会发生错误，也许大部分的错误都是致命的，但是少部分的突变导致了进化。比如冰川期，北极熊繁殖较快，随机产生的一个毛色突变就能让北极熊在那个时代获得优势。继而冰川开始融化，北极熊生活逐渐变得困难，棕熊和黑熊就可以随心所欲。

然后癌症是什么？虽然癌症有很多种解释，但如今普遍的一种说法是癌症病变原因是部分细胞在分裂过程中产生了突变，突变可能来自天生的不稳定基因，也可能来自分裂中的随机事件，也可能来自于病毒对于 DNA 的改造，比如 HPV 病毒就是致癌的。

我们是怎样改造基因的呢？ 1974 年，科恩（Cohen）将金黄色葡萄球菌质粒上的抗青霉素基因转到大肠杆菌体内，揭开了转基因技术应用的序幕。这种技术实质上就是将一个基因片段，也就是包含多个位点的一整条基因打入另一个生物的细胞，让其和 DNA 重新组合。这种组合很明显具备很大的随机性。这也怪不得在转基因动植物上面一直争论不休，因为一整段基因落点并不是固定的，它可能整段落在一个位置上，也可能被撕成很多个小片段分别落在整个基因序列的任何区域，也许是尾端，也许是头部，这样形成新的生物特性，这个特性其实并不稳定，谁知道这一整段基因片段里面有没有不好的基因呢？

我们已经有了很多转基因的新物种，比如将胰岛素的基因植入猪心脏，将生长激素抑制素的基因转入大肠杆菌，广受诟病的孟山都的转基因大豆种子，抗虫抗除草剂。但是没见过这些技术运用于人体，很明显不能够，如果用在人体，我们根本不知道附带的基因片段里面有什么东西，也许变超人，也许变绿巨人。

基因编辑技术就是改变这种状况，我们不但要添加新的基因，还要剪除不好的基因位点，所以这种技术又叫做“魔法剪刀”，并且让添加的基因精准落在想要添加的位置，得到预期的结果。

CRISPR / Cas9 是第三代基因编辑技术，第一代的基因编辑技术是 ZFN（锌指核酸酶），大概的方法是找到基因位点和对应的蛋白质，对蛋白质的特定部分进行分析和设计（锌指），然后将改造后的蛋白质送入细胞，这个细胞就会从数万基因中找到目标基因，继而和目标基因结合。这项技术主要是为了敲除目标基因，让目标基因丧失功能。

2010 年左右出现了 TALEN（转录激活因子样效应物核酸酶），碱基和一个 TAL repeat（蛋白）结合，进入细胞敲除目标基因，这一代比上一代精准很多，在 CRISPR / Cas9 出来之前，好评度和实用性都很不错。

但是仅仅时隔两年，2012 年美国加利福尼亚大学伯克利分校的詹妮弗·杜德娜和瑞典于默奥大学的艾玛·纽埃尔·卡彭蒂耶共同完成 CRISPR / Cas9，和前两代有根本性的区别。

CRISPR 是细菌中存在的一种 DNA 序列，首次发现是在乳酸菌里面，在抗病毒感染的时候这种 DNA 序列会起作用，在乳酸菌感染病毒的时候，一些病毒的基因片段会保留在 CRISPR 这个序列当中，当病毒第二次来袭，CRISPR 就可以在 Cas9 酶的作用下，用保存的基因片段为目标，找到病毒的基因，并且切断。这个机制类似于我们人体的免疫力，我们的机体会针对病毒产生抗体，类似的，乳酸菌这种功能使得目标基因包裹在病毒上，然后产生了对同种病毒的抵抗能力。

还要说到一种 RNA，CRISPR / Cas9 是利用 RNA 的向导功能，RNA 是用来誊写 DNA 信息的，RNA 的碱基是腺嘌呤（A）、鸟嘌呤（G）、胞嘧啶（C）和尿嘧啶（U），RNA 的誊写就是 DNA 的腺嘌呤和 RNA 的尿嘧啶，DNA 的鸟嘌呤和 RNA 的胞嘧啶进行互补配对。

将基因位点信息用CRISPR片段结合到向导RNA上，由RNA找到目标位点，用 Cas9 内切酶完成基因剪除。在这个过程中 DNA 会不停自我修复，而 CRISPR / Cas9 会重复切除，直到“修复失误”出现。

更加神奇的是，不仅仅是剪除，这项技术另一个功能是替代被剪除的基因，目标 DNA 的片段也添加在这个复合体当中，在反复切除修复的过程中，目标基因片段就会被捕获。就好像我们拆掉了一节基因，然后用别的基因修补进去。

▲ 华人科学家张锋博士，他证实了 CRISPR / Cas9 技术在哺乳动物身体上运用的可能性，张锋博士是美籍华人，11 岁随父母赴美，如今是博劳德研究所的研究员，这个研究所由 MIT 和哈佛共同开办，据说其团队大多数是华人科学家。可见华人在这方面并不欠缺天赋。

CRISPR / Cas9 也有缺陷，最常发生的是“脱靶效应”，脱靶的意思就是打错了位点，理论上这个技术是精准的，但是少量的脱靶会让结果变得难以预料。在肿瘤治疗方面这种方法就难以推进，因为在肿瘤部位没有办法把脱靶的细胞剔除出去。所以大多数的试验还是集中在胚胎干细胞领域，作为一个单细胞比较好控制。

现阶段 CRISPR / Cas9 技术改造动植物已经成为一个热门的科研活动，全世界都在发现和研究，而且还出现了赛跑迹象，但是 CRISPR / Cas9 基因编辑的最终目的还是癌症，如果能更好地解决脱靶，也许这个技术就可以让癌细胞的突变基因替换回正常的基因，这样癌症就可以逆转，癌细胞就可以成为正常细胞，在最小损伤甚至没有损伤的前提下，癌症就被消灭了，当然这还需要时间。

二、靶向药和免疫疗法

其实科技前沿并不复杂，一切的发展方向都是两个字："精准"。前面我们介绍的基因编辑技术之所以是一种跨越，是因为其精准地改造基因，相比于以前的基因重组或者转基因，这一点的提高是质的飞越，甚至可以在一定程度上结束转基因安全的部分争论。当然现如今技术还不够完美，需要更多人来参与和完善。

而靶向药和免疫疗法，相对来说情况就比较简单了。我们前面说过，癌症是因为基因突变，突变是由多种因素导致的，而突变之后由于基因位点改变，DNA 表达就会体现出一定的特异性，比如表面附带一种和正常细胞不同的酶（蛋白），也有可能癌细胞快速繁殖需要有生长因子，这个变异就是让癌细胞产生生长因子。那么针对这些不同的特质，需要多角度安排疗法。比如针对癌细胞表现出的不同染色体变异，寻找一个药物，能够找到携带有变异基因的癌细胞，将其消灭或者限制生长；又比如寻找到癌细胞生长的因子，设计出一个抑制剂，抑制住癌细胞的增长；再比如激发身体的免疫，让身体的免疫细胞攻击癌细胞。癌细胞之所以令人讨厌是因为其与众不同，不同于正常细胞，而如今的治疗就是针对癌细胞与众不同的那个方面。

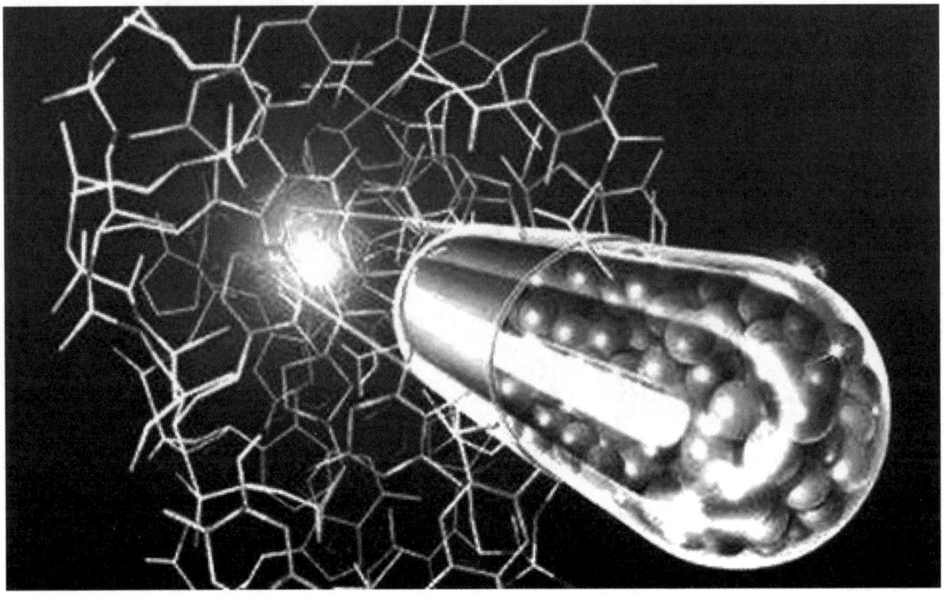

靶向药物，顾名思义，针对一个标靶的药物，就像射箭一样，瞄着靶子射过去。相对于化疗、放疗和手术，它针对的是癌症细胞的特异性。手术和放化疗虽然效果明显，但是好细胞和坏细胞一起杀，事实证明很多的癌症患者死于过度治疗，因为手术联合放化疗具有一定的损伤性。但是切记注意一点，对于早期未扩散的实体肿瘤，应该使用手术和放化疗来彻底清除，这依然是最有效的方法。而特异性的靶向药或者免疫疗法，针对的大部分是晚期肿瘤，或者是内环境的肿瘤，比如淋巴癌和血癌，这些肿瘤存在于身体的内环境，无法阻止其向其他部位扩散，这个时候靶向药就是很好的追杀利器。

那么靶向药的标靶是什么呢？诸如我们瞄着靶子射箭，总要找一个靶心，因为肿瘤扩张需要生长因子，很明显肿瘤细胞和正常细胞之间存在差异，我们称之为具有特异性的癌症细胞，如果它们是一样的，那么癌症就不能算一种病，正因为不一样，才要找到不同点，然后把不同点作为靶子。早在 20 世纪 60 年代就发现了费城染色体，它存在于 CML（慢性髓细胞白血病）的癌细胞中，这些染色体产生的原因是正常细胞发生了染色体异位，可以理解为染色体进行了突变，最后形成了一个新的融合基因 BCR-ABL，这种基因编码可以生成一种酶作为肿瘤细胞增长的生长因子，推动肿瘤细胞比正常细胞更快地生长，这种酶是一种叫络氨酸激酶的蛋白质，活性非常高。

我们知道了生长因子，知道了酶在推动癌细胞，思路就很清晰了，抑制住这种酶，从而让癌细胞生长困难，这就是诺华早期的伊马替尼的由来，又叫格列卫。带替尼名称的药很多都遵循这个靶向思路，但是在这一类靶向药中，缺点依然是明显的。首先要有靶子，也就是明确的生长因子，其次必须找到针对性的药物，现有手段是通过大数据筛选现有的医药宝库，但是成功率有限。最后抗药性和复发依然广泛存在。但是对于癌症患者，这依然是一个不错的选择。

国内比较有名的替尼类药物，比如恒瑞的阿帕替尼和吡咯替尼，贝达的埃克替尼，其他的替尼类当然还有，很多都在临床期。如今国内仿制药的前沿竞争基本上就在靶向药物上。

说完了靶向药物，我们再来看免疫疗法，这个在魏则西事件之后一度被误解的疗法，如今也有几个方向发展起来。我们要清楚人类的身体是很强悍的，可以对抗各种病毒，病毒入侵身体会产生抗体。在人体中有两种非常厉害的免疫细胞，B 细胞和 T 细胞，二者都产生于骨髓，T 细胞可以吞噬外来入侵者，而 B 细胞生产各种抗体。两者相辅相成缺一不可，于是很多疗法就想要利用免疫细胞，激活免疫细胞来治疗癌症。

我们先要熟悉一下 T 细胞的好朋友 DC 细胞，又叫树突状细胞，免疫疗法第一步，识别出 DC 细胞在哪里，让其作为搬运工向癌症肌体内部呈递肿瘤特异性抗原。第二步，DC 细胞碰到了 T 细胞，并且激活了 T 细胞。第三步，T 细胞进入微环境杀死了癌细胞。

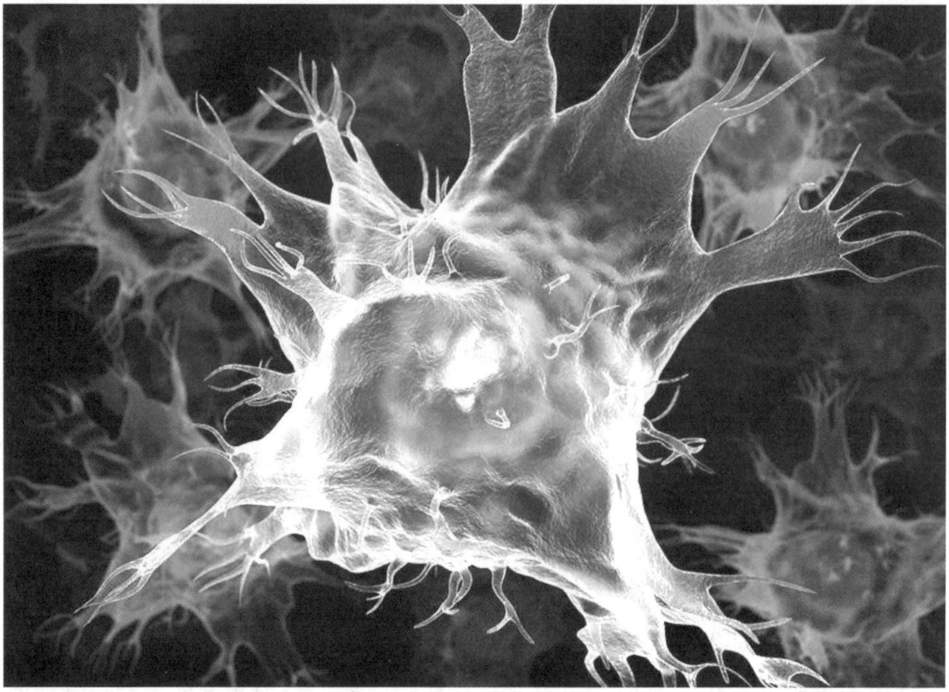

▲ 树突细胞最大的特点，有很多的枝蔓，能够深度延伸到细胞缝隙中，增加细胞的接触面。

免疫检测点抑制剂是针对这个免疫疗法中的第三步来说的，T 细胞进入微环境，就像我们说过的靶向药物那样，会根据 DC 细胞呈递的那个特异性抗原来识别癌症细胞。所以这依然是和靶向治疗一样，区分了好细胞和坏细胞，可以将损伤降低到最低。在找到肿瘤细胞，对上号之后，T 细胞会释放干扰素，这个时候面对干扰素，好细胞心领神会，纷纷让路。而这个时候好细胞会在细胞表面生产 PD–L1 的分子，而 T 细胞表面有 PD–1 分子，两个分子一打招呼，于是就放过了好细胞，直接去杀肿瘤细胞。但是肿瘤细胞相当聪明，不然我们也不会这么久搞不定，它也会学习释放出 PD–L1 分子，T 细胞就分不清楚了。

怎么办呢？很简单，肿瘤细胞在释放 PD–L1，而 T 细胞在释放 PD–1，我们用抑制剂抑制这两种分子表达，这就是免疫检测点抑制剂疗法。现有这种疗法大致有 CTLA–4、PD–1 和 PD–L1 这三种抑制剂，

不过这种疗法依然是有缺点的，大量激活 T 细胞会有副作用，少数患者会

死亡。效果不如靶向明显，因为这种抑制表达量和治疗效果有关联，但是并不能准确量化，还有就是太贵。

国外对于 PD-1 疗法主要是 Opdivo，美国新泽西州普林斯顿的百时美施贵宝的疗法，FDA 已经批准其治疗不再对其他药物响应的不可切除或转移性黑色素瘤患者，以及晚期（转移性）鳞状非小细胞肺癌（NSCLC），另外在头颈癌方面也取得了不错的进展，所以这方面的研发是很重磅的方向。另外 PD-1 还有默克的 Keytruda，这种疗法也相当昂贵。

国内仿制药方面，恒瑞医药和百济神州披露较好，君实生物和信达生物都还没有太多的结果。恒瑞还有个 JAK1 抑制剂进行了国外授权，对于 PD-1，恒瑞的报表中显示为三期临床，有不确定性，也显示了国内同类申报有 10 家左右，但是尚未通过。所以这部分依然是研发阶段，预计最近数月可能会有结果，投资人需要保持关注。从这类药的价格和需求看，前景应该是非常好的。

然后我们再来看看 CAR-T 细胞疗法，可以回顾一下上文关于 T 细胞免疫疗法的描述。第一步，认识 DC 细胞，让它带上癌症特异性抗原的黑名单。第二步，DC 细胞背着黑名单激活 T 细胞。第三步，T 细胞在微观环境用 DC 细胞给的黑名单对癌细胞大开杀界。一切目的，为了灭了癌细胞。

PD-1 抑制剂定位在第三步，癌细胞杀戮的效率问题，而本文要讲的，则是针对前两步，为什么要让 DC 这么辛苦地去传递信息和寻找 T 细胞呢？我们技术这么发达，完全可以把 T 细胞找出来，然后体外培养，所以这种疗法就叫做过继细胞疗法。一般有三种，TIL（肿瘤浸润性淋巴细胞疗法），TCR（人造 T 细胞手提疗法），CAR（嵌合抗原受体疗法）。TIL 疗法就是依赖患者自己的 T 细胞过继到肿瘤部位，诸如黑色素瘤。而 CAR 和 TCR 都是转基因技术，将普通 T 细胞转变为抗肿瘤 T 细胞，区别在于 TCR 是细胞受体，而 CAR 是嵌合抗原受体。与 CAR 相比 TCR 更有优势，因为灵活性更好，CAR 可以识别癌细胞表面多种蛋白。但是 CAR 的缺点是也会损伤好细胞，不够精准。那么如果一起杀死的正常细胞无关紧要，我们就可以尝试这种方法。所以和 B 淋巴细胞关联的慢性淋巴细胞白血病（CLL），急性淋巴细胞白血病（ALL）及B细胞型非霍奇金淋巴瘤（NHL）就可以使用CAR-T。淋巴细胞有三种，T细胞，B淋巴细胞，还有自然杀伤细胞NK。所以其对于B细胞相关淋巴癌针对性非常明显，但对于实体肿瘤的效果不好。而TIL由于是自体提取的T细胞，对于癌细胞密度大的黑色素瘤效果不错。

这个疗法的代表作是诺华的CTL019，针对CD19分子表达，我们前面说过其嵌合抗原的原理，这个CD19分子应该也好理解。其实就是黑名单，大多数B细胞相关的癌症中都存在癌细胞表面CD19分子的表达。就治疗效果而言，最振奋人心的是93%的ALL患者使用这种疗法之后完全缓解症状。

当然这种疗法副作用也十分巨大，一个是无法阻止癌症的复发，而且复发率比较高，另一个是会有副作用，如果发生细胞因子风暴会危及生命。但是对于淋巴癌这种要命的几乎无药可救的疾病，这已经是最佳选择。2017年8月，诺华的这款CTL019疗法，又叫做Kymriah通过了FDA批准上市。

随着诺华成功，相关的CAR-T细胞疗法的公司也水涨船高。在国内最早临床受理的是南京传奇生物科技，其控股公司是港股的金斯瑞生物科技，其股价从2017年8月的4~5元一直冲到接近34元，这个幅度是相当惊人的。另外重点的概念股有安科生物（看博生吉）、复星医药（看复星凯特），恒瑞医药（看恒瑞源正生物），佐力药业（看科济生物）。当然，反应最明显的还是金斯瑞生物科技，在经历过一段疯狂的泡沫触发之后，最近进入横盘阶段。

我们认为CAR-T细胞疗法还会继续扩展可治疗癌症的种类，而且其应对的都是非常致命的癌症，虽然有缺陷，还是有很多人获得了生命延续。

总体上看，未来很多癌症的疗法将是精准的综合性疗法，如今投入巨资研究基因数据的公司不仅仅是医疗公司，还有谷歌、IBM等数据巨头。癌症说白了就是复制基因过程中出了错，当今最有效的治疗方法无非是使用基因技术研制出抗癌药来治疗，也就是找到癌细胞标靶，并精准地杀死。可是在这个过程中有个困难，不同人即使得了同一种癌症，其突变的基因也未必相同，大多数患者用药前都需要基因比对，来确定具体用药的种类。治疗癌症的另一个困难是因为癌症细胞复制过程中容易出现新的突变，导致现有疗法突然失效。

一个简单而且直观的方法是，针对不同基因突变的病人设计不同的药，并且在他们癌症发生新突变的时候再用另一种药物，或者临时找到个性化的药物针对性治疗。我们已知可能导致癌症的基因突变是几万个，而癌症只有几百种，有些药在治疗某种癌症的时候可能是有效的，但却没有通过临床检验，因为其针对特定的基因突变，如果能够利用数据并进行大数据分析，我们很有可能最终了解所有几万个基因突变和癌症的关联性，以及了解针对这种基因突变我们需要使用哪一款特效药。谷歌旗下的 Calico 就是在做这种总结。大数据和医学继续走下去，也许有一天就真的能造出一个大白机器人，只要扫一扫你的基因，就能够给你提供药物。当然这个路十分漫长，大量靶向药就是通过这种方式重新定义疗效。这方面的关键点，其实在医疗民主化当中。

三、医疗自主化

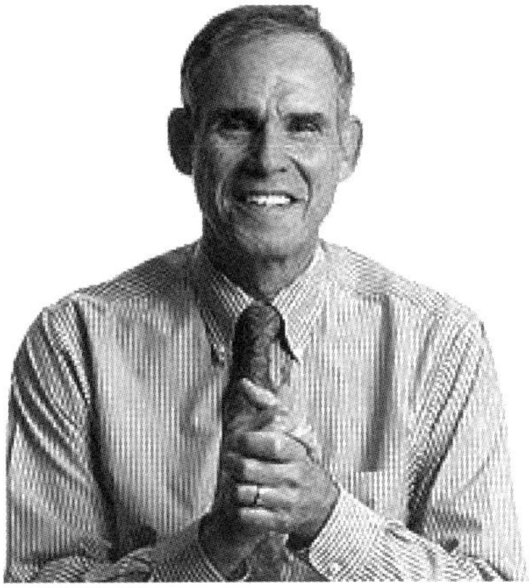

▲ 他叫埃里克·托普，他有两本书《未来医疗》和《垫付医疗》，心脏病学家，基因组学教授，约翰霍普金斯博士，医景网主编，医疗领域的预言家。实质上他也是医疗自主化的推动者。

很多人很疑惑，这也算医疗的一项前沿吗？的确，相比前面的技术，这更像一种理念的描述。但我们来考虑这么一个问题，患者去看病，当问起病况的时候，医生总是粗浅而直观的搪塞几句，这并不是因为医生懒惰，而是因为在医学上，患者和医生的知识并非对等，医生不可能解释各种专业知识，只是尽可能做出表述。在有电子病历之前，我们甚至还对医生的草书习以为常，医院在这个方面似乎也觉得理所应当。

在过去，整个医疗都是围绕着医生的诊治进行的。于是在看病这个问题上，由于误解，产生了很多矛盾，走了很多弯路，都是因为医学知识的非对称性，那么未来要做什么呢？既然医学知识不是对称的，就要有一个方法，让医学对称起来，让病人看得懂所有的诊断，看得懂用药的理由。如果更进一步，这些程序化的理论可以输入 AI 系统，当寻问一个病的时候，简单到机器能够直接回答并给予所有相关的治疗建议。

医疗民主化或者自主化的意思就是病人逐步占据治疗的主导性，在医疗上所有人都能平等获取。获取什么呢？一个是获取对于自身健康状况的认识，另一个是获取相关的健康知识。

我们了解到摄影行业发展的过程，早年间，感光材料和镁光灯，大量长枪短炮的设备。后来出现了傻瓜照相机，意思是傻瓜都可以拍摄出曝光准确、影像清晰的照片。于是一种必须去照相馆进行的活动逐渐成为大众的活动，挂着照相机游历的人越来越多。再后来，手机上开始嵌入大量摄像头，虽然和专业相机依然有差距，但是接受度进一步增加，因为携带更加便捷，要求不高的用户可以接受清晰度的瑕疵，但无法拒绝便利。如今手机摄像已经进入了 AI 拍照时代，人工智能识别各种物品远近，并感知距离，获得参数后自动调节拍摄的功能。虽然 AI 拍照离专业摄影师依然有很大差距，但是相信未来的差距将进一步减小。其实大多数人并不需要知道摄像头在手机中是如何运行的，大家需要的是一个结果。如果有一天手机 AI 摄影效果超过了单反，那大家一定会选择更加便捷的手机摄像。

医疗上面也是如此。医生的知识体系就像古老照相机的黑箱子，大家都不知道里面装了什么，只是接受专业人士的服务。科技的进步逐渐改变了这种境况，用手机有可能拍摄出比单反更加漂亮逼真的图片。我们当然也不需要知道AI是如何让我们在健康方面变得更专业，只需要接受这个结果。人类区别于动物的主要方面是更加习惯于运用工具。

1. 从国际和科技进步看如今的医疗民主化

从全球看，医疗民主化逐渐成型有如下几个方面的推动，从而使得这一不可能逐步成为可能：

① 信息透明化趋势。世界范围内反击不公平不公正行为最好的方法，就是信息透明。各行各业的标准化过程，其实就是信息从封闭到公开的过程。诸如A股如今治理的重点就是信息披露，房地产治理乱象是信息联网，征信系统的普及可以防止债务人欺骗，而食品安全和透明厨房息息相关。在医疗领域也是如此，国内外都存在着很多医疗纠纷，这并不是一个地区所特有的，而是普遍存在的。这里面并不存在哪一方一定是正确的。因为知识并不对称，如今全社会倾向于保护医生。但是亦可以思考这么一个问题，如果医生错了呢？我们并不能否认一个真理——是人就一定有可能犯错。

如果说过去时代我们还无法做到透明化，当一个病人死亡，大概率地将其归入手术的成功率，或者治愈的成功率，完全没有总结。但是现如今治疗已经有轨迹可循，各种信息系统记录了医生的用药、用量、医嘱和判断结论，任何一次诊疗在信息化的前提下都变的有据可查。

② 信息解读方式便利化。有一大堆信息公布出来，并不代表这些信息对你有用，尤其是医疗信息方面。很多患者在这方面都是聪明的傻瓜，往往一知半解地去判断医生的优劣，甚至很多时候选择医生都是口口相传的方式。一知半解和一点也不知道情况其实类似。但是好在，人类可以借助工具。现如今遇到一个病症会首先问百度，其次再去某个专业平台询问这个病的相关认识和知识。

在这种情况下，至少知道该怎么办，而不是一切都等待医生来给予答案。诸如一些急救知识，束手无策的时候我们总能在互联网找到一些答案。未来这些答案会被大数据技术汇总，继而成为一个 AI 系统。初期这系统会说一大堆疾病原理，未来这个系统会直接告知怎么做。不需要知道中间的过程，只要一个结果。

③ 医疗设备小型化和便利化。距离病人最近的是什么？并不是社区医疗卫生院，而是在家。手机如今已经可以连接第三方设备，比如对于血压、血糖、心律、呼吸检测等，甚至 B 超和 CT 这些设备可以被随身携带，也可以在家中配备。可以说现代医疗仰仗器械，我们已经不可能再回到经验科学时代实施诊疗，虽然医疗还是需要很多经验，但是这些经验最后都要落实到仪器的检测结果上面。已经很少看见只需要观察一下脸色就能得出结论的医生。在前面所示信息透明化的浪潮下，医生也不敢擅自给出模棱两可的结论。

而对于医疗自主化，这就是另一个跨度的进步。检验物的采集，试剂检验，病理分析到最终结论，一台机器完全可以大包大揽。当然现阶段的医疗器械便利化和轻量化还有很长的路要走，但未来的趋势是一定的。

④ 电子病历打造个性化医疗。信息是透明的，有 AI 帮我们解读，进而从小型便利的医疗器械获得所有的健康指标。我们已经可以诊疗一些疾病，继而可以自己给自己开药了。但是，这远远不够，医学是复杂的，诸如前面所说，导致癌症的基因突变就有数万种。

其中一种解决方法，就是持续性疾病管理。最近几年兴起的慢病管理就是其中之一。我们清楚一个事实，检测和医疗都是阶段性的，检测结果都是一个时间点，也许由于多种原因某人在检测的时候血压是正常的，但是晚上睡觉的时候血压突然飙升，生命危险。因为我们的检查只是在一个点上的结果。另外跨医院治疗的时候，这个医生让拍一个 CT，到了另一个医院，另一个医生让再拍一遍。这是有辐射的，但辐射还是小事情。大事情是第一家医院的医生可能刚刚触及到一些疾病的真相，而到了另一家医院，另一个医生一头雾水的情况下重新判断错误。很多时候很多疾病，我们都需要一个持续性的观察过程，这些持续的频率要非常高。

电子检测设备已经跨越到这一程度。比如手环测量心跳，我们可以戴在手上持续不间断的测量，得到一些心律的曲线信息。这些信息和我们单次测量的结果并不一样，可以从中了解心律在各个时间段的波动情况，特别是能够发现一些我们无法知晓的时间段，比如睡觉时候的心律和血压。

更进一步，当这些曲线持续观测的时候，如果出现了身体警报，我们可以将一个通信设备植入，这个设备会直接报警给医院或者家人，这样就很容易获得及时救治。

2. 从国内的医疗民主化来看

信息被软件记录，记录的信息通过大数据分析演变为 AI 技术，从而可以傻瓜式地解决病人的问题，直接给予治疗方案，再者电子病历保持连贯性，并且链接持续监测的医疗设备，最后形成一个个人所有的综合健康数据库。医生从这个库里面直接调用历史的检查结果和以前医生的判断，甚至参考人工智能的医疗判断，做出进一步有针对性的治疗。

整个医疗民主化过程的终点在于每一个人都会有一个大白机器人。这是电影《超能陆战队》里面一个理想的医疗机器人。

终极目标只是目标，如今全世界范围内最重要的是两步，一步是器械小型化和轻量化，另一个是电子病历合并。从国内看，前一步正在发展，在医疗器械中谈到过 POCT，还有微流控芯片，家用医疗器材，手机功能嵌入的监测设备。这方面的公司已经有很多，即使技术不完备，公司可以考虑从国外购买设备弥补不足，未来难度应该不大。

但是在通行电子病历上面，或者医疗数据整合成 AI 方面，我们国家远远落后。对于打通电子病历，建立个人的健康档案这一点，实施难度很大：

一方面是健康隐私问题，比如某基因检测公司高管说“员工不应该有缺陷基因。”这就是隐私，一个人的健康档案里面可不仅仅是一些手机号和住户地址，还有一些特异性的东西，诸如有些疾病会被招工单位歧视，甚至有些基因的特异性位点可以考虑制作一个人专属的精准病毒来谋杀。这些都是非常危险的。国外的方法是试图用中立公正的第三方来持有数据，继而根据各大公司数据使用的需求，进行先期数据加密，让使用者仅仅只能接触到自己需要的数据部分。另外患者看病时电子病历的信息必须由患者授权，否则即使是主治医生也不得给予。

另一方面的难题是利益问题，如果另一个医生必须承认前一个医生的诊疗数据，那么很有可能这个国家的医疗也应该是全免费的大锅饭模式，否则如果医生要通过自己的诊疗或者方案获利，那么必然会要患者重新诊疗，即使是抄一遍医嘱。我国现阶段服务和医药加成的盈利模式，必然使得各大医院之间忙于竞争，并且在医院之间树立高墙。我们看到，即使使用的是同一款软件，各医院也不会共享诊疗信息，也怕到时候权责不明，承担了不该承担的责任。

国外相对来说好一点，美国有个“蓝色按钮”计划，旨在为病患和普通使用者提供在线安全的健康记录，并且对其健康进行管理和监督。“蓝色按钮”记录包含详细的个人健康信息，还包括化验结果、医生记录、问题清单及健康提示等。使用者不仅可以在线查看这些健康信息，还可以从自己的病历中导出数据，系统会自动生成包含个人体重、血压、膝关节损伤等详细数据的健身计划。该健身计划可谓私人订制，由于每个使用者的个体情况都不一样，该计划也会有差别。

形成GIS健康档案，仅仅是单一维度的，未来势必引入AI技术来对其进行个性化分析，形成个性化的诊疗方案，当然国内现阶段连完整的GIS健康档案还没有，这就是一个未来的科技点，也是我们投资人需要等待的一个投资机遇。

3. 医疗民主化就是智慧医疗?

医疗民主化和智慧医疗大部分是重合的，我们将面对一个更加智能化的未来，更多的跨学科技术将进入医疗领域，比如AI技术、云计算技术、加密技术。但是医疗民主化和智慧医疗又有所不同，这个不同在于治疗的终点。智慧医疗仅仅认为治疗应该是高效的，而医疗民主化认为治疗必须以患者自己的意志为主导。如果两个方案，一个方案价格很高，患者无法负担，另一个方案性价比很高，但是疗效欠佳，医生也许推荐了前者，而患者只能负担后者，又难以启齿，结果前一个方案只进行了一部分就因为无法负担医疗费用而停止了治疗，这一定会耽误病情。有人强调医疗和消费是不一样的，消费应该听从顾客的声音，而医疗只能听从医生的声音。其实并非如此，未来的医疗应该是能够用一定的形式告诉患者详细情况，然后让患者自己做自己的决定，而不是损耗在各种重复的身体检测和决策上面，这些并不利于效率提升。

第十五章
注意事项

一、正确的投资策略不拘一格

大多数情况下我们不喜欢公司有商誉，但是伯克希尔·哈撒韦却另眼相看。我们一直呼吁用扣非后净利润作为参照，但是具体的情况诸如威高股份旗下威高血液净化增发导致控股公司转变为联营公司，我们却依然在参考这个并未并表的业务。各种情形并不是绝对的，我们说 15 倍市盈率是可以参考股价的，但是在面对 6 倍市盈率金融股的时候依然会犹豫，因为金融股属于高负债，利率抬升预期会在一定程度上增加其资金成本，而面对远远高于 15 倍市盈率的医药股我们却依然推崇，因为医药股会遵循成长的轨迹，同样的矛盾还会有很多。

万事不可绝对，不可钻牛角尖，要打破对于投资固化的认识，要了解一句话："金融市场一切皆有可能"。即使稳健如巴菲特，其实际投资期间里面也没有包含 1929 年的那次十年大萧条，也就是说，巴菲特也没有遇到过极端的情况。这不是说巴菲特会失败，而是告诉大家适应环境变化比学习很多的知识更加重要。巴菲特在 70 余年的投资生涯中每时每刻都要面对各种未知，但是股神依然屹立不倒。

知晓一点炒股技术知识并运用可不可以？当然可以，投资人不排斥任何一种知识，但技术面的知识只是告知一个公司价格变动期间，投资人会出现的群体心理特征，但是技术并不研究某个股票具体的投资者构成以及公司真实的价值，所以很多时候，炒股技术会出现一些貌似准确的价格表现。当对于一只股票好坏已经明确，利用一下技术，找到一个相对来说合理的突破点买入，这当然也是合理的。所有的工具仅仅就是工具，只是有些工具只是辅助工具，有些工具是生产要素。所以我们一般不去过分贬低技术趋势投资，只是让大家不要忘记重点，但是在了解重点的情况下，利用和学习技术趋势投资，个人认为无伤大雅，而且在某些情形下还很有必要。

另外，投资从本质上是找寻公司的未来价值，每一家公司都各不相同。也许会看到一个类型公司集体溃败，但也要关注这些公司为改变所作出的努力。我们没有推荐跨界进入的医疗上市公司，并不是我们不关注，或者带有偏见，实质上是我们尚未看到亮点。从A股历史上看，苏宁算是非常成功的转型案例，未来在医疗领域也会有类似苏宁这样成功的跨界转型，但是在看清楚之前，我们基本上并不喜欢搭理这些跨界标的。因为玩跨界对于公司并不是一个加分项目，但是在这些减分的公司当中总有一两个玩好的，我们并不拘泥，如果觉得跨界是一个有前途的做法，当然要支持公司努力跨界，并购买公司的未来。

二、利好利空兼有常识

市场如今反转非常频繁，往往昨天一个好消息，不知道经过了怎样的传播，今天就成为了一个利空。利空和利好之间有时候有很强的随意性，我们也看到了部分投资人只承认利好，选择性承认利空，或者很有能力的媒体人喜欢把利空加工成利好。部分有影响力的公众人物甚至从来只看多不看空。投资当然要乐观，但是也要了解一点非常重要的东西：“不能罔顾客观事实”。一般来说最大的利空是涨高了，最大的利好是跌多了。就像黑夜和白昼，涨跌、多空都是交替的。而市场对于信息的反应往往并非按照常识来，在股价下跌的时候任何利好都被看成是利空，而在股票上涨的时候，只要股价验证了，大家都会认为利空其实是利好。然而这些被错误引导的行情在经历过一段时间反向发展之后，一定会走到本该有的轨道上来，当大家注意到市场短期选择了错误方向，那么接下来的反转将更加猛烈。

所以对于利空和利好的判断最好不要听从他人或者新闻的解读，要自己先有一个从了解到结论的判断思考过程。能够排除纷扰独立思考，投资人才能获得成功，否则就会纠结，越纠结越赚不到钱。A 股这种对信息迟滞性的反应，恰恰给予了充分解读信息的时间，不能将判断交给价格，不要认为短期价格上升了，利空就应该是利好。即使短期升高了，利空还是利空，它只是被短暂牵引到相反方向而已。

要尽量避免一厢情愿，所有的事情都不会因为一厢情愿而发生改变。

三、不应该一个人战斗

如果知识依然不足，那么多交流是有益的，要增广见闻，必然不能单单从书本上来，应该在交流中逐步增强，而且在交流中要对观点提供者逐步区分，如果一个人经常表达正确的方向，那么就应该更多地和他交流。

一方面不要觉得麻烦了别人，谦虚和慷慨永远是人际交流的两大法宝。另一方面不要吝啬自己的看法和观点，查漏补缺才能日益成长。心理学上面解释这种交流带来的拓展能力的心理行为有一个理论，叫做周哈里窗理论。

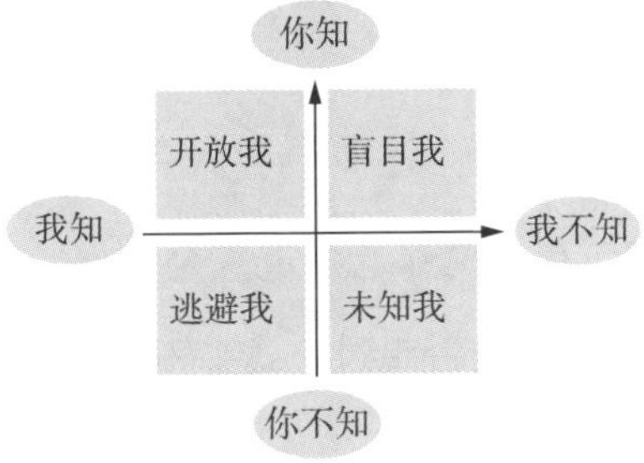

图 15–1　周哈里窗

让别人知道。通过向对方讲述自我保留的东西而减少不必要的精力和时间的消耗。（横轴向下移动）

别人让你知道。通过他人直接表达对自我无意识领域的认知，赢得了更好地了解自我的可能性，从而使自我无意识转向有意识的公众领域。（纵轴向右移动）

综合：缩小私人领域，缩小自我盲点，扩大公众领域可以帮助自我与他人形成更好的交流环境，并逐步激发自我潜能。（横轴向下，纵轴向右，未知我缩小，盲目我，逃避我和开放我同时面积增加。）

从上图中，我知道的越来越多，你知道的也越来越多，通过交流，未知我的区域越来越被压缩。未知我又叫做潜能区，这些潜能区域逐渐成为自己的认知区域。

交流的好处就在于此，能够更好地了解自己的盲点和不足，而很多人最困难的就是对待投资交流的心态。我们看到，每到股市低迷的时候，交流就随之减少，大家都不愿意谈及市场，而每当股市火爆的时候，人人都在表达意见，却不太允许别人表达不同意见。这都是错的，我们应该把市场交流作为一种常态，互通有无，也不存在需要藏着掖着的信息和知识，一些知识不说出来，永远不会知道对错。

四、摒弃接盘思维

有人说 MSCI 是利好，有人说养老金进入是利好，有人说外资买入是利好。的确有时候利好太多了，我们是否想过，这些利好招来的投资人，是否也是需要盈利的。

投资人经常忽略掉一点，就是自己在市场中的位置，很明显，大多数零散的投资人在市场上并不占据优势，有时候还有很多劣势，而这些新进入者必然是会把资金和信息优势发挥到淋漓尽致。而我们只能接受他们进入给予市场带来的巨大变化，这种变化在一定程度上是不可控的，也是难以适应的。

当然这些巨头进入也不必说是利空，具体看个人在市场中的位置，如果属于传统盈利的投资人，还是日常亏钱的韭菜。传统盈利的投资人相比于新进入者，对市场的各方势力更加了解，或者说对于公司研究的时间更加漫长。我们并不是说国外机构研究不充分，而是短期内它们只能通过公开信息来进行买卖，所以对于一些公司，它们一样会出现追高的状况。如今港通交易活跃个股是可以获得交易数据的，曾活跃的一些股票有些已经开始大幅度下挫，这并不奇怪，而从港通的流出看，这批资金也有很多套牢在其中。

外资也会犯非常大的错误，如果都不犯错，讲价值，讲理性，那么国外十年一次的金融危机是怎么来的呢？所以要摒弃接盘思维，而要用一种竞跑思维。一只老虎追过来了，A 马上开始系鞋带，B 说“你快跑啊，为什么还要系鞋带。”A 说：“我不用跑过老虎，只要跑过你就行了。”这就是 A 股的盈利理论，要战胜的是市场中的平均值和大多数，不要过分在意盈亏比例，谁也没有具体统计过。

五、要让自己年轻化

“我这个年纪，学习已经太迟了。”很多人是如此来定义自己的中年人生，在股民中，最可怕的是被时代所抛弃，当只能聚焦超市货柜的时候，实际上基本上封死了自己百倍千倍的盈利路径。

当然有人说了可口可乐、卡夫食品等巴菲特的成功之处，但是要清楚认识到，那个时候可口可乐和卡夫食品这种工业化和市场开拓方式实质上是先进的，20 世纪 80 年代电视和冰箱正在第三世界普及，而可口可乐的扩展实质上就是这两样家电产品的扩展。而如今，这种开拓越来越难，因为并没有什么更先进的方法，可口可乐的业绩也因为消费者对于糖份的认知而逐步走下坡路。如今再投资可口可乐，显然已经不具备认知壁垒。而巴菲特又开始考虑投资苹果、比亚迪等公司。

一切并非绝对，任何一个成功的投资都需要一定的认知壁垒。

既然我们关注的是公司的未来，我们又需要有认知壁垒，那么我们就要保持自己的年轻化。有人说医疗不是要按照老人的思维吗？非也，我们发现如今大部分家庭老人治疗的决策权在儿女手中，他们会用新思想新理念来为老人提供健康建议。很多老人对于现今技术还有偏见，诸如支架和起搏器，各种碎片化的知识让他们十分恐惧，然而现实情况是这些技术的确可以很好地延长生命，并且提高生命的质量。

所以，要习惯用年轻人的角度思考问题，要努力了解科技的前端，越前端，年轻人的认知越好。

六、我们并非完全正确

我们想做的，其实是引导大家去思考，学会思考，自然而然就有了盈利能力，就能够自己赚钱。但是平时的日常我们还是讲了些技术趋势，推荐了一些标的，这是因为我们想让更多的人保持对价值投资的兴趣，从而参与到学习中来。所以我们并不会去主导那些击鼓传花的投机行为，虽然击鼓传花也有输赢，有些击鼓传花的赢家更是超过我们的盈利模式，因为有些人是击鼓传花的发起人和前期参与者。不管你有多少影响力，你都应该秉持基本的道德。

也许因为我们坚持，还是会流失一些急躁的投资人，这些投资人在 2015 年牛市中通过一些击鼓传花的活动获得了盈利，想继续守株待兔再赚一把。我们并不赞同这种做法，并且认为在未来，这种做法最终会导致全输的局面，因为影响市场正规化运作的因素正在增加。

七、如何面对估值过高的窘境

在前文标的研究的时候，我们的估值往往低于市场价格，特别是参照 2018 年 5 月的价格会发现医药股出现了普遍高估。这很正常，因为市场已经持续性关注整个大健康板块，给予了不错的溢价，我们依然不觉得一些高估的标的要遵循。

八、成功投资的关键：三分选股，七分组合

成功投资的关键其实是风险控制，投资人需要在风险可控的前提下，取得更高的收益。国外备受推崇的价值投资，为何到中国就饱受投资人的质疑？答案在于，虽然很多人看到了巴菲特长期盈利巨大，也想照猫画虎，以为自己随便买一两只股票，长期持股，就能赚几百倍。其实他自己一点都不能确定，自己买入的股票能不能涨！所以投资人的第一个痛点，首先是选股问题，就是先

选择能长期上涨的股票。但投资人只会选股还不够，决定投资人收益的核心不是选股，而是投资组合操作。我相信很多朋友都看了几本价值投资的书，似乎懂了价值投资的真谛。其实包括大家所见到的国内的很多著名的价值投资人，他们的确通过长期持有贵州茅台、恒瑞医药赚了钱。但他们中的绝大多数赚钱不过是运气好——碰巧长期持有的股票翻了几十倍而已。要知道好运气不会常有，更多的投资人没有他们那么好的运气，绝大部分人持有的股票很垃圾，最终亏了很多钱。价值投资的确以选股为前提，选择好的公司非常重要，但是投资人还要明白，选股只决定了你能否赚钱的 30%，做一个伟大公司的组合操作占了 70%。

由于进入股市的门槛太低，所以中国很多的投资人都没有经过专业的投资训练，而没有长期资产管理经验的普通股民很难理解上面的话。因为选股这一关，已经有很多人无法打通关了，而如果还有更重要的一关——投资组合操作，则恐怕你闻所未闻。但事实就是如此。这并非我们故作玄虚，马克维茨 1952 年写的《资产选择》在 1990 年还获得了诺贝尔经济学奖。这本书中重点讲了投资组合理论，现代金融投资理论几乎都以投资组合理论作为基础。投资组合理论由于牵涉到大量的高等数学计算，普通投资人很难懂，但是可以直接告诉你一个结论：投资组合就是在风险最小的情况下，取得最大的收益的资产组合，或者在收益固定的情况下，风险最小的资产组合。投资人通过投资组合可以消除个股的风险，但投资组合不能消除系统性风险，比如战争、政策风险。

我们长期做资产管理，得出的一个投资组合经验结论的数据，普通投资人可以选择 8~12 只细分行业的龙头公司做投资组合。而如果你是一个资产管理者，比如管理几十个亿资产的基金经理，那么通常你需要组合 30~40 只股票做组合，40 只股票的组合可以把个股对于净值风险降低到 5% 左右。我们得出这个结论是花了高昂学费的。当年，我与合伙人做基金公司的时候，合伙人负责去选股调研，由我做投资组合操作，我的投资风格比较保守，特别注意风险控制，所以第 1 期基金我花了一年时间，分了 5 次建仓，组合了 5 只股票，后来这期基金组合买入完成之后，半年就进了私募前十名。记得这一期基金这 5 次建仓买入中，只有一只股是合伙人去调研当天就直接操作买了，基金买了事后才告诉我，当时我很生气，因为有风控分工，选股的原则上是不能买股票的。为此还与合伙人吵了一架，但是，为了长期发展，还是我选择了向合伙人道歉。但也许正因为此，合伙人觉得自己的选股贡献巨大，认为我的分期分批组合方法成为了他取得伟大业绩的最大障碍，所以后来公司开会，合伙人成为了基金大股东，就不让我参与基金的管理，每次我提醒基金不能重仓一两只股票，要分期分批买入做组合的时候，合伙人只回了一句话："你不懂价值投资，基金公司让我管理三年，保证做到 50 亿规模。"所以后来，我不再参与基金公司的决策和管理。我们只能出来讲讲价值投资方法和资产管理的实战经验。而由于合伙人不相信投资组合也是一门科学，估计是没有做好合理的组合，业绩做得一塌糊涂，所以我希望大家以此为鉴，记住：没有人无所不能，当你觉得自己的本领天下无敌的时候，你距离万丈深渊可能只差一步了。

关于投资组合，有十个问题，如果你能独立回答正确，基本上就能搞懂投资组合。

第一，为何一定要投资组合？

股市投资的组合相当于"不要把鸡蛋放在同一个篮子"，那么问题来了，普通投资人组合多少只合适呢？自己在本书中寻找答案吧。

第二，投资组合仅适合股票吗？组合里可以有基金、债券和黄金吗？

投资组合就是资产配资，本身就是包括不同类别资产的组合，所以投资组合不仅仅适合股票，也适合其他类资产，投资人可以选择股票、债券、货币基金和黄金做自己的资产组合。有一个家庭资产投资股市比例的公式，就是：100 − 年龄 = 股市投资比例。

第三，买 10 只银行股是投资组合吗？

因为银行都属于一个板块，它们存在相关性，相关系数很高，所以即使是你把一个板块内所有的股票都买了，也不叫投资组合。

第四，投资组合操作中，如何规避市场的系统性风险？

系统性风险原则上不能通过投资组合规避，但是可以把时间拉得足够长，通过分期分批买入来分散系统性风险。问题是时间间隔多长买入比较好呢？

第五，在投资组合中，应该选价值型股票还是成长型股票？

投资组合对成长和价值股都适合，依据自己的投资能力做组合就好了。

第六，可以按照技术指标做组合操作吗？

如果你说的技术指标是大盘指数，我认为如果你是技术高手，可以借鉴自己的长期经验，但是如果是个股的技术指标或者你是新手，我看算了。投资一定要简单化，你还不如拉开价格差异，比如 10% 的级差更靠谱。

第七，多少只股票的投资组合，可以完全规避个股风险？

这个问题一点都不可笑，代表了你真的思考了。我们的答案是如果你选择 500 只股票的细分行业龙头股组合，个股的风险可以完全忽略，比如标普 500 指数。不过问题来了，你为何不买标普 500 指数基金还要自己选股呢？

第八，如何寻找到最优的组合？

投资组合的原理是组合收益是个股的收益可以累加，但是个股的风险不累加。原则上，对于每个人都在理论上存在一个收益最大、风险最小的投资组合。但投资人要明白的是，这个投资组合仅适合你的风险承受力。所以不存在一个适合所有投资人的风险最小、收益最大的最优组合。

第九，如何选择出来最适合自己的投资组合？

每一个投资人的风险承受能力是不同的，所以投资人要根据自己的风险承受能力，合理选择自己家庭在股市投资的比例。同时，普通投资人尽量在自己的能力圈内选股，比如我们对医药行业熟悉，就可以在医药行业的几大细分市场里选择好的公司做组合。

学习很贵，但是不学习更贵

投资大师从来不是繁忙的交易者，他们积累巨额财富的秘密是抓住大牛股！只有牛股才能让收益一路绝尘而去，摆脱短赢长亏的尴尬；唯有持续高增长的股票，才能充分享受资金的复利增长过程，这个翻倍、十倍乃至百倍的获利过程不是奇迹，而是倚靠智慧、信念成就财富梦想的光荣之路。

投资人必须从徒劳无益的追涨杀跌中解脱出来，走上另外一条投资大师的必经之路，就是通过学习掌握价值投资方法。我们一直在传授价值投资理念和方法，旨在通过一段时间的学习，让广大学员学会投资的方法，真正达到专业投资人的水平。本书是价值投资者交流经验、学习价值投资方法的乐园。

人的一生，只要抓住几次投资机会，就能彻底实现财务自由，贫富往往在一念之间！

愚者昧于成事，智者见于未萌